相談援助実習

— 養成校と実習先との連携のために —

編　著
相澤　譲治
九十九　綾子

電気書院

まえがき

　本書は、『ソーシャルワーク実習』(久美株式会社、2011年刊)の全面改訂版である。『ソーシャルワーク実習』は、各養成校の要請に応え版を重ねてきたが、より現代の社会状況や福祉課題に鑑み、全面的なみなおし(一部加筆修正)をおこなった。

　実習先である現場では、日々さまざまな支援がなされている。生活課題をかかえる利用者(家族)、グループ、地域住民を対象にした直接的、間接的支援である。また、他の専門職との連携、協働によって支援がなされている。ソーシャルワークは、人と環境との交互作用に着目するという特性から、支援自体は幅広く、また奥深い内容といえる。「相談援助」となると、面接中心の業務と思われるが、ソーシャルワークは支援の場や役割、業務等も実際さまざまである。

　実習生は、それらの支援の場で規定の実習期間(以上)の実習をおこなう。本書は、実習の事前学習の内容、実習自体の学習、そして実習後の事後学習の内容等の基本的な学びをおさえている。また、各実習先の実習プログラム例も掲載しているので、実習計画作成の際の参考になると考えられる。

　最後に、お忙しいなかご執筆いただいた各位、そして、編集の実務をしていただいた編集部の大塚氏にあつく御礼を申し上げます。

編　者
2016年12月

目　次

第1章　社会福祉士養成と相談援助実習　7
第1節　社会福祉士養成における相談援助実習の位置づけ　8
第2節　社会福祉士の専門性　15

第2章　相談援助実習の目的と内容　21
第1節　ソーシャルワーク実習の目的　22
第2節　相談援助実習の内容　30

第3章　相談援助実習への基本的前提　43
第1節　社会人としての実習　44
第2節　ソーシャルワークの価値と倫理　50
第3節　社会福祉専門職養成としての実習倫理　55

第4章　相談援助実習　事前学習　63
第1節　事前学習の目的　64
第2節　事前学習の内容　68

第5章　相談援助実習　配属実習　79
第1節　配属実習の目的　80
第2節　実習記録　85
第3節　個別支援計画立案　96
第4節　実習のスーパービジョン　101

第6章　相談援助実習　事後指導　109
第1節　実習評価　110
第2節　実習事後指導の意義　117
第3節　実習体験の総括　122

第7章　実習の実際と実習プログラム　135

第1節　実習プログラムの内容と活用の意義　136

第2節　養護老人ホーム　146

第3節　特別養護老人ホーム　150

第4節　軽費老人ホーム　156

第5節　老人デイサービスセンター　160

第6節　介護老人保健施設　164

第7節　児童養護施設　168

第8節　母子生活支援施設　174

第9節　障害者支援施設（知的）　178

第10節　障害者支援施設（身体）　182

第11節　救護施設　186

第12節　福祉事務所　194

第13節　児童相談所　202

第14節　地域包括支援センター　208

第15節　市町村社会福祉協議会　216

第16節　病院①特定機能病院　222

　　　　病院②リハビリテーション病院　226

　　　　病院③療養型病院　232

資　料　239

1. 社団法人日本社会福祉士会の倫理綱領　240
2. 社会福祉士の行動規範　244
3. 社団法人日本社会福祉士養成校協会「相談援助実習ガイドライン」(案)　250
4. 実習前実習スーパービジョンのミニマム・スタンダード　252
　　（兵庫県社会福祉士会版）
5. 実習生のコンピテンシー自己診断シート（兵庫県社会福祉士会版）　254

索　引　256

第1章

社会福祉士養成と相談援助実習

第1節　社会福祉士養成における相談援助実習の位置づけ

1．社会福祉士及び介護福祉士法の制定と見直し
（1）法制化の経緯と社会福祉士を取り巻く状況

　誰もが安心して、高齢者や障害者等に対する介護や相談を依頼することができる専門職者の養成を目的に、1987（昭和62）年5月21日、社会福祉士及び介護福祉士法が成立、同月26日の公布によって福祉に関する相談援助業務を行う「社会福祉士」という国家資格が誕生した。

　翌年4月に社会福祉士及び介護福祉士法が施行されてから以後、いわゆるバブル経済の破綻に伴う低経済成長と少子高齢化の急速な進行や世帯構造の縮小を背景に、新たなニーズが生まれてきた。たとえば、高齢者の介護ニーズは身体介護に加えて認知症に対する適切な対応、障害者の地域生活支援、ホームレスや生活保護の被保護者に対する自立支援、子どもや高齢者に対する虐待の防止等、社会福祉の分野は複雑で多様化する福祉ニーズへ対応するため、福祉関係八法改正、高齢者保健福祉推進十カ年戦略（ゴールドプラン）、介護保険法や障害者総合支援法の施行等、様々な制度改革が行われた。

　特に、行政がサービスの配分を行う措置制度から福祉サービス利用者の選択と自己決定に基づく事業者と利用者の対等な契約関係による利用者本位の社会福祉（いわゆる「措置から契約へ」）の転換が図られ、福祉サービスの利用に関する契約によって生じる恐れがある不利益から利用者を保護するための成年後見制度や日常生活自立支援事業等の権利擁護活動が求められるようになったことから、社会福祉士を取り巻く状況は大きく変化した。

　その後、2005（平成17）年の介護保険法改正により、地域包括ケアシステムを推進するため地域包括支援センターが設置され、そこには社会福祉士が配置されることになった。社会福祉士には包括的支援事業の制度支援を行い、福祉に関する相談援助の知識と技術を活用し、他機関との連携を図りながら権利擁護のための必要な相談援助活動等に取り組むことが期待された。

　また、2006（平成18）年に施行された障害者自立支援法では、自立訓練や就労移行支援、就労継続支援等の新たな就労支援事業が創設され、障害者の就労支援や地域生活支援が求められるようになり、生活保護制度では2005（平成17）年度から自立支援プログラムが導入され、被保護者の就労支援をはじめとする自立支援への取り組みが行われるようになった。

　一方、福祉行政の分野においても福祉関係八法改正によって市町村に老人保健福祉計

画の策定が義務づけられ、市町村介護保険事業計画、市町村障害者計画、市町村地域福祉計画等、福祉行政を推進していくためには福祉に関わる計画の策定、実施、評価が不可欠となった。

(2) 社会福祉士制度の見直し

　社会保障制度審議会福祉部会では社会福祉士制度のあり方について審議を行い、2006（平成18）年12月12日「介護福祉士制度及び社会福祉士制度の在り方に関する意見」（以下、「意見書」という）が示された。そこでは、社会福祉士を取り巻く状況の変化を踏まえ、社会福祉士に期待される分野として「地域包括支援センター等における地域を基盤とした相談援助」「権利擁護、成年後見制度等の新しいサービス利用支援」「相談支援事業や就労支援事業による障害者の地域生活支援」「生活保護制度における自立支援プログラムによる就労支援の推進」「地域福祉計画の策定等の新しい行政ニーズへの対応」等へと広がりをみせているとした。また、社会福祉士の役割として、①福祉課題を抱えた者からの相談に応じ、その解決を自ら支援する役割、②他の専門職やボランティア等と連携を図り、自ら解決できない課題については他の専門職等への橋渡しを行い、総合的かつ包括的に援助していく役割、③地域の福祉課題の把握、社会資源の調整・開発、ネットワークの形成を図るなど地域福祉の増進に働きかける役割の3つの役割と求められる知識と技術について検討を行っていくべきであることが指摘された。

　さらに意見書では社会福祉士養成の在り方として、「教育カリキュラムについて、社会福祉士制度の施行後、抜本的な見直しが行われておらず、その後の社会福祉士を取り巻く状況の変化を反映したものになっていないのではないか」「実習教育について、本来社会福祉士として求められる技能を修得することが可能となるような実習内容になっていないのではないか」「福祉系大学等ルートについて、教育内容等は大学等の裁量にゆだねられる仕組みとなっていることから、教育内容等にばらつきが見られるのではないか」といった点を挙げ、「教育カリキュラムの在り方」「実習の在り方」「それぞれの資格取得ルートの在り方」の3点について見直しを行う必要があることも指摘された。

　これらを受けて社会福祉士については、サービスの利用支援、権利擁護等の新しい相談援助業務の拡大を踏まえて資質の確保と向上を図る観点から、法律上の定義・義務や資格取得の方法を見直すために、2007（平成19）年12月5日、「社会福祉士及び介護福祉士法等の一部を改正する法律（平成19年法律第125号）」が公布された。なお、社会福祉士制度にかかる社会福祉士及び介護福祉士法改正の内容は、①定義の見直し、②義務規定の見直し、③資格取得方法の見直し、④社会福祉士の任用・活用の見直しの4点である。

①定義の見直し

まず、社会福祉士の行う相談援助として、他のサービス関係者と連絡・調整を行い、橋渡しを行うことを明確にする観点から、社会福祉士及び介護福祉士法第2条第1項に規定する社会福祉士の定義を「専門的知識及び技術をもって、身体上若しくは精神上の障害があること又は環境上の理由により日常生活を営むのに支障がある者の福祉に関する相談に応じ、助言、指導、<u>福祉サービスを提供する者又は医師その他の保健医療サービスを提供する者その他の関係者（「福祉サービス関係者等」という）</u>」との連絡及び調整その他の援助を行うこと（「相談援助」という）を業とする者」とし、新たに下線部分が追加された。この改正により、社会福祉士には生活上の課題を抱えた者からの相談に応じ、必要に応じてサービス利用を支援する等、その解決を支援する役割、自ら解決することのできない課題については当該担当者に対して橋渡しを行い、包括的に援助していくという役割が明確に位置づけられた。

②義務規定の見直し

社会福祉士が個人の尊厳を保持し、その義務を誠実に行う必要があるという観点から、義務規定の見直しでは、社会福祉士及び介護福祉士法第44条の2に誠実義務として「その担当する者が個人の尊厳を保持し、<u>その有する能力及び適正に応じ</u>自立した日常生活を営むことができるよう、常にその者の立場に立って誠実にその業務を行わなければならない」との規定が新たに設けられた。（下線については、平成22年法律第71号によって削除された）

また、社会福祉士には社会資源の調整・開発、地域の福祉課題の把握やネットワークの形成を図る等、地域福祉の増進に働きかける役割があるという観点から、これまでの連携規定を見直し、社会福祉士及び介護福祉士法第47条第1項に「その担当する者に、福祉サービス及びこれに関連する保健医療サービスその他のサービス（「福祉サービス等」という）が総合的かつ適切に提供されるよう、地域に即した創意と工夫を行いつつ、福祉サービス関係者等との連携を保たなければならない」との規定が新たに設けられた。

さらに、社会福祉士の資質向上の責務として社会福祉士及び介護福祉士法第47条の2に新たに「社会福祉及び介護を取り巻く環境の変化による業務の内容の変化に適応するため、相談援助又は介護等に関する知識及び技能の向上に努めなければならない」との自己研鑽について規定が設けられた。特に社会福祉士資格取得後の自己研鑽については、認定社会福祉士認証・認定機構によって2012（平成24）年より始められた認定社会福祉士制度との関係において重要な義務規定である。

③資格取得方法の見直し

高い実践力を有する社会福祉士を養成するための資格取得方法の見直しという観点か

ら、いわゆる福祉系大学等ルートについて、相談援助実習及び演習等の教育内容、時間数等について、文部科学および厚生労働両大臣が基準を設定することになった。この結果、これまで社会福祉士の受験資格取得にあたって教育内容や時間数、教員要件等に関して法令に基づく基準がなかった大学等についても、社会福祉士としての実践力を習得するために必要不可欠となる実習や演習については、新たに法令に基づいた実習や演習の授業が行われることになった。

　また、社会福祉士として必要な技能を体系的に修得する機会を確保するという観点から、福祉事務所の査察指導員や児童相談所の児童福祉司、身体障害者更生相談所の身体障害者福祉司等の行政職における実務経験5年以上をもって受験資格が得られる。いわゆる行政職ルートについても、従来の5年以上という実務経験を4年に短縮する一方で、新たに6か月以上の養成課程を経たうえで国家試験を受験する仕組みとなった。

④社会福祉士の任用・活用の見直し

　社会福祉主事の任用要件を満たす者のうち、社会福祉主事の養成機関の課程を修了した後、一定の実務経験を有する者が社会福祉士の資格を取得することができるように、社会福祉主事養成機関の課程を修了後、2年以上の実務経験を有し6か月以上の社会福祉士養成課程を経た者に、社会福祉士国家試験の受験資格を与える仕組みが導入された。また、身体障害者福祉司、知的障害者福祉司の任用資格に社会福祉士が位置づけられ、文部科学省はスクールソーシャルワーカーの配置について、「原則、社会福祉士とする」という通達を出した。

2．教育カリキュラムの見直し

　社会福祉士制度の見直し事項として、社会福祉士養成に関する教育カリキュラムの見直しをあげることができる。

　この見直しは「意見書」の指摘を受け、社会保障審議会福祉部会とは別に専門有識者と実践者によって編成された「社会福祉士養成課程における教育内容等の見直しに関する作業チーム」(以下、作業チーム)が2007(平成19)年3月に厚生労働省社会・援護局に設置され検討を行った。そして、その検討結果については厚生労働省によって2007(平成19)年12月17日から2008(平成20)年1月10日までの「社会福祉士及び介護福祉士養成課程における教育内容等の見直し案に関する意見募集について」および2008(平成20)年2月28日から3月12日までの「『社会福祉士及び介護福祉士法施行規則等の一部を改正する省令案』等に対する意見募集」という計2回のパブリックコメントが募集された。その後、パブリックコメントとして出された意見を踏まえて同年3月に関係省令の公布等が行われ、2009(平成21)年4月1日、新しい教育カリキュ

ラムが施行された。

3．相談援助実習の意味と位置づけ

　社会福祉士養成校によって相談援助実習の実施形態は異なるが、社会福祉教育課程に位置づけられ、相談援助実習を経験することは社会福祉の教育を受けた証としての意味も含まれていた。相談援助実習は社会福祉士という職業を選ぶうえで儀礼的意味合いを持っていた。おそらく社会福祉系の学生にとって現場や現実は、憧れ、恐れ、不安であり、事前に抱いている「現場・実践・利用者・専門家」像は予想できないものとして現われるものであろう。学習された理論知としてしか有していない上述の像に対して、現場・現実は、理論知・経験知・暗黙知の世界であり、不安を感じるのは当然である。しかし、その現場の理論知・経験知・暗黙知を習得しなければならないという課題の前に、実習生は投げだされるのである。

　ここで重要なのが、現場における現実をいかに経験させるかということである。

　この経験のさせ方を実習指導者に一任していなかった頃の実習指導では、ある意味、徒弟制度の色彩を持っていた（徒弟制度のすべてが批判されるのではなく、徒弟制度の要素は必ず残る）。とりわけ、現場において実践者の後継者育成が行われていた頃は、経験知の伝達における事前の理論知の学習を邪魔なものとする風潮すらあった。このことは、当時の現場実践者においては学校教育での理論知と自己の実践における経験知に相当な乖離があることを伺わせた。経験知の世界における実習でよいとすれば、現実への放り込みがあり、実習指導者による徒弟的指導で足りることになる。確かにこの徒弟的指導もスーパービジョンの一種であるが、専門職の再生産過程とみれば不確定要素が多く、科学性にも欠けていると言わざるを得ない。

　専門職養成教育と学校教育が結びつき、確実で安定的に専門職の再生産をしようとするときに、教科としての実習を重視する主張が行われる。現場教育として代表的なOJTも、学校教育での教育・訓練を通過していることを前提とした現場におけるスーパービジョンであり、それを長期的・体系的システムに組み上げたプリセプター制にしても、学校教育を前提にしたものである。

　養成校における専門職養成教育が、「理論学習（座学）➡演習教育➡実習教育」の流れになり、この流れが強調されるようになっているのも、特に専門職の技術・技能習得において現場・現実を経験させることの重要性を認めるとともに、その経験のさせ方に一定の体系性を必要とするとの認識が普及しているものと言える。この流れによる考えの体系性とは、頭（言語の知）から身体の知を経て五感を十分に活用することがなければ、言語の知を超える現実の包括性・全体性を経験することができないことの承認を意

味している。つまり、「知る・わかる」という理解レベルがその基礎にあるが、そのレベルから「実行する・できる」レベルへの移行は次元的が異なるというのが定説となっている。この移行をどのように担保するかが問われることになる。

4．相談援助実習における後継者育成

　実習という名を与えるかどうかは別にして、このような考え方の変化は何を意味するのかといえば、学生が現場や現実に触れることは学生に多大な影響を与えることを意識してきたことを意味する。学生にボランティアを推奨するのも肯定的な影響を考え期待するからであろう。しかし、現場職員の実践、とりわけ利用者の生活にとってみれば、この実習は自らの干渉であるとも言える。ともすれば、両者とも実習生を受け入れ、指導・協力を拒否することができるはずである。にもかかわらず、職員や利用者は何故実習生を受け入れ、協力するのかという疑問がわく。これら両者に共通する理由を考えれば、実習生を受け入れ、指導をすることは後継者を育成し、現在の実践者を超える将来の優れた実践者の育成に協力することで将来の「利用者の最善の利益」を担保する可能性があるからであろう。

　社会福祉士が援助対象者の抱えている問題が普遍的であり、当該社会福祉士がその問題に対処することが最善であると主張するのであれば、その社会福祉士の後継者を現状の社会福祉士以上の水準で再生産しなければならないというのが倫理の一つになる。そして、後継者育成の展望が得られるのであれば利用者にとっても再生産過程に参加し協力することはやぶさかではないと推測できる。

　この再生産過程において実習プログラムが重要なものとして位置づけられることになれば、その実習は、後継者としての実習生が職業に就くまでに、何がどこまでできるようになるかという専門能力・実践力の側面と、ある組織構造をもつ現場で働くということはどういうことか、そこでは当該専門職および組織・チームの一員として何が要求されるのかという側面を見通すための教育・訓練の場として設定されることになる。その実習生の成果は、まさにスーパービジョンによって担保されることを押さえなければならないのである。

5．相談援助実習にかかる科目と内容
（1）実習現場と教育の役割分担

　専門職者にとって現場における専門家からの直接指導の重要性が強調されるとしても、二重のスーパービジョンの必要性から、養成校における教育が一定の強力な役割分担を果たさなければならないことに留意しなければならない。社会福祉教育が最終的に

「利用者の最善の利益」を担保することを目指すものである以上、相談援助実習教育の負担を教育側の都合に合わせるのではなく、「利用者の最善の利益」を目指した実習教育体系を構築し、その一環として実習教育システムを組み立てることが必須となる。

相談援助実習は、「相談援助実習指導」は90時間、「相談援助実習」は180時間であり、他の保健・医療専門職の養成課程と比較すると圧倒的に短い時間でしか設定されていない（日本社会福祉士養成校協会は、実習時間数を360時間へと倍増を要請したが、時期尚早として実現しなかった）。この短時間の実習で最大の効果を得ようとするならば、①現場における実習効果を最大にするための事前の準備を入念に行うこと、②実習中における効果的な教育スーパービジョンを行うこと、③実習後における実習経験の効果的な定着を図ること、といった実習前・中・後の一貫性をもった教育が求められる。そして、この一貫性という重要な要因を支えるのが相談援助実習指導という教科である。

さらに、社会福祉教育あるいは社会福祉専門職養成教育全体を見渡して言えば、現場の実習指導者と共同で、まずは実習終了時および卒業時においてどのような「専門能力（コンピテンス）」を期待すべきかに関する目標値を設定できるかという問題に発展することになる。

（2）実習の時間と場所

相談援助実習の時間が180時間であることは先に述べたが、相談援助業務の過程を網羅的かつ集中的に学習できるよう、一つの実習施設において120時間以上行うことを基本とすることとされており、一つの実習施設において120時間以上の実習を行い、ほかの一つの実習施設において残りの60時間の実習を行うといった実習を実施することも可能である。ただし、60時間実習であっても実習教育・実習指導の展開は120時間のものと同一形式と水準が要求されることに注意するべきであろう。養成校としては、この時間配分と内容水準の問題をどのような考えのもとで、どのようなものとするかが要求される。

また、実習の場所については、厚生労働省の定める実習施設に限定されるが、その施設での相談援助実習の一部に「相談援助を行うのに適当な市町村（特別区を含む）」において行うことができることとされているため、この点も実習の場所を決定する際に考慮することが必要となる。但し、市町村での実習としてどの程度の時間を組み込むことができるかについては、特に制限事項はない。

このように、社会福祉が展開される生活の場所や制度に応じて社会福祉における相談援助の実践が多少なりともその性格を変えることが予想されるため、そこでの相談援助実習もその展開が異なることが予想される。相談援助実習を効果あるものとして実施し、

実践力の高い社会福祉士を養成していくためには養成校と実習施設が一体となって相談援助実習に取り組むことが必要不可欠である。この意味においても以降の内容について具体的に学習し、社会福祉士として必要な知識と技術の習得をされることを期待したい。

第2節　社会福祉士の専門性

1．社会福祉専門職への途

　COSやセツルメントの社会活動を源流としながら、リッチモンド（Richmond,M.）の貢献を嚆矢としてソーシャルワークは発展し続けている。ミクロからマクロまでの対人援助（支援）のスキルを活用しながら、利用者への支援者としてのソーシャルワーカーを専門職者の一員に位置づけようとする学問的、実践的、教育的なはたらきかけがなされている。現代社会で生活していく際、様々な生活のしづらさを抱えている人たちを専門職者として支援するソーシャルワーカーの存在意義が問われているのである。

　歴史的にみても、ソーシャルワークを専門職と位置づけようとしてきた経緯がある。特にアメリカにおいては、専門職者のアイデンティティを確立させていくためにもその独自性の主張や役割・機能の明確化（他の対人援助専門職との排他性）等がなされ続けてきた。

　COSのはたらきの1つである家庭訪問は、ボランティアが行っていた。しかし、COS内に訓練コースを設置（1897）したことは、ボランティアではなく、教育・訓練を受けた専門職者が家庭訪問を行わなければならないとされた。

　以降、ソーシャルワーカーを専門職の1つであることの論議がなされた。フレックスナー（Flexner,A.）の「ソーシャルワークは専門職か」（1915）[1]、グリーンウッド（Greenwood,E.）の「専門職の特質」（1957）[2]、ミラーソン（Millerson,G.）の「資格化団体」（1964）の主張が有名である。これらは、アメリカ社会における動向である。アメリカ社会において、学問的にも実践的にも後発なソーシャルワーク専門職は近接の対人援助専門職である医療・看護・教育との峻別をはかり、独自性をうちだすための一連の研究といえる。

　フレックスナーは、医学教育との比較で専門職が成立する要件を整理した。それが、「専門職業の7つの基準」である。すなわち、①専門職業者の集団に属する人々には、決まりきった手順（ルーティン）として機械的なものではなく、知的な過程にたずさわるものであり、またかかる知的な仕事をなす際に、個人的責任を負うのである②専門的職業集団は、その素材を、科学と学問から引き出し、伝統や日常のありふれた経験に頼ることをしない③これらの科学的資料は、実際的目的の達成のために適用される④それは専

門職業集団によって、教育的に他に伝達し得る内容と技術とを発達させる⑤専門職業は、科学的資料の体系と、これに対する批判的及び分析的文献を発達させる⑥専門職業者は、相互の団結を図り、階級意識をもって承認された倫理的諸基準の保持、方法の批判及び社会的並びに専門職業的結社をつくることによって、自己の専門職業的利益の向上をも企画する⑦専門職業集団は、公共の利害に関する問題によって影響を受けるものであることを自覚する。

　また、グリーンウッドは専門職の５つの属性として、①体系的な理論②専門職的権威③社会的承認④倫理綱領⑤専門職的副次文化をあげている。

　さらに、ミラーソンは専門職を構成する要素として、①理論に基づいた技術②訓練と教育③テスト④行動綱領⑤福祉的サービスの側面⑥組織化を指摘している。

　いずれもソーシャルワーカーを専門職者としての位置づけをめざしていくための整理・分析である。

　しかし、現在わが国においての対人援助専門職である医師、看護師、弁護士等と比較しても、専門職とはいいがたい側面もあることは事実である。アメリカにおいても、エツィオーニ（Etzioni,A.）（1967）は、ソーシャルワーカーは、「準専門職」であるとし、確立された専門職と比較して、準専門職の条件には、①専門教育の年限が低い②生死やプライバシー（法的）へ直接関与することはない③秘密保持が比較的なされない④自律性が低い⑤ワーカーの多くが女性で、男性ほどに組織上の地位を意識しないとしている[3]。

　以上のような専門職化への動向があり、1971（昭和46）年には社会福祉士法制定試案が提出されたが、時期尚早等とみなされ、結局「社会福祉士及び介護福祉士法」が1987（昭和62）年に制定されたのである。法制定や専門職化に寄与したのは、仲村優一、一番ヶ瀬康子、秋山智久、嶋田啓一郎などの研究者であった。そして、わが国においては、社会福祉士及び介護福祉士法の制定以降、社会福祉士養成の在り方が論議される中、新たな養成教育の教育課程が公表されている。その中で、国民の福祉ニーズに適切に果たしていくことができるような知識と技術を習得していくことが求められた。具体的には①福祉課題を抱えた者からの相談への対応や、これを受けて総合的かつ包括的にサービスを提供することの必要性、その在り方等に係る専門的知識（②以降は略、基礎的知識や技術を述べている）[4]である。キーワードとしては、「総合的かつ包括的」があげられる。つまり、ジェネラリスト・ソーシャルワーカーの養成が意図されているのである。

2．ソーシャルワークの視点

　教育課程においては、様々な相談援助の実践モデルやアプローチを学ぶ必要がある。これらのアプローチを活用して、利用者への支援を実施していくことが求められている。

ソーシャルワークの視点は、生活課題を抱えている利用者（グループやコミュニティを含む）の生活の全体像を把握して支援することである。この視点がソーシャルワーカーの独自性といえる。ソーシャルワークの「Social」とは、人は環境との交互作用なしには生活できない社会的存在であることを意味している。我々は、必ず環境（社会的環境、物理的環境等）の中で生活しており、環境にはたらきかけたり、あるいは環境から影響を受けたりする。生活のしづらさを抱えている状況の人たちは、この環境との交互作用に悪循環をおこしているため、心理的に支えたり、環境へはたらきかけることで支援をする。利用者の生活全体を視野に入れながら、支援していくことがソーシャルワーカーの固有性といえる。「状況内人間」、「環境の中の人間」との視点で、個人と環境の双方および交互作用に着目し、利用者の社会生活を支援することがソーシャルワークの独自性となる。

ソーシャルワークのグローバル定義（2014）においては、「ソーシャルワークの正統性と任務は、人々がその環境と相互作用する接点への介入にある」とある。このことは、ソーシャルワークの対象を個人か社会かという二元論でとらえるのではなく、個人と社会性の関係性に焦点をあてる一元論の考えに立脚している。この考えの背景には、システム思考がある。エコロジカルな視点でソーシャルワーク実践をとらえたジャーメイン（Germain,C.）は、この考えに基づき生活モデル（life model）を提唱している[5) 6)]。

3．専門性の内容

社会福祉士の専門性の内容は、価値と知識と技術である。

(1) 価値

ソーシャルワークは価値の実践である。ソーシャルワークのグローバル定義では、「ソーシャルワークの大原則は、人間の内在的価値と尊厳の尊重、危害を加えないこと、多様性の尊重、人権と社会正義の支持である」と述べられている。いわば抽象度の高い価値を具体化し、明文化したのが倫理綱領である。そして、実践場面における行動の指針が行動規範といえる。「社会福祉士の倫理綱領」において、社会福祉士として堅持すべき価値が5点あげられている。それは、①「人間の尊厳」②「社会正義」③「貢献」④「誠実」⑤専門的力量である。

ソーシャルワーク実践は、利用者の人生や生活に深くかかわる。利用者の「生の過程」[7)]に関与することになる。それだからこそ、「人間の尊厳」が第一義的価値とされるのである。

バートレット（Bartlett,H.）は、「ソーシャルワークは、人間のもつ潜在的可能性の達成

をその究極的な価値として、その達成に向かってすすんでいくといってよいであろう」[8]と述べている。様々な生活課題を抱えながら生活している人たちへの支援者として、「（前略）人間としての尊厳を有し、価値ある存在であり、平等であることを深く認識する。」（社会福祉士の倫理綱領の前文）ことが援助の出発点であり、終着点である。

（2）知識

　松岡は、コール（Cole,A.）の分類に依拠して知識について①科学的知識②個人的経験③文脈的知識④経験知の4種類を紹介している[9]。ソーシャルワーカーにとって、まず専門的知識として客観的、体系的な科学的知識（ほぼ、学問的に相当する）は、もちろん不可欠である。しかし、「（前略）ソーシャルワーカーとしての経験のみならず、それ以外の人生の様々な経験を含めた」個人的経験や「社会的、文化的、歴史的なコンテクスト（文脈）」に影響されている文脈的知識、および「ソーシャルワークを『すること（doing）』によって育まれてきた知識である」経験知もソーシャルワーカーにとって必要な専門的知識とされる。

　以上の4つの知識は、ソーシャルワーカーにとっての知識である。大切な点は、利用者についての知識があげられる[10]。個別性の高い状況にあり、1人ひとりの属性がまったく相違する利用者についての知識が5番目の知識である。

　ソーシャルワーカーになるためには、まず教育訓練を受ける。そこで、科学的知識の習得が大前提となる。養成校において、ソーシャルワークに関する専門知識を学ぶ。人間や社会に関する実に多様な知識を導入しなければならない。そして、ソーシャルワーカーである際も、「専門的力量を発揮し、その専門性を高める」ために新たな知識を得ていかなければならない。このことを松岡は、「ソーシャルワークにとって欠かせない人間と社会にかかわる知識（学問知）といえば、間接的に関係するものまでを含めると相当な範囲と量に達するであろう。実は、この求められる学問知の広さこそソーシャルワークの特徴であり、ある意味、それはソーシャルワークにとっての宿命であるといっておいてよい」と主張している[11]。利用者へのよりよい支援を追求、展開していくためには、経験知と同様、様々な知識、特にソーシャルワーカーにとっての学問知の範囲（広さ）と深さは限りない。

（3）技術

　「ソーシャルワーク実践の基礎定義」（NASW、1958）では、方法を「きちんと組織だてられた手順の様式」、技法を「方法の一部として用いられる手段」、そして技能を「技法を熟練して用いていく能力」、「知識を効果的にたやすく用いて実際に移していく能力」

と整理している[12]。

　ソーシャルワークは、社会生活をおくる上で、なんらかの生活課題を抱える人を対象に、その社会的機能を高めることを目的とした1つの方法である。この目的のために、ソーシャルワーカーは、多様な技術を習得しておかなければならない。また、現場での実践の中で、いわば経験知として習得していくことが必要であろう。

　ソーシャルワーカーが習得しておかなければならない技術として、たとえば、①アウトリーチ②契約③アセスメント④介入⑤モニタリング⑥再アセスメント⑦効果測定⑧評価、といった一連のソーシャルワークのプロセスや⑨コミュニケーション⑩面接⑪記録などがあげられよう。

4．専門性への課題

　対外的に、社会福祉士の業務が「みえない」といわれる。特に、介護福祉士の介護技術を使った利用者への介助といった「みえる」業務と比較されて指摘されている。また、作業療法士や理学療法士などの他の対人援助専門職との比較においても指摘される。

　利用者（市民を含む）からすれば、身体的に動きの少ない、そして「道具」を使わない専門職であるからであろう。しかし、生活課題を抱えた人たちに対し、人と環境との交互作用に着目し、その人（家族）の全体性をも視野に入れながら支援する専門職としてソーシャルワーカーは欠かせない職種であることをこれからも主張していくことが大切である。

　そのためにも、社会福祉士は経験知を概念化、言語化していく努力を惜しんではならない。日々の忙しい業務の中で多くの知識や経験を蓄積している。いわば、その経験が1人の財産として完結するのではなく、伝達可能なものにしなければならない。言語化、概念化をしていく作業を通して、実践自体が、根拠のあるソーシャルワーク実践へとつながっていくであろう。

引用文献

1）M.E. リッチモンドほか著、田代不二男訳『アメリカ社会福祉の発展』誠信書房、1974、pp.68-69
2）鉄道弘済会編『社会福祉の専門職とは何か』鉄道弘済会、1976、pp.181-195
3）秋山智久『社会福祉専門職の研究』ミネルヴァ書房、2007、p.103
4）厚生労働省説明資料「社会福祉士養成課程における教育内容等の見直しについて」
5）カレル・ジャーメインほか著、小島蓉子編訳・著『エコロジカルソーシャルワーク』学苑社、1992

第1章：社会福祉士養成と相談援助実習

6）カレル・ジャーメインほか著、田中禮子ほか監訳『ソーシャルワーク実践と生活モデル（上）（下）』ふくろう出版、2008
7）久保紘章ほか編『ケースワーク』川島書店、1998、p.33
8）H.M.バートレット著、小松源助訳『社会福祉実践の共通基盤』ミネルヴァ書房、1978、p.66
9）相澤譲治監修、大和三重編『ソーシャルワークの理論と方法〔Ⅱ〕』みらい、2010、pp.19-25
10）同上 p.24
11）同上 p.25
12）前掲書10）pp.252-254

参考文献

1．一般社団法人日本社会福祉士養成校協会、『社会福祉士　相談援助実習　第2版』中央法規出版、2015
2．社団法人日本社会福祉士会編『社会福祉士実習指導者テキスト（第2版）』中央法規出版、2014
3．社団法人日本社会福祉士会『2010年度　社会福祉士実習指導者講習会』2010
4．社団法人日本社会福祉士養成校協会編『相談援助実習指導・現場実習教員テキスト（第2版）』中央法規出版、2015
5．社団法人日本社会福祉士養成校協会監修『社会福祉士相談援助実習』中央法規出版、2009
6．加藤幸雄ほか編『相談援助実習』中央法規出版、2010
7．伊藤淑子『社会福祉職発達史研究』ドメス出版、1996
8．奥田いさよ『社会福祉専門職性の研究』川島書店、1992
9．相澤譲治ほか編著『相談援助の基盤と専門職（第4版）』久美株式会社、2014
10．相澤譲治監修、植戸貴子編『ソーシャルワークの基盤と専門職』みらい、2010
11．相澤譲治監修、津田耕一編『ソーシャルワークの理論と方法〔Ⅰ〕』みらい、2010
12．相澤譲治監修、大和三重編『ソーシャルワークの理論と方法〔Ⅱ〕』みらい、2010

第2章

相談援助実習の目的と内容

第2章：相談援助実習の目的と内容

第1節　ソーシャルワーク実習の目的

　ソーシャルワーク実習の目的を定める上で、3点の配慮すべき点がある。
　第1点は養成すべきソーシャルワーカー像を明確にすること、第2点は実際にソーシャルワーカーになるまでの実習とソーシャルワーカーになってからの現任者教育の位置付けを明確にすること、第3点は実際の実習時間や教育環境、さらには養成される側の資質などのわが国における実習教育状況等である。
　以下、それぞれについて説明をした上で、それらに配慮したソーシャルワーク実習の目的について明らかにする。

（1）養成すべきソーシャルワーカー像

　社会福祉士資格は1987（昭和62）年5月に国会で成立し、1988（昭和63）年の4月に施行された社会福祉士・介護福祉士法に基づく国家資格である。しかしその資格ができる以前から、わが国においては社会福祉教育が行われており、多くの行政機関、社会福祉施設・機関、医療機関等において福祉教育を受けた者が社会福祉従事者として働いていた。
　社会福祉士資格ができる以前は、教育体制も各養成校の裁量に任されており、また雇用する側が提示した一定の基準に沿って雇用されていた状況であり、専門職者が育っていた一方でその質の担保ができない側面もあった。
　したがって社会福祉士資格ができたことは、社会福祉職の発展、さらに利用者へのサービスの質の保障のためには誠に喜ばしいことであった。
　ただし、多くの専門職がそうであるように資格取得はソーシャルワーカー職の入り口に立ったというだけであり、そこから「どのようなソーシャルワーカーとして育つのか」が多くの利用者及び社会全体にとって、さらにはソーシャルワーカーという職業の未来にとって大切であることはいうまでもない。これは、もちろん、現任者教育においても追求すべき課題であるが、それ以前の養成校の教育課程から考えていかないといけないことである。
　ソーシャルワークは各国においてそれぞれの在り様で存在しているが、一方で国際的な基準を設けている専門職である。ソーシャルワークの国際定義が2000年に、ソーシャルワークの倫理：原理についての表明が2004年に、ソーシャルワークの教育・養成に関する世界基準が2004年に、国際ソーシャルワーク学校連盟（IASSW）および国際ソーシャルワーカー連盟（IFSW）によって定められた。2014年7月には新たな定義である『ソーシャルワークのグローバル定義』が定められた。今後は数年をかけて新定義に

沿った教育と実践が可能になるように教育内容においても改革が進められていくことになる。ただしその変化は数年先であると考えられるので、本稿では2004年版のソーシャルワークの教育・養成に関する世界基準を参考にしている。

ソーシャルワークの教育・養成に関する世界基準は、9つの大項目で構成されているがその中で特に実習の目的に関連する部分にとっては、「4．コア・カリキュラムに関する基準」の中の「4.2.2　ソーシャルワーカーに関する分野」、「4.2.3　ソーシャルワーク実践の方法」、「4.2.4　ソーシャルワークのパラダイム」の部分が重要である[1]。

次に、これらを参考にしてわが国において養成すべきソーシャルワーカーの獲得すべきコンピテンシー（competency）についてまとめると以下の17項目になる。ここでいうコンピテンシー（competency）とは、専門職としての力量、能力、適性をさしている[2]。

① ソーシャルワーク専門職としての価値に則った実践を行うことができる。
② 燃え尽きることなく自らの健康と福祉専門職としての力を増進させる責務を果たすことができる。
③ 自ら考え、判断し、自省しながら進むことができる。
④ 個人の生活や個人的価値観とソーシャルワーク実践との間の関係が理解できる。
⑤ ソーシャルワーク倫理綱領を理解し、それらをそれぞれの具体的場面へと適用できる。
⑥ 社会的支援及び発達・擁護・予防・治療的介入を目的としたプログラムの設定目標を達成することができるアセスメント、関係構築、援助過程についての十分な実践技能と知識を有する。
⑦ 不平等及び社会的・政治的・経済的不正義と闘うためにソーシャルワーカーの価値、倫理原則、知識及び技能を用いることができる。
⑧ ソーシャルワーク研究調査及び研究調査法の用い方・技法についての知識を身につけている。
⑨ 社会の人々が他人を気遣い、相互に尊重し合い、互いに責任をもちあえるように促すべく、ソーシャルワークの価値、倫理原則、知識と技能を用いることができる。
⑩ すべての人間の尊厳、価値、個性を理解し、認める。
⑪ ミクロ・メゾ・マクロにおいて、すべてのシステムが相互に関連しあっていることを理解する。
⑫ アドボカシーと変革の重要性を認識する。
⑬ 発達アプローチを通して、個人、家族、組織、コミュニティの能力向上とエンパワメントに焦点をあてる。
⑭ サービス利用者について理解しかつその権利を尊重する。

⑮　予期される課題や危機を認識する。

⑯　すべての人間の強さと潜在可能性を信じ、それらを見出し、認めていく。

⑰　多様性を評価し尊重する。

　これらの項目には知識の部分すなわち認識し理解する部分と、行動の部分すなわち実際体を動かして何かを行う部分が含まれており、その両者を統合させることが大切であるとされている。さらにそれらの行為が向かう対象や目的、そして、行為の主体者であるソーシャルワーカーの資質についても②や③では述べられている。

　図表２－１－１は、ソーシャルワーカーがコンピテンシーを使って行動し成果を上げるという全体像を示したものである。この図からもわかるように、コンピテンシーとは、知識、技能、態度、行動という見える部分だけではなく、感じる力、興味・関心・好奇心・欲求、動機や使命感、性格特性、信念や価値観などの見えない部分も含まれている。ソーシャルワーカーは自らを有用な資源として活用できるように専門的な力量を高めると同時に自己覚知を行う必要がある。

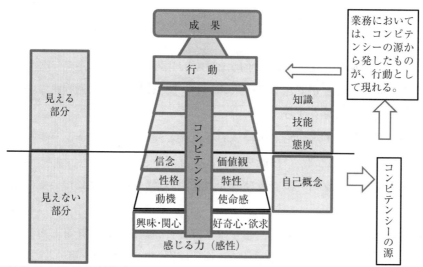

図表２－１－１　コンピテンシーとは

出典：西村経営支援事務所作成の図を一部改変（http://www.nsweb.biz/compt/compt.htm 2013）

　ソーシャルワークは、多様な分野において展開されるが、その際に必要なコンピテンシーには、分野に共通して必要なコンピテンシーと分野ごとに必要なコンピテンシーが存在する。どの分野のソーシャルワークにおいても、分野に共通して必要なコンピテンシーと分野ごとの特色あるコンピテンシーは統合した形で発揮されている。

　まず分野を問わずにソーシャルワーカーとして求められる人材とは、社会福祉の価値

観をしっかりと身につけ、状況の理解や援助に必要な知識があり、さらにソーシャルワークの技法を身につけた人材である。それらの実践を行う際には、自ら考え、判断し、自省しながら進む力や、それらの実践を行っても燃え尽きることなく自らの健康と福祉専門職としての力を増進させる責務を全うできる総合力が大切である。

それに加えて、分野ごとに異なる利用者の生活課題の達成に向けて支援するためには、①その分野特有の利用者理解のための知識、②連携する他職種に関する知識、③所属する組織に関する知識、④分野の利用者の生活課題の達成を支援するために必要な社会資源に関する知識などが必要となる。さらに、知識に加えて態度と技能が必要となるのはいうまでもない。

ソーシャルワークはこれらのコンピテンシーを統合的に用いて行う専門的な実践である。

(2) 実習教育と現任者教育

ソーシャルワーカーは生涯にわたり研修・研鑽を積む必要がある専門職である。なぜならば、人と環境とその交互作用を視野に入れ、様々な関係性に関与していく職業であるため、常に移り変わっていく人的環境、制度的環境、政策的環境、家族的環境、地域的環境等に関して新しい知識を学ぶ必要があるからである。また絶えずソーシャルワーカーである自分と人との関係性を通して判断を下しているため、判断する主体である自分自身のものの見方や考え方を客観的に見つめなおす機会が必要な仕事であるからである。

すなわち、養成校の教育に引き続いての現任者教育がなされる必要がある。

社会福祉士の職能団体である公益社団法人日本社会福祉士会は生涯研修センターという研修に係る事項を統括、運営する組織を有しており、各都道府県社会福祉士会に所属する会員が社会福祉士の職務に関する知識及び技術の向上、倫理及び資質の向上のために、生涯にわたって研鑽を重ねることを支援する生涯研修の体系を1999年につくりあげている。

2007（平成19）年の社会福祉士及び介護福祉士法改正法成立時に「より専門的対応ができる人材を育成するため、専門社会福祉士及び専門介護福祉士の仕組みについて早急に検討を行う」が附帯決議された。その決議を受けて、日本社会福祉士会において研究および検討を重ねた結果、2011（平成23）年10月に認定社会福祉士認証・認定機構が設立された。

認定社会福祉士制度とは、高度な知識と卓越した技術を用いて、個別支援や他職種との連携、地域福祉の増進を行う能力を有する社会福祉士のキャリアアップを支援する仕組みとして、実践力を認定するものであり、図表2-1-2のように「認定社会福祉士」

及び「認定上級社会福祉士」の2種類を位置づけた。

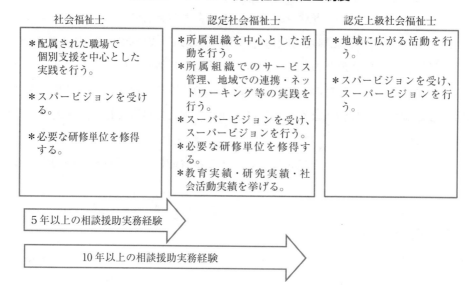

出典：認定社会福祉士認証・認定機構「認定社会福祉士制度パンフレット」より認定社会福祉士認証・認定機構 2014.10（http://www.jacsw.or.jp/nintei kikou/contents/01_kiko/files/nintei_panf.pdf 2016.7.10）

　認定社会福祉士とは社会福祉士及び介護福祉士法の定義に定める相談援助を行う者であって、所属組織を中心にした分野における福祉課題に対し、倫理綱領に基づき高度な専門知識と熟練した技術を用いて個別支援、他職種連携及び地域福祉の増進を行うことができる能力を有することを認められた者をいうとされている。

　認定上級社会福祉士とは社会福祉士及び介護福祉士法の定義に定める相談援助を行う者であって、福祉についての高度な知識と卓越した技術を用いて、倫理綱領に基づく高い倫理観をもって個別支援、連携・調整及び地域福祉の増進等に関して質の高い業務を実践するとともに、人材育成において他の社会福祉士に対する指導的役割を果たし、かつ実践の科学化を行うことができる能力を有することを認められた者をいうとされている[3]。

　2015（平成27）年9月17日に厚生労働省より「誰もが支え合う地域の構築に向けた福祉サービスの実現―新たな時代に対応した福祉の提供ビジョン」が発表された。それによると、福祉人材として、複数分野を束ね、必要とされる支援を実施するために業務や職員をコーディネートする者や、自らの専門分野の他に分野横断的な福祉に関する基礎知識を持つことにより様々な分野の基礎的な支援については臨機応変に担うことができる人材が求められている[4]。

わが国においては、実習教育では分野に共通したソーシャルワークのベーシックな実践力を学び、現任者教育においては、分野ごとの実践力を積み上げた後に分野横断的な実践力を目指していくシステムとなっている。

（3）わが国における実習教育状況

わが国の実習教育状況を考えるときに、社会福祉士及び介護福祉士法施行規則に定められた教育カリキュラムを基本として考えることになる。さらにより具体的な基準については、2008（平成20）年3月に厚生労働省社会援護局長通知として発せられた「大学等において開講する社会福祉に関する科目の確認に係る指針について」[5]に示されている内容が参考になる。

上記のような国の定めた教育内容の枠組みに加えて考慮すべきは実習施設・機関側の受け入れ環境であり、さらには実習教育の対象となる養成される学生の条件である。

まず、国が定めたカリキュラムについてみてみると、実習教育内容に直接影響を及ぼす実習時間については、厚生労働省が定めた社会福祉士受験資格取得のために必要な実習時間数は180時間であり、1か所の配属先施設・機関で行う場合と、2か所で行う場合があるが、180時間のうち120時間は同一の配属先施設・機関で行うと定められている。

また、「相談援助実習」という科目のねらいをみてみると、国の枠組みにおいては、相談援助実習では、相談援助に係る知識と技術の実際的な理解と実践的な技術の体得まで求めており、さらに、それらを実践できる総合的な能力の習得までも求めている。加えて、関連分野の専門職との連携の実践的な理解を得ることをねらいとしている。

限られた実習時間数で、上記の実習教育のねらいを達成するために、養成校側の実習担当教員および実習施設・機関側の実習指導担当者の資質の向上をはかるように教育指導を担当する者についての条件が整えられた。さらに学生側の条件については、実習の前後のカリキュラムの充実がはかられた。

以上のように、ソーシャルワークを学ぶための環境は一昔前と比較すると、まだまだ修正すべき点があるとしても、徐々に整えられてきているといえよう。

一方、養成される側の学生の状況はどうだろうか。高校を卒業して養成課程に進んだ場合、20歳前後にどの分野で実習を行うかを決め、実習が実行される。また、圧倒的に社会体験が少ない段階で、多くの生活困難を抱えた利用者の状況を理解することを求められ、さらに、前述した価値と知識と技能の融合したソーシャルワーカーの実践を理解することが求められる。なおかつ、様々な地位や役割をもった社会人に個人として向き合い交流するというコミュニケーションを必然的に体験することになる。

大きなハードルを与えられているわけであるが、それだけに実習教育の質の如何によ

り、学生の成長度が左右され、将来の進路選択にまで影響をおよぼすことになるといっても過言ではない。

（4）ソーシャルワーク実習での学びの目的

目的を定める上で、まず考慮すべき3点、すなわち「養成すべきソーシャルワーカー像」、「実習教育と現任者教育の位置付け」、「わが国における実習教育状況」について述べてきた。それらを踏まえた上で、ソーシャルワーク実習での学びの目的をどのように設定すればよいのかについて述べる。

ソーシャルワークの教育・養成に関する世界基準が示す養成すべきソーシャルワーカー像は、基本を人間力に置きつつ、その上で専門的な価値観、知識、技術をソーシャルワークの対象に対して総合的に発揮し、成果を挙げさらに発展を目指すことが出来るというものである。

わが国の社会福祉士養成教育も概ねその方針で定められているが、実際の実習教育状況を考えると、実習は1分野もしくは2分野でしか行うことができず、時間数も180時間と少ないため、上記のようなソーシャルワーカー像は、実習教育だけでは到底達成できるものではなく、ソーシャルワーカーとしての成長は働き出してからの現任者研修等に引き続きゆだねられていくことになる。

しかし、各団体の研修体系も決して十分とは言えず様々な現場の勤務状況が研修への参加を阻むこともありえるし、出張扱いとなり公費で参加できるとは限らない。すなわちソーシャルワーカー像の達成には、各個人の主体的な途切れることのない向上心が必要となる。

そう考えると、養成課程において国の枠組みによってカリキュラム上保障されている実習は、生涯続くソーシャルワーカー養成の継続的な道程で、唯一すべてのソーシャルワーカーを目指す学生に提供される貴重な学びの機会であると思われる。

この貴重な機会である実習において何を学びの目的とするのか、何を獲得すればよいのかを考えた時、育てるべきもの、学びとして目指すべきものが浮かび上がってくる。

第1の目的は、実際のソーシャルワークを目の当たりに見て、そこから、価値、知識、技術がばらばらでなく統合して対象に向けられているということを理解するということである。このことは、学んだ机上の理論と実践とをつき合わせ、そのつながりやすい違いを観察し、分析的に理解するということである。

実習に出るまでに学生は、社会福祉士の受験資格に必要な科目の多くを履修しているが、そこで学んだことは、それらがどう活用されるのかよくわからない知識の集積であったり、原則や概念としての技法であったりする。また価値観や倫理綱領にしても、実感が

伴わない約束事、または前提条件として学んでいる。要するに事例でいくら教えられても、想像の世界でしかなく自分自身が主体的にかかわる体験として実感することが難しい。

しかし、実習の場面では、生身のソーシャルワーカーが実際に活動し、生身の利用者や他職種と向き合い、授業で断片的に学んだ知識や技法が使われており、またその判断基準には社会福祉の価値観が大きく影響している実践に遭遇できる。

ここで、大切なことは、ただ単に遭遇できただけでは学びにはつながらないということである。その貴重な生の教材の何をどのように観察し、理解し、自身がそこに存在する当事者として体験できるかでこの目的の達成度は大きく変化する。その達成には学生の能力的な条件やスーパービジョンの質が大いに関係する。もちろん実習環境の質も関係してくる。

第2の目的は、上記のことを感じる自身のものの見方や考え方に焦点を当てて、自身の持つ価値観や、思い込みや、考え方の傾向に気がつき、常に変わりうる自身の可能性へ目を向けることができるようになるということである。

学生は、すでに様々な知識や価値観を持って生活している。現実を切り取り解釈するときに、当然それらを駆使して行うが、ソーシャルワーカーとしてどのように見ていく必要があるのかということについて、スーパーバイザーから指導を受けることとなる。当然そこには大きなギャップが存在するが、そのギャップに気がつくことが学生の感動となり成長につながる。

第3の目的は、自身がソーシャルワーカーとして実践を行うときまでに、どのような能力を今後獲得していけばよいのかについて言語化できるようになるということである。

実習で遭遇する現場とは学生にとって、客観的に理解すべき対象である。気持ちの上でも外側からの観察者である。ソーシャルワーカーの業務に同行し観察する機会や、利用者と触れ合う機会が与えられ、それらは実習の目的や目標、達成課題に沿って学ぶ対象となる。あるときには、観察したことや体験したことを今まで学んできた知識と照らして理解しようとし、またあるときには、一個人の感性でとらえたりする。それらの体験を適切なスーパービジョンにより振り返ることで、学生は自身の個人的な資質とソーシャルワーカーとしての価値・知識・技術を統合して用いることを学ぶ。そして、自己否定としてではなく、明日への希望として自身の課題について言語化できるようになる。

上記の3つの目的は、それぞれが関連し合っていることはいうまでもない。

(5) ソーシャルワーク実習の意義と課題

ソーシャルワーク実習は、養成課程における必修として位置づけられており、利用者の最善の利益を目指した後継者養成を行う必要があるという専門職倫理にも支えられて

いる。実習を経て、学生は自らの適性と現場の実際を知り、自らの課題に気づきさらに意欲的に自身の質の向上に努めるということが望ましい実習教育の成果である。

しかし、残念ながら、実習には行ったものの、社会福祉士資格を取らないという選択をしたり、福祉職への就職をしないという選択をしたりする学生も一部ではあるが存在する。

このようになるには以下のような要因がある。

まず、第1は学生自身の適性の問題である。この仕事をやりたいと感じていたが実習体験を通して自分には向いていないということに気がつくような場合である。

第2は、受験資格を欲しいと思い、仕事に就く気がなくても割り切ってこなしている学生の存在である。仕事の魅力ではなく資格が持つ魅力を選択する場合があり、これについては養成校の教員にも本音が見抜けない場合がある。

第3は現場におけるソーシャルワーカーの位置付けや待遇が自身の職業選択の基準に合わないことに実習体験を通して感じた場合である。

第4はソーシャルワーカーのマイナスモデルに幻滅して進路変更をする場合である。

以上のような結果が、一部存在するとはいえ、多くの学生が実習を通して成長し実習前と比較すると自分自身をより深く知り、将来の目標をしっかりと定め、見違えるように主体的に学び始める。

実習の意義は、現場のリアリティ（現実）にふれ、自分自身と向き合い、このソーシャルワークという専門職としての長い道のりを選択する覚悟を培うことにある。そう考えた時、送り出す養成校側と、受け手である実習施設・機関は、どのような学生を実習に出すのか出さないのか、また実習生にどのように現場のリアリティに直面させるのか、さらにどのようなソーシャルワーカーモデルを示すのかなどにおいて大きな責任と課題を抱えている。

生活環境や制度的環境の変化を的確にとらえ、地域資源を駆使して広い視野で生活支援を行うことができるソーシャルワーカーとしての力量を養う第一歩は実習教育から始まることを肝に銘じたい。

第2節　相談援助実習の内容

「相談援助実習」は、ボランティアやインターンシップ、サービスラーニングといった現場体験やプログラムと違い、社会福祉士養成カリキュラムの一環として、国が定めた枠組みに従って行うものである。実習受け入れ先は、将来の社会福祉士を育てようと、厳しい条件をクリアし、多くの時間を割いて、また利用者も自分の生活場面、仕事の場面等にあなたが入り込むことを許可し、社会福祉士になりたいというあなたのために協

力してくださる。この節では、実習がどのような文脈において行われるかという観点から、「相談援助実習」の内容について説明する。

（1）相談援助実習の位置づけ

　まず、「相談援助実習」が社会福祉士養成課程全体のなかで、どのように位置づけられているかを確認しよう（図表2－2－1）。

図表2－2－1　社会福祉士養成課程の科目

（1）人・社会・生活と福祉の理解に関する知識と方法（180時間） 　人体の構造と機能及び疾病 　心理学理論と心理的支援 　社会理論と社会システム 　現代社会と福祉 　社会調査の基礎
（2）総合的かつ包括的な相談援助の理念と方法に関する知識と技術（180時間） 　相談援助の基盤と専門職 　相談援助の理論と方法
（3）地域福祉の基盤整備と開発に関する知識と技術（120時間） 　地域福祉の理論と方法 　福祉行財政と福祉計画 　福祉サービスの組織と経営
（4）サービスに関する知識（300時間） 　社会保障 　高齢者に対する支援と介護保険制度 　障碍者に対する支援と障害者自立支援制度 　児童や家庭に対する支援と児童・家庭福祉制度 　低所得者に対する支援と生活保護制度 　保健医療サービス 　就労支援サービス 　権利擁護と成年後見制度 　更生保護制度
（5）実習・演習（420時間） 　相談援助演習 　相談援助実習指導 　相談援助実習

出典：厚生労働省サイト http://www.mhlw.go.jp/bunya/seikatsuhogo/dl/shakai-kaigo-yousei01.pdf をもとに作成

　「相談援助実習」は大きく分けて5つある科目群の（5）「実習・演習」に位置づけられる。同じ科目群には「相談援助実習指導」と「相談援助演習」があることから、実習の学びを深めるためには、実習は独立した科目ではなく、これらを一連の科目として学ぶことが分かる。具体的な学習内容については、後述する。

これらの科目は、概ね科目群（1）〜（4）の講義科目、科目群（5）の実習指導を含む演習科目、実習の順に学んでいく。知識をあまり学ばないうち、先入観をもたずに現場に飛び込むことでももちろん、多くの発見や学びはある。養成校によっては、サービスラーニングやボランティア実習といった名称で、「相談援助実習」に先立つ体験学習の演習科目を開講しているかもしれない。しかし、何らかの枠組みをもつことで、今まで見えなかったことが見えてくるということがある。それが、講義や演習科目で学ぶことの意義である。実習では、講義科目、演習科目で学んだことが、現場でどのように表れているかを学んでいこう。

　実習指導者は、実習生が科目群（1）〜（4）の知識、技術を学んでいるということを前提に実習を進める。実習に向けた準備は、主に「相談援助演習」と「相談援助実習指導」の内容に沿った学習が中心となるだろうが、（1）〜（4）の内容も、実習施設・機関、利用者に焦点をあて、科目間のつながりを意識しながら復習しておこう。

（2）相談援助実習のねらいと内容

　先にみたように、「相談援助実習」は「相談援助演習」、「相談援助実習指導」と同じ科目群であり、セットで学習を進める。それぞれの科目のねらいと学習内容は、文部科学省と厚生労働省の合同による通知で以下のように決められている（図表2-2-2〜2-2-4）。

　まず、「相談援助演習」のねらいは、「相談援助の基盤と専門職」、「相談援助の理論と方法」で学んだこととの関連を視野に入れ、相談援助の知識と技術について事例やロールプレイにより実践的に習得し、専門援助技術として概念化、理論化、体系化する能力を涵養することである。具体的な内容として、図表2-2-2「ア　自己覚知」から「キ　地域福祉の基盤整備と開発にかかる事例を活用した実技指導」までは、実習までに十分学習、理解しておく必要がある。実習後には個別的な体験を一般化し、実践的な知識と技術として習得する。

　「相談援助実習指導」のねらいは4つあり、実習の意義の理解、個別と集団指導を通した相談援助の知識と技術の実際的理解、総合的に対応できる能力の習得、実習体験を概念化・理論化・体系化する能力の涵養である。他の専門職に比べて短い実習時間の効果を最大にするため、事前の入念な準備、実習中の効果的スーパービジョン、実習体験の効果的な定着をはかるために「相談援助実習指導」が位置づけられる[6]。

　実習前・中・後の具体的な学習内容は次の通りである。まず実習前は図表2-2-3の「教育に含むべき事項」の①〜⑧に沿って、実習生それぞれの実習先や利用者を想定し、具体的な準備を進める。多くの学生が苦労するのは、⑧実習計画の作成であろう。しか

し、①〜⑦まで、すなわち実習と実習指導の意義、実習分野と利用者、介護や保育などの関連業務、相談援助に係る知識と技術、プライバシーと守秘義務などについて、実習先の現状に照らし合わせて問題意識をもち、体験学習や見学実習もふまえて学習に取り組めば、おのずと実習計画に書くことも浮かんでくるはずである。⑨巡回指導は実習中の指導であり、⑩実習記録と体験を踏まえた課題整理と総括レポートの作成、⑪全体総括会は実習後の指導となる。

図表2−2−2　相談援助演習の内容

ねらい	教育に含むべき事項
相談援助の知識と技術にかかる他の科目との関連性も視野にいれつつ、社会福祉士に求められる相談援助に係る知識と技術について、次に掲げる方法を用いて、実践的に習得するとともに、専門援助技術として概念化し理論化し体系立てていくことができる能力を涵養する。 ①総合的かつ包括的な援助及び地域福祉の基盤整備と開発に係る具体的な相談援助事例を体系的にとりあげること。 ②個別指導並びに集団指導を通して、具体的な援助場面を想定した実技指導（ロールプレーイング等）を中心とする演習形態により行うこと。	①以下の内容については相談援助実習を行う前に学習を開始し、十分な学習をしておくこと。 ア　自己覚知 イ　基本的なコミュニケーション技術の習得 ウ　基本的な面接技術の習得 エ　次に掲げる具体的な課題別の相談援助事例等（集団に対する相談援助事例を含む。）を活用し、総合的かつ包括的な援助について実践的に習得すること。 - 社会的排除、虐待（児童・高齢者）、家庭内暴力（DV）、低所得者、ホームレス、その他の危機状況にある相談援助事例（権利擁護活動を含む） オ　エに掲げる事例等を題材として、次に掲げる具体的な草案援助場面及び相談援助の過程を想定した実技指導を行うこと。 - インテーク、アセスメント、プランニング、支援の実施、モニタリング、効果測定、終結とアフターケア カ　オの実技指導にあたっては、次に掲げる内容を含めること - アウトリーチ、チームアプローチ、ネットワーキング、社会資源の活用・調整・開発 キ　地域福祉の基盤整備と開発にかかる事例を活用し、次に掲げる事項について実技指導を行うこと。 - 地域住民に対するアウトリーチとニーズ把握、地域福祉の計画、ネットワーキング、社会資源の活用・調整・開発、サービスの評価 ②相談援助実習後に行うこと 　相談援助にかかる知識と技術について個別的な体験を一般化し、実践的な知識と技術として習得できるように、相談援助実習における学資の個別的な体験も視野に入れつつ、集団指導並びに個別指導による実技指導を行うこと。

出典：大学等において開講する社会福祉に関する科目の確認に係る指針について（平成20年3月28日厚生労働省社援発第0328003号）、図表2−2−3および2−2−4も同様

図表2-2-3　相談援助実習指導の内容

	教育内容
ねらい	教育に含むべき事項
① 相談援助実習の意義について理解する。 ② 相談援助実習に係る個別指導並びに集団指導を通して、相談援助に係る知識と技術について具体的かつ実際的に理解し実践的な技術等を体得する。 ③ 社会福祉士として求められる資質、技能、倫理、自己に求められる課題把握等、総合的に対応できる能力を習得する。 ④ 具体的な体験や援助活動を、専門的援助技術として概念化し理論化し体系立てていくことができる能力を涵養する。	次に掲げる事項について個別指導及び集団指導を行うものとする。 ① 相談援助実習と相談援助実習指導における個別指導及び集団指導の意義 ② 実際に実習を行う実習分野（利用者理解含む。）と施設・事業者・機関・団体・地域社会等に関する基本的な理解 ③ 実習先で行われる介護や保育等の関連業務に関する基本的な理解 ④ 現場体験学習及び見学実習（実際の介護サービスの理解や各種サービスの利用体験等を含む。） ⑤ 実習先で必要とされる相談援助に係る知識と技術に関する理解 ⑥ 実習における個人のプライバシーの保護と守秘義務等の理解（個人情報保護法の理解を含む。） ⑦ 「実習記録ノート」への記録内容及び記録方法に関する理解 ⑧ 実習生、実習担当教員、実習先の実習指導者との三者協議を踏まえた実習計画の作成 ⑨ 巡回指導 ⑩ 実習記録や実習体験を踏まえた課題の整理と実習総括レポートの作成 ⑪ 実習の評価全体総括会

図表2-2-4　相談援助実習の内容

	教育内容
ねらい	教育に含むべき事項
① 相談援助実習を通して、相談援助に係る知識と技術について具体的かつ実際的に理解し実践的な技術等を体得する。 ② 社会福祉士として求められる資質、技能、倫理、自己に求められる課題把握等、総合的に対応できる能力を習得する。 ③ 関連分野の専門職との連携のあり方及びその具体的内容を実践的に理解する。	① 学生は次に掲げる事項について実習指導者による指導を受けるものとする。 ② 相談援助実習指導担当教員は巡回指導等を通して、次に掲げる事項について学生及び実習指導者との連絡調整を密に行い、学生の実習状況についての把握とともに実習中の個別指導を十分に行うものとする。 ア 利用者やその関係者、施設・事業者・機関・団体等の職員、地域住民やボランティア等との基本的なコミュニケーションや人との付き合い方などの円滑な人間関係の形成 イ 利用者理解とその需要の把握及び支援計画の作成 ウ 利用者やその関係者（家族・親族・友人等）との援助関係の形成 エ 利用者やその関係者（家族・親族・友人等）への権利擁護及び支援（エンパワメントを含む。）とその評価 オ 多職種連携をはじめとする支援におけるチームアプローチの実際 カ 社会福祉士としての職業倫理、施設・事業者・機関・団体等の職員の就業などに関する規定への理解と組織の一員としての役割と責任への理解 キ 施設・事業者・機関・団体等の経営やサービスの管理運営の実際 ク 当該実習先が地域社会の中の設・事業者・機関・団体等であることへの理解と具体的な地域社会への働きかけとしてのアウトリーチ、ネットワーキング、社会資源の活用・調整・開発に関する理解

「相談援助実習」のねらいは3つあり、実習を通して相談援助に係る知識と技術を具体的かつ実際的に理解し技術を体得すること、社会福祉士として総合的に対応できる能力の習得、関連分野の専門職との連携の理解である。具体的な内容は図表2－2－4のア～クであり、これらについて実習指導者と担当教員双方から指導を受ける。

　このようにみると、実習は実習そのものもそうであるが、事前の準備が大変重要であることがわかる。いずれの養成校でも、この通知が示す内容に沿って授業を進めるが、具体的学習内容は実習生一人ひとり違う。どのような関心や問題意識をもち、何をどうやって自分なりに達成したいと考えるかは、実習生にかかっている。実習指導を含めて自分から進んで学ぶ姿勢でなければ、実習をしても得られるものは少ない。また、実習機関、何より利用者にとって迷惑となり、失礼であろう。実習に行くのはあなた自身であることを常に自覚しなければならない。

　なお、社会福祉士養成校協会の「実習ガイドライン」では、この「ねらい」と「教育に含むべき事項」を、具体的に獲得・到達すべき水準である「ガイドライン」として示した（巻末資料）。大項目は国が示す教育内容、中項目は実習目標を達成するために実習生が経験する項目、小項目は中項目で獲得・到達すべき水準を具体的に示した項目、想定される実習／教育内容は中項目を経験し、小項目を達成するために、実習指導で想定する事前事後教育の内容と実習機関・施設で想定する実習体験の内容である。いずれの実習機関・施設でも共通して学び、理解すべき内容であり、実習機関・施設もこの内容を共有していることから、実習目標や計画を考える際に参考にする必要がある。

（3）相談援助実習の流れ

　「相談援助実習」は、実習機関・施設における配属実習そのものだけでなく、「相談援助実習指導」の事前準備、事後学習を含む長いプロセスである。以下では、どのような流れで進めるか概要をみていこう。

　まず、実習の意義を理解し、希望する実習分野や実習先を絞り込むまでの段階がある。実習の意義、目的、しくみ、実習生としての役割や心構え、実習指導と実習の進め方などを学び、動機を高める。また、実習経験者や実習指導者、利用者の話、さまざまな施設や機関の見学といった機会を通し、どのような利用者が何のため、どのような機関を利用しているのか、どんな職員が働いているのかを学び、自分なりに関心や疑問を深める。

　実習先が決まれば、その実習機関・施設の法的位置づけ、目的、組織、運営に関する事項、家族を含めた利用者のニーズ、地域特性や社会資源、関連する制度などを具体的に調べ理解する。また、実習先で必要とされる価値、知識、技術、プライバシー情報の扱い、守秘義務などについても理解を深める。これらの事前学習をふまえて実習計画を

たて、事前訪問をもとに実習先と調整する。あわせて、実習契約書、社会的マナー、実習記録を含めた記録類の書き方、巡回指導と帰校日からなるスーパービジョンの受け方、評価の方法まで、実習を終えるまでに必要なことを一通り学習する。

　実習機関・施設における配属実習は、概ね1週目に「職場実習」、2週目に「職種実習」、3週目以降に「ソーシャルワーク実習」という流れで進める。ソーシャルワークが発揮される場である「職場」や組織、ソーシャルワークを担う「職種」の関連業務を前提として学ぶことで、どのような文脈で「ソーシャルワーク」が実践されるか、より理解しやすくなると考えるからである。明確な切れ目があり順序通りに進むというわけでもないが、組織全体と各専門職の役割、社会福祉士が担当する業務全般、利用者個人への支援という「マクロからミクロへ」、そして利用者一人ひとりをどう支援し、組織目標を達成するかという「ミクロからマクロへ」の視点として学ぶという流れでもある（川上2014）。

　「職場実習」は、実習機関・施設の概要、全体像を理解する段階である。実習機関・施設の設置目的、運営管理、対象とする利用者像と具体的な支援内容、社会福祉士の他に配置される専門職と役割、地域特性と地域における役割など、全体の様子を観察しながらソーシャルワークが展開される文脈を理解する。

　「職種実習」は、社会福祉士が配置されている「職種」が、職場のなかでどのような役割を担っているかを理解する段階である。例えば特別養護老人ホームでは、ソーシャルワーカーとしての役割を担う「生活相談員」は、ケアワーク、送迎車の運転、備品の修繕や環境整備、勤務表作成、ボランティア募集のチラシづくりなど、一見ソーシャルワークとは関係のない多様な業務をしている。利用者と関わっていないとき、相談室ではなく事務室でパソコンに向かっているとき、相談員は一体何をしているのだろうか。これらの業務にどのような意味があり、どのような形で利用者支援につながっているかを理解する。

　そして「ソーシャルワーク実習」は、いわゆるソーシャルワーク業務を理解する段階である。インテーク、契約、アセスメント、目標設定と計画の作成、実施、モニタリング、評価、苦情処理、家族や関連機関との連絡調整、ソーシャルアクション、社会資源の開発といったことが、実際どのように行われているかを理解する。

　なお配属実習中は、実習先の実習指導者と養成校の教員から実習指導、スーパービジョンを受ける。教員による実習指導には、実習機関・施設で行う巡回指導と、養成校で行う帰校日指導がある。巡回指導では実習生、実習指導者、教員がそれぞれ個別に、または同席で面談をし、必要な助言、指導、情報交換や連絡調整をする。機会を最大限生かせるよう、実習生は前もって困っていること、質問などをまとめ、限られた時間で指導が受けられるように準備しておく。

配属実習が終わってからも実習の学びは続く。実習事後指導では、それぞれの実習機関・施設で学んだ個別の体験から、どんな社会福祉の現場にも共通する要素へと一般化する、「スペシフィックからジェネリック」への転換を行う。また、実習中わからなかったこと、モヤモヤしていたことは何だったのか、どのような知識・技術、専門職としての価値や態度を使えば説明できるのか、説明の枠組みを探していく。

（4）実習施設・機関等の範囲と実習内容

相談援助実習は、どんな施設あるいは機関でも自由に選べるというわけではない。法令で定められた実習施設・機関で（図表2-2-5）、担当教員による巡回指導が可能な場所にあり、要件を満たした実習指導者がいる必要がある。これらは、社会福祉士の養成を社会福祉士の資格要件を満たす指導者が担当するため、そして相談援助の実践力を担保するためである。アルバイトやボランティア先、あるいは出身地元の施設に必ずしも実習指導者がいるわけではないことに注意する必要がある。

実習の場は大きく分けると、まず主に入所・通所施設における「レジデンシャル・ソーシャルワーク」がある。利用者のニーズに対して人為的につくられた居住環境での生活であり、家族との調整や入居者のニーズに対応する施設内調整など、利用者の問題解決を意図した定型的なソーシャルワークが展開される。また集団生活のなかでニーズや権利を守るための生活環境の点検や環境づくりという、この類型特有の側面もある。支援を行う上では、施設の空間が本当に利用者のニーズに応じたものかの分析や、利用に至る背景の理解も必要となる[7]。

また、地域相談機関における「フィールド・ソーシャルワーク」がある。地域・在宅のニーズを対象とするため、複数機関・団体・組織にわたってサービスマネジメントを行うことや、地域に潜在化しているニーズの発見から業務が始まり、フォーマル・インフォーマル資源の開発、ソーシャルアクション、当事者の組織化等へと拡大するのが特徴である[8]。利用者とのかかわり方や地域社会とのかかわり方に特性があり、実習生にはその点を踏まえた実習先の選択が求められる[9]。

なお、実習先の選択は、学生が選べる場合と、教員から割り当てられる場合があるだろう。自分で選べる場合、思い通りの実習先に配属されなかったとしてもがっかりせず、自分があえて選ばなかったところで思わぬことが学べるチャンスと考えてほしい。また、なぜある領域にこだわったのか、なぜある実習先は嫌だと思ったのか。強い関心があるという前向きな理由の他に、自分のなかに思わぬ差別意識や苦手意識が潜んでいることもある。実習先の選択ひとつとっても、自己覚知が必要である。

図表2-2-5　相談援助実習施設等の範囲

根拠法令	該当する施設または事業
1　児童福祉法	児童相談所、乳児院、母子生活支援施設、児童養護施設、知的障害児施設、知的障害児通園施設、盲ろうあ児施設、肢体不自由児施設、重症心身障害児施設、情緒障害児短期治療施設、児童自立支援施設、児童家庭支援センー、指定医療機関
2　医療法	病院、診療所
3　身体障害者福祉法	身体障害者更生相談所、身体障害者福祉センター
4　精神保健及び精神障害者福祉に関する法律	精神保健福祉センター
5　生活保護法	救護施設、更生施設、授産施設、宿泊提供施設
6　社会福祉法	福祉事務所、市町村の社会福祉協議会
7　売春防止法	婦人相談所、婦人保護施設
8　知的障碍者福祉法	知的障害者更生相談所
9　障害者雇用促進法	広域障害者職業センター、地域障害者職業センター、障害者就労・生活支援センター
10　老人福祉法	老人デイサービスセンター、老人短期入所施設、養護老人ホーム、特別養護老人ホーム、軽費老人ホーム、老人福祉センター、老人介護支援センター、有料老人ホーム、老人デイサービス事業
11　母子及び寡婦福祉法	母子福祉センター
12　更生保護事業法	更生保護施設
13　介護保険法	介護老人保健施設、地域包括支援センター、通所介護、通所リハビリテーション、短期入所生活介護、短期入所療養介護、特定施設入居者生活介護を行う事業、認知症対応型通所介護、小規模多機能型居宅介護、認知症対応型共同生活介護、地域密着型特定施設入居者生活介護、地域密着型介護老人福祉施設入所者生活介護を行う事業、居宅介護支援事業、介護予防通所介護、介護予防通所リハビリテーション、介護予防短期入所生活介護、介護予防短期入所療養介護を行う事業、介護予防認知症対応型通所介護、介護予防小規模多機能型居宅介護、介護予防認知症対応型共同生活介護を行う事業、介護予防支援事業
14　独立行政法人国立重度知的障害者総合施設のぞみの園法	独立行政法人国立重度知的障害者総合施設のぞみの園が設置する施設
15　発達障害者支援法	発達障害者支援センター
16　障害者自立支援法	障害者支援施設、福祉ホーム、地域活動支援センター、療養介護、生活介護、児童デイサービス、短期入所、重度障害者等包括支援、共同生活介護、自立訓練、就労移行支援、就労継続支援、共同生活援助、相談支援事業

17		高齢者又は身体障害者に対し老人福祉法第十条の四第一項第二号に規定する便宜又は障害者自立支援法附則第八条第一項第六号に規定する障害者デイサービスのうち同法附則第三十四条の規定による改正前の身体障害者福祉法第四条の二第三項に規定する身体障害者デイサービスを供与し、あわせて高齢者、身体障害者等に対する食事の提供その他の福祉サービスで地域住民が行うものを提供するための施設
18		前各号に準ずる施設又は事業
19	「身体障害者福祉工場の設備及び運営について」（昭和47年7月22日付け社更第128号）	身体障害者福祉工場
20	「知的障害者福祉工場の設置及び運営について」（昭和60年5月21日付け厚生省発児第104号）	知的障害者福祉工場
21	「重症心身障害児（者）通園事業の実施について」（平成15年11月10日付け障発第1110001号）	重症心身障害児（者）通園事業を行う施設
22	「セーフティネット支援対策等事業の実施について」（平成17年3月31日付け社援発第0331021号）	ホームレス自立支援センター
23	「地域福祉センターの設置運営について」（平成6年6月23日付け社援地第74号）	地域福祉センター
24	「隣保館の設置及び運営について」（平成14年8月29日付け厚生労働省発社援第0829002号）	隣保館
25	次のいずれの条件も満たすいわゆる独立型社会福祉士事務所 （1）社団法人日本社会福祉士会へ登録している社会福祉士が開設した事務所であること。 （2）独立型社会福祉士事務所を開業して3年以上の実績を有していること。 （3）利用者からの相談に応ずるために必要な広さを有する区画が設けられていること。 （4）他の独立型社会福祉士事務所等との連携が確保されているなど、適切な実習指導体制が整っていること。 （5）事故発生時等の対応として、損害賠償保険等に加入していること。	独立型社会福祉士事務所

注：「社会福祉士養成課程における相談援助実習を行う実習施設等の範囲について」（平成20年11月11日社援発第1111001号）と「社会福祉士介護福祉士養成施設指定規則第3条第1号ヲ及び第5条第14号イ、並びに社会福祉に関する科目を定める省令第4条第6号の規定に基づき厚生労働大臣が別に定める施設及び事業」（昭和62年12月厚生省告示第203号）を参考に作成

（5）実習形態

　相談援助実習の時間は180時間が基準として定められている。180時間を1日何時間、どのタイミングでするかという設定によって、実習形態にはいくつかのパターンがある。実習生が仕事もしながらの社会人学生なのか、同時に履修している科目や卒業までの時間がどの程度あるのか等によっても、実現可能な実習形態は違ってくるだろう。以下、久能（2014）、白川（2014）を参考に、実習形態について説明する。

　通年型実習とは、週に1回から数回の割合で定期的に実習先に通い、長期にわたって行うタイプの実習である。メリットとして、比較的長期にわたって関わることによる理解の深まり、実習課題や計画の軌道修正のしやすさ、デメリットとして、曜日ごとに活動内容が違う場合週ごとや月ごとといった全体像の理解の難しさ、長期にわたるモチベーション維持といったことが考えられる。

　集中型実習とは、同じ実習施設・機関で約4週間集中的に行う実習である。一般に実習の他にも科目を履修していると、実習中は授業に出席できないので、春、夏といった長期休暇中に行うことになるだろう。メリットとしては週間・月間の流れの理解のしやすさ、連続していることによる職場・職種・ソーシャルワーク実習の流れの意識しやすさ、一方デメリットとして短期集中のため、利用者と長期にわたって変化を理解することの困難、とくに個別支援計画の作成までたどりつけないこともある。

　分散型実習とは、約4週間の実習を、いくつかの期間にわけて行う実習である。例えば前半実習として2週間の実習をしたのち、一定の期間をおいて同じ実習機関・施設で後半2週間の実習をする。メリットとして前半実習で学んだことや疑問について、一定期間をおく間に深めることができるため、後半ではさらに充実した実習にできる可能性がある。

　なお、1つの実習先では最低120時間以上の実習をしなければならない。そのため、組み合わせとして1か所で180時間または、2か所で120時間と60時間という例が多い。ただし60時間の実習でも、実習・実習指導は120時間と同じ形式と内容が求められることに注意が必要である。

（6）実習教育の四者関係と実習契約

　実習は実習生の努力だけでなく、実習施設・機関と実習指導者、養成校と担当教員、そして利用者の協力があってこそ成立する。それぞれに求められる役割を明確にして連携、協力しながら実習をすすめるため、例えば、養成校と実習生との間では科目履修や習得に関わる規則や取り決め、養成校と実習機関・施設との間では協定や契約書、実習機関・施設と実習生との間では取り決めや誓約書が交わされている。実習生は、実習がどのような文脈で行われるのか、とりわけ実習生が果たすべき役割を理解したうえで実

習に取り組む必要がある。以下では、主に「相談援助実習にかかる教育と指導に関する合意書」からそれぞれの役割をみてみよう。

まず、養成校は実習前・中・後の一貫した方針のもと、他の専門教育科目や教養科目と整合性を保った実習教育体制を整備する。実習担当教員は実習教育にふさわしい要件として、5年以上の教育業績、または社会福祉士の資格取得後5年以上の現場経験、または研修課程を終えている必要がある。

次に実習機関・施設は、実習生を受け入れ指導する体制を整備する。社会福祉士の資格を取得した後、相談援助の業務で3年以上の経験があり、実習指導者を養成するために行う講習会を修了した実習指導者は、実習指導を向上させる義務を負う。実習指導者が複数の部署や人数になる場合は、役割分担と責任を明確なものとし、実習生の権利を侵害しないよう適切な配慮をしながら実習指導を行う。

実習機関・施設と養成校は、実習教育の内容、実習生の学習状況、実習指導の内容などについて情報交換、共有し、また、お互いに疑問があれば相手方に率直に伝え、評価を受け容れ、実習と実践を向上させることに努める。

では、実習生にはどのようなことが求められるのだろうか。まず、実習生は実習指導で要求される資質と能力を事前に可能な限り身につけ、実習で要求される専門的知識・技術・価値及び態度に関して養成校における実習教育に基づいて学習し、実習では実習指導者の下に真摯に取り組み、守秘義務や信用失墜行為防止義務、誠実義務を果たす。また、実習生は自身の能力の維持・向上を目指して実習スーパービジョンを活用する。

さらに、実習中に次のようなことが起きれば、実習生に帰すべき責任によって実習が中止ともなりうる。それは、①実習生の重大なルール違反（就業規則とそれに準ずる実習ルールの違反）、②利用者への加害行為・人権侵害行為、③心身の事由による実習継続困難、④守秘義務違反及び信用失墜行為、⑤実習生に行った指摘に対して適切に対応しなかったとき、⑥その他である。

なお、利用者にとって、実習生の関わりは必ずしも必要なものではない。それでも実習生を受け入れてくれるのは、実習生が将来社会福祉士として活躍することを期待し、実習生が利用者の最善の利益を目指すことを約束するからである。契約書を交わさないまでも、このような関係にあることを忘れてはならない。

引用文献

1）国際ソーシャルワーク学校連盟、国際ソーシャルワーカー連盟、社団法人日本社会福祉教育学校連盟『ソーシャルワークの定義、ソーシャルワークの倫理：原理についての表明、ソーシャルワークの教育・養成に関する世界基準』相川書房、2009、pp.28～29

2）日本社会福祉士養成校協会『わが国の社会福祉教育，特にソーシャルワークにおける 基本用語の統一・普及に関する研究 報告書』2005、p.14

3）認定社会福祉士認証・認定機構　2014.10「認定社会福祉士制度」http://www.jacsw.or.jp/ninteikikou/contents/01_kiko/files/nintei_panf.pdf　2016.7.10

4）厚生労働省　20159.17「誰もが支え合う地域の構築に向けた福祉サービスの実現―新たな時代に対応した福祉の提供ビジョン―」http://www.mhlw.go.jp/file/05-Shingikai-12201000-Shakaiengokyokushougaihokenfukushibu-Kikakuka/bijon.pdf　2016.6.30

5）文部科学省高等教育局長　清水　潔・厚生労働省社会・援護局長　中村　秀一「大学等において開講する社会福祉に関する科目の確認に係る指針について」文科高第917号、厚生等同省社援発第0328003号　平成20年3月28日 http://www.mhlw.go.jp/bunya/seikatsuhogo/dl/shakai-kaigo-yousei07.pdf、2016.6.30

6）社団法人日本社会福祉士養成校協会編『相談援助実習指導・現場実習教員テキスト』中央法規出版、2009、p.80

7）8）公益社団法人日本社会福祉士会編『社会福祉士実習指導者テキスト　第2版』中央法規出版、2014、p.38、pp.152〜153

9）社団法人日本社会福祉士養成校協会監修『社会福祉士相談援助実習　第2版』中央法規出版、2014、p.60

参考文献

1．国際ソーシャルワーク学校連盟、国際ソーシャルワーカー連盟、社団法人日本社会福祉教育学校連盟『ソーシャルワークの定義、ソーシャルワークの倫理：原理についての表明、ソーシャルワークの教育・養成に関する世界基準』相川書房、2009

2．川延宗之編『社会福祉士養成教育方法論』弘文堂、2008

3．認定社会福祉士認証・認定機構「認定社会福祉士制度」
http://www.jacsw.or.jp/ninteikikou/contents/02_seido/02_shigoto.html　2016.7.10

4．公益社団法人日本社会福祉士会編『社会福祉士実習指導者テキスト　第2版』中央法規出版、2014

5．米本秀仁・久能由弥『第2版　相談援助実習・実習指導』、久美株式会社、2014

6．社団法人日本社会福祉士養成校協会監修『社会福祉士相談援助実習　第2版』中央法規出版、2014

7．社団法人日本社会福祉士養成校協会編『相談援助実習指導・現場実習教員テキスト』中央法規出版、2009

第3章

相談援助実習への基本的前提

第3章：相談援助実習への基本的前提

第1節　社会人としての実習

1．学生から社会人への導き

　学生は実習生という言葉を、「まだ社会人ではないのだから・・・」というような、学生としての実習というようなレベルでとらえていると思われる。確かに学生目線から察すると一理あるかも知れないが、相当に教育機関や社会福祉現場の指導者への依存心を抱いていることには間違いないだろう。

　初回あたりの実習指導授業で、学生に実習目的を自由に書かせてみると、「社会福祉士の受験資格を取るために」や「相談援助のコミュニケーションを学ぶために」というような方法論が目的化してしまっているような答えが多い。社会福祉士の資格を取るために実習をしなければならないというような、習慣的な義務感に左右されており、どうみても社会福祉士として将来仕事をしたいと思う学生には見えない場合がある。学生に対して、「受験資格がなくても、社会福祉士の資格を持っていなくても、しっかりと社会福祉現場で活躍している人はたくさんいますよ。君たちは社会福祉士にならなくてもいいのではないか」と、安易な実習目的を考え直す指導も必要となる。

　しかし一方で、就職候補や職種候補として実習現場を見つめている学生は、「利用者の方（社会福祉ニーズのある人々）がしあわせになるために、私は社会福祉士の相談援助を学び、実行する」というような価値と行動を結びつけようと努力している計画内容もある。そこには社会福祉現場に対して、自分の責任として背負う姿勢が計画内容に見られる。自分の働きたい思いとその知識獲得と役割責任を感じ取ろうとしている。いわば、依存からのスタートではなく、自律からのスタートを切ろうとしている。社会福祉士という相談援助者の価値観と責任を、働きたいという意欲から自己覚知しようと努力しているあらわれではないだろうか。

　この違いは何なのか。このことは、社会福祉士が生活困難問題に立ち向かっていく姿を、懸命に将来の自分自身の仕事像として重ね合わせて、追いかけようとする姿勢があるのか、それとも否かを問われていることではないだろうか。

　実習指導で、「みなさんは実習がなぜあるのか、分かりますか。受験資格を取るためにあるのですか。・・・それは方法論に過ぎません。本来の目的は違います。この実習をしっかりとやり遂げた学生だけが、社会福祉士受験資格を取る上でふさわしい学生であることを、国レベルで承認される機会が実習なのです。この実習で社会福祉士の知識と価値（倫理）・技能（実践）の修得に成果をおさめた学生が国家レベルで承認されるのです」と学生に問いかけた。

　実習指導の段階では、確かに学生は社会福祉現場の実状をまったく知らないレベルか

ら、ボランティア学習経験や介護等の体験を経験している者まで様々である。しかしながら、そのような経験の有無に限らず、実習計画の内容を見てみると、社会福祉士のミッション（使命）も含めた価値観に寄り添う深さが感じられないことに気づくことが多い。自己の有り様を見つめなおす機会もなく、自律心が弱いまま実習指導者に依存する学生も多いことは推測できる。このような未経験な学生の指導も覚悟の上で、改めて今後も現場の実習指導者と実習担当教員との社会福祉士像の統一性をはからなければならない現実がある。

いずれにしても学生へは、自律からのスタートが切れる実習生になれるように指導する必要がある。そして実習後は、その使命を胸に、実行した経験知と反省の中から、さらなる社会人としての自立を育てる課題が待っている。

実習指導では一体、学生に何を重点的な課題として育成しなければならないだろうか。まずは将来の自己の社会福祉士像を見つめさせながら、ソーシャルワークの価値と知識と技能（実践）をどのように人々に活用するのかというような思考回路である。次に、それらの人々との接点である地域社会環境にアプローチしていこうとする思考回路である。そして、そのアプローチ過程から、対象者の生活困難を是正し、願いのかなう人生になるように相談援助していこうとする自分を発見できるのか否かである。つまり、社会福祉士にふさわしい自分であるのか、というような自己覚知がとても重要な課題となる。同時に、このような問いかけのできる学生を育てていく指導が必要になる。ソーシャルワーク過程を視座にした実習の学びには、前提として、深く「社会人としての実習」をあえて学生に意識させなければならない。学生の身分から脱し、実習中は社会人として自覚をもち、自律しようとする姿勢を学生に問いかけなければならない。そのような問いかけがあって初めて、社会の中の私であり、実習生の私であるという自覚と責任に気づける学生に成長できるのではないだろうか。

実習では、やはり自律からのスタートが要請されるだろう。このことをよく学生に認識させる必要がある。社会福祉を学ぶ学生はどちらかといえば、私的なまたは組織内や同世代仲間・職場の人間関係に左右されやすい社会観を持っているのではないだろうか。それだけに社会福祉士像を想定した実習には、ソーシャルワークが必要な多様な人々を前にして、不慣れな場合が多く、違和感があっても仕方ない部分なのかもしれない。しかしその不慣れや違和感こそ、自律のチャンスとして肯定的に受け止め、とらえなおしていく指導が重要となるのではないだろうか。学生が改めてさらなる幅広い人間社会が存在することを意識できる機会として、実習を「社会人としての実習」として認識しておくべきだろう。

このように実習では、学生に対して社会性を問い求めるための教育と訓練の課程であ

ることを改めて論じていく課題が存在する。しかしながら経験知と使命観の未熟な学生の場合は、自律からのスタートはそれほど簡単なものではない。そこでは学生からみた社会認識と実習担当教員や実習指導者からみた社会認識との違いやずれを調整したり補足したりしなければならない。そして、学生のもつ能力や意欲を最大限に引き出す作業を根気よくスーパーバイズしていかなければならない。

２．社会マナーと実習

　事前実習指導においては見学実習の機会を用意している。その指導において、たとえば服装を整えることについて次のように話している。「服装は出会いの時間、場所、目的や状況に沿って、ゼロ地点から考えて整えましょう。その上で社会福祉の実習生として学ぶ服装を考えましょう」。すると学生は「そんなわからないこと言われても・・・」と困惑している。「先生、スーツに統一しましょうよ」と返ってくる。確かに学生の方がはるかに分かりやすい説明に違いない。

　しかしながら一体、服装とは何だろうか。それは人間が創り出してきた生活文化であり、その人が思う意思や自由さが反映される１つの表現である。また人と接して、それなりの意味を相手に伝える表現である。そうであれば相手の失礼にならないような服装をすればよいのであり、みんなで統一することもない。こうした考え方は個人の尊重という社会福祉の価値にも合致してくるものである。その人の生活環境を整えていくというような発想が生まれるとするなら、服装は出会いをゼロ地点から考えるものと言えるだろう。人間社会は健康で安全で快適な環境を目指している。そのような人間社会の中で、出会いというゼロ地点に立ちながら、個人を尊重する気持ちで、服装を整えることを考えさせたいのであるが、どうも優先的にただ生活習慣を社会常識としてとらえてしまっているように思われることがある。

　障害者福祉の現場で、服装を統一する論議が持ち上がった。ある職員は「障害者は危険なことに遭いやすいし、何かあってもすぐに利用者や職員がよくわかるように服装を統一したほうがいい」という意見であったが、それに対する反対意見もあった。利用者の生活への願いや意思を受け止めた上での安全性を話し合うべきであると考えられた。

　服装という１つの行動様式に限らず、私達の生活行動様式の根底には、人々の価値が表現されている。習慣的な行為という認識を超えて、より深く、人々の自己決定や自立観の尊重につながるような価値が表現されている。その価値に気づけるような社会マナーの学習が重要であろう。それらの価値観を前提にすることによって、初めて学生が実習生として、出会いの時間や場所、場面、機会や目的等を配慮しながら、その相手の意思を尊重することができるだろう。そして社会マナーを身につけるという課題が、個

人を尊重するという学習につながっていくことを、理解できるようになるのではないだろうか。

3．社会人としての実習、その気付きに向けて

　兵庫県社会福祉士会・事前実習検討部会[i]では、実習生自身が社会と向き合い、ソーシャルワーカーを目指す者として、どのように社会人としての実習を体得、認識できるかについて検討を加えた。

　主に社会性を身につける項目として、社会マナーや規範、自己覚知等への意識化とその必要性に気づける実習生像を検討した。そして、それらに対して実習生自身が、実習前・中・後に自己評価することによって、社会認識と自己との差に早く気づき、修正し、成長する実習生像を描いた。そしてその像を目指して必要な項目（①〜⑧）を例示した。

　まず基本的・社会的能力を課題に検討し、実習生としての適切な礼儀・マナーの到達項目を次のように示した。

①挨拶を、感謝や礼儀に留意して実行できる。

②自己紹介を的確にできる。

③他者に報告、発表、説明ができる。

④他者に物事を的確に相談・依頼できる。

⑤電話での応答を的確にできる。

⑥文書（履歴書・礼状などのフォーマルな文書）のやり取りを的確にできる。

⑦相手や場所に応じた適切な話し方（態度、身振り、声、視線等）で伝達することができる。

⑧相手や場所、時間、目的や、対象者の快適性に応じた身なり・服装等をする。

　これらの項目は、どれをとってみても、人間関係を構築するスタートラインとなる。実習指導者側から見れば、できてあたりまえの項目となるが、しかし実習生には戸惑いも多く、試行錯誤の中から学んでいくチャンスを提供しておかなければならないだろう。実習する学生は、組織という目的集団で社会的評価を高める一員としての自覚が求められる。形だけの挨拶や報告、連絡、相談ではなく、仕事への意欲や期待、責任、感謝が通じ合うコミュニケーションを学ばなければならない。これらができなければ、どのように知識が豊富であっても、それは一面の限られた評価となるだろう。これら１つひとつの積み重ねの中にこそ、実習生と実習指導者との関係内に留まらず、効果の上がる職場づくりや信頼関係を広げる基本がある。そしてまた、その中からチームケアやコミュ

ⅰ）一般社団法人兵庫県社会福祉士会「社会福祉実習におけるミニマムスタンダードのあり方研究会」事前実習部会　部会長：高間満、委員：九十九綾子、武田英樹、西村亜矢子、葛西三輪、井土睦雄　設置期間 2009.10〜2011.3

ニティへのはたらきかけがスムーズに進展できる可能性を持っている項目であり、実はその機動力が実習生には求められているのである。実習施設・事業所・機関が有する社会への貢献とその信頼・信用は、まさに職場内外の関係性が豊かに広がっているのか、それとも否かに比例して、良し悪しが決まるといっても過言ではないだろう。これらの項目は、その前提条件づくりの基礎として、社会的信頼・信用と社会福祉サービスの質への評価にもつながっていくものであろう。

次に、自己覚知を課題に検討した。1つは実習環境と他者（利用者と職員、地域の人々）との関係性の構築である。そして同時に、規範に基づく行動力や目的達成集団であることへの認識化である。それらの到達項目を次のように例示した。

①心身ともに安定した状態を維持できるように取り組んでいる。
②レポート等の提出物を期日までに提出するよう行動している。
③約束または指示された課題を、遅れないように書類や報告で対応できる。
④誰とでも協調性を持ち、反省点は改善し接するよう努力している。
⑤周囲環境の安全に気を配り、危険予知と予防に配慮できる。
⑥私的感情や習慣に左右されず、場に応じた公的な責任を感じ、行動できる。
⑦規律をよく認識して自律的な態度で接することができる。
⑧最後まであきらめずに集中・持続しようとする強い意思がある。

また、実習準備段階において、特に自己覚知に関して、次のように到達項目を例示した。

①自分の考えや判断を、自己本位ではなく相談援助者の公的な立場から理解しようとしている。
②自分の身体的姿勢について知っている。
③自分の精神的傾向について知っている。
④自己の音声の質について知っている。
⑤自分の服装や髪型の傾向を知っている。

これらの項目は、特に実習生が自己の性格や人格、習慣的行動特徴に向き合い、社会の中の自己の有り様、つまり期待される人間像を検証する上では欠かせない項目である。学生はつい私的本位の常識をうのみにしている場合がある。早々に社会とのずれを感じさせ、改めさせなければならない。そのように指導することが、他者理解ひいては地域住民、社会への理解の出発点になることをよく認識させていく必要がある。

4．知識・価値を表現する力

たとえばコミュニティワークという知識はあっても、多くの対象者を前にして、実際にコミュニケーションをはかることができる発表力や対応の調整力がなければ、住民に

は共感も得られず、絵に描いた餅となってしまう。このことはケースワークにおける社会資源との接点への介入においてもいえることだろう。その言動を、多くの対象者にはたらきかけられなければ、地域福祉への理解と人材育成にはつなぐこともできない。結果的に人権意識を向上させ、福祉の街づくりを進展させるといったコミュニティワークでの価値や目標も断念せざるを得ない。

実習現場での学生は、見て、聴いて、感じ、話し合い、行動することによって大きな成長を遂げる。他者ではなく自分が社会問題を抱えようと覚悟した瞬間から、今までの価値が揺らぎ、変えていかない限り、成長できない自分に気づくからである。そうした成長を想定すると、社会との接点を豊富に用意している現場の組織や人間関係に備わっている社会人行動の在り方を鮮明に想定しておくことが重要となろう。そして、このような観点に立った指導を実現していくには、実習生に対する実習担当教員と実習指導者の協働的なチーム指導体制が必要不可欠となる。

事前訪問を準備する段階の学生に対して、実習現場の指導者に依頼する方法を訓練した。実際に備え付けの電話機を使って、その約束を取り付ける練習をすると学生は、確かにその方法を例示した文章を必死になって暗記していたのであるが、電話機を使って話すと、会話の口調とはならず棒読み状態となり、ショックを受けていた。そこで事前訪問への電話を実際にかけるまで幾度となく仲間と練習をして、やっとコミュニケーションが成立するやり取りができた。学生は実習を断られてしまう恐れも感じたのか非常に落胆していたが、その危機感を脱し、実習指導者の指示に基づき事前訪問をやり終えた。こうした不安から一歩ずつでも可能性に満ちた自己像に出会える学生へと育っていくことが望ましいことである。

社会福祉の根底に横たわる個人や人権尊重の価値を自分の価値とする道程はすぐにできるものではないが、実習はその価値をいやおうなしに実習生に触発させるような魅力のある機会である。そのような価値とつながっていく態度面の学びであることを認識していく必要がある。まさに教育の本来の意味とされるeduce（能力を引き出す）過程を、教育と社会福祉現場で協働しながら創造していくことが大切になろう。そこではスーパーバイズし、育て導くことの真価が問われている。

かつての上司は、「この現場は福祉施設ではない。社会福祉施設である。芸術家は1人で作品を完成することもできる。しかし、社会福祉の職員は1人では決して仕事を完成させることはできない[ii]」と語った。チームアプローチによる生活問題解決とともに、

---

ii) 故・中村健二氏（元、鉄道弘済会「弘済学園」園長）は、ケース記録とチームでの実践の共有化をはかりながら、施設の社会的役割を考えることをよく説諭した。その使命感は、ケースへの実践から見えた真実を、個人の問題にとどめず、社会問題としてとらえるものだった。そして、その認識が、障がいのある方々の社会参加を実現させていく原動力となることを示すものだった。

社会問題解決の重要性を提起していたことを今でも思いおこす。いわゆる"みんなは1人のために"、そして"1人はみんなのために"という精神とあい通じるものである。相互的な、また交互的なネットワーク調整ができるチーム力が社会福祉現場には特に必要である。そのことを実習生は理解していかなければならないだろう。同時に、そのチーム力はやがては組織、地域全体へと広がり、社会的役割を果たす原動力となることを理解していかなければならないだろう。このような目的集団に配置される社会福祉士の使命観を、改めて実習生に問い直すことが、「社会人としての実習」を認識させ、実習の成功へと導くものになるからである。

　ケース、グループ、コミュニティへと相談援助を広げ高めていく使命を社会福祉士は持っている。その前提は、1人ひとりの努力をつなぎとめていく絆として、チームアプローチをよく認識し、その指標に基づき行動することができる人材である。そのことをソーシャルワーク実習は、実習生に求めている。

第2節　ソーシャルワークの価値と倫理

　ソーシャルワーカーが、クライエントの立場に立って支援を進めていくためには、ソーシャルワークの価値と倫理が問われてくる。それは、専門職としての地位が社会的に承認されるためには、確固とした価値基準があり、倫理綱領を有していることが求められるからである。

　本節では、相談援助の基盤として必要不可欠なものであるソーシャルワークの価値と倫理について述べていく。

1. ソーシャルワークの構成要素

　ソーシャルワークとは、ソーシャルワーカー（社会福祉の対人援助職）がクライエントに対して、直接的、または間接的に援助する方法のことである。ソーシャルワークの枠組みについて、1958年に全米ソーシャルワーカー協会（NASW）による『ソーシャルワークの枠組み』では、「ソーシャルワークは、すべての他の専門職の実践と同じように、価値、目的、権限の委任、知識、方法の総体として認識される。どの部分もそれのみではソーシャルワークの特徴を示しているとは言えないし、また、そこで述べられているどの部分もソーシャルワークに特有のものではない」と述べている。つまり、ソーシャルワークは、価値を土台として、その上に知識があり、方法・技能があり、これが目的に向かっていくことになる。これらの構成要素によるソーシャルワークに対して、

第2節：ソーシャルワークの価値と倫理

権限の委任を得ていくことで、ソーシャルワークは社会的な承認を得ていくことになる。ソーシャルワークの価値はソーシャルワークの基盤として位置づけられている[1]。

このように、ソーシャルワークにおける「知識」と「技術」（方法）は必要不可欠なものである。知識や技術は社会状況の変化とともに変わるものであり、常に新しい考え方や技術を取り入れることが必要となってくる。しかし具体的な知識や技術だけを修得すればいいのではなく、知識や技術が導き出される元にあるソーシャルワークとしての価値があってはじめて専門職としての「専門性」が確立しているといえる。

つまり、専門職としてよりよい相談援助を行うために新しい知識や技術を取り入れるが、それに必要な原動力となるものが価値であるといえる。また専門職として対象者であるクライエントをどのような視点でとらえればよいのか、その視点をもってクライエントをどのように理解し、関わればよいのかを明らかにすることが、専門職としてのソーシャルワーカーに求められていることである。

このように、ソーシャルワーカーの専門性の構成要素における価値と倫理の位置づけは以下の図表３－２－１のようにあらわされる。

図表３－２－１　ソーシャルワーカーの専門性の構成要素における価値と倫理

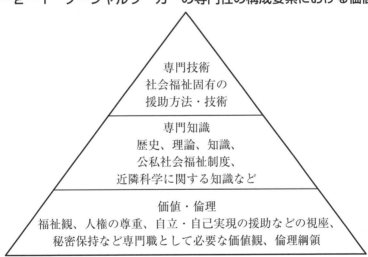

出所：高橋重宏「ソーシャルワーカーの専門性の構造」福祉士養成講座編集委員会『社会福祉援助技術論Ⅰ』新版　社会福祉士養成講座８、2001、p.39 を一部改変

２．ソーシャルワークにおける価値とは何か

価値とは、専門職として考えられる「こうあるべき姿」「よき状態」を示す指標である。その専門職が「大切にしているもの」「よいもの」として承認すべきもの、「ねうち」などを意味する。逆に「あってはならないもの」「よくない状態」と区別する基準でもある。

この価値がはじめにあって、次に何をするかの目標が導き出される。この目標を達成するために専門的知識や専門的技術を身に付けるのである。知識はその実践が何のために、何を目的にして行われるかによって必要とされる内容や種類は決まってくる。同様に技術をどのような目的で用いるのかによって技術の方向性も決まってくる。このように価値が知識と技術の基盤となり、必要な知識の内容と技術の方向性を決めるのである。専門的知識や技術はソーシャルワークの価値を実現するために存在しているということを確認したい[2]。

次に、ソーシャルワークの価値とは何かについて、そのいくつかを紹介したい。

バートレット（Harriett M Bartlett）は、ソーシャルワーカーの専門性を考える場合、ソーシャルワーク実践の共通基盤である知識・価値・技法（技術）の3点とりあげ、知識・価値・技法は「ソーシャル・ワーク実践のどの『部分』にも現れていなければならない。共通している、すなわち、すべての実践者によって共有されるという意味で、基礎的なソーシャルワーク要素とみなすことができる」[3]と専門職の本質的な要素であることを明らかにした。さらにバートレットは、1958年、全米ソーシャルワーカー協会ソーシャルワーク実践検討委員会議長として「ソーシャルワーク実践の基礎定義」を公表した。委員会報告は、価値について以下のように述べている。「ソーシャルワーク実践は、すべての専門職の実践と同じように、価値、目的、サンクション、知識および方法という諸要素から構成されているものとみなされる」[4]とし、その中で「価値」については、「ソーシャルワーク実践は、次のような一定の哲学概念 philosophical concepts を基礎にしている。

①個人は現代社会の第一義的な関心ごとである。
②現代社会において個人には相互依存の関係がある。
③個人には相互に社会的責任をもっている。
④各個人は人間としての共通したニードをもっているが、それでもなお各個人は本質的に孤独な存在であり、他人とは異なっている。
⑤民主主義社会の本質的な特質は、各個人が能力を十分に実現させるとともに、社会に積極的に参加することを通して社会責任を果たすことにある。
⑥社会はこの自己実現 self-realization を妨げている障害（すなわち、個人とその環境との間の不均衡 disequilibrium）を克服ないし予防することのできる手段を提供する責任をもっている」[5]と定義している。このバートレットらの考え方はソーシャルワークの価値の重要性に焦点を当てたものである。このなかで特に、個人の尊重や自己実現は普遍的な意味をもつと考えられる。

ブトゥリム（Zofia T.Butrym）は、ソーシャルワークは「価値を担う」活動であるか

ら道徳的な問題を避けてはならないと述べており、ソーシャルワークと価値との密接な関係を明らかにしている。さらに、ソーシャルワークの基礎となる哲学は、人間の本質に内在する、普遍的価値から引き出されるものであるとし、①人間尊重、②人間の社会性、③変化の可能性を三つの価値前提とした。

第一の「人間尊重」は、人間は生まれながらに価値ある存在として尊重するということである。人間の価値は、何ができるか、何を持っているかという能力や行動に関係なく、人間であること自体で価値があるとしている。そして、人間尊重の価値こそ中心的道徳的価値であり、そこから他のすべての価値が引き出されるとしている。

第二の「人間の社会性」は、人間はそれぞれに独自性を持った生き物であるが、その独自性を貫徹するために、他者に依存する存在であるとしている。

第三の「変化の可能性」は人間の変化、成長、向上の可能性に対する信念である。人間はより良い生を求めて努力し、変化し、成長することができる存在であるという確信を持っているということである。

これら三つの価値前提は、きわめて抽象度の高い価値に関することであり、ソーシャルワークに固有の価値とは言えないが、ソーシャルワークに不可欠の価値であると述べている[6]。

奥田いさよは、「ソーシャルワークにおいて、知識は実践を理論面で支える、概念的側面を形成する要素として位置づけられる。価値は実践活動に関わる上での、知的・情緒的側面や対象認識のあり方や専門職（professional）としての思考を支える構成要素としてとらえられる。技能は援助対象の問題やニーズに対応する好意に転換される行動的側面を構成しており、知識基盤を背景とし、価値という濾過装置を経て組み立てられ、人（ソーシャルワーカー）の中に内在して必要に応じて具現化されるものである」[7]と知識・価値・技能の関係を明らかにし、「ソーシャルワークの専門職業としての同一性の基底部分となるのが'価値'の要素である」[8]と価値の重要性を述べている。

定藤丈弘は、専門的な援助実践を高めるために必要となる要素に、知識・価値・技能の体系をとりあげ、価値について「技術を活用する専門職者の個人的態度、姿勢や、専門職者が所属する社会的機関の社会的諸条件などに影響されるがゆえに、より普遍的な価値体系形に依拠することが必要とされる」とし、「価値は専門援助実践を大きく規定する要因として重要である」[9]と述べている。

このようにソーシャルワーク実践を行ううえで、価値・知識・技術の体系は基本的な構成要素になる。その中でも価値は、ソーシャルワーカーの拠り所となるものとして重要な意味をもつ。その価値をソーシャルワーカーが共有するために倫理が必要になってくる。

3．ソーシャルワークにおける倫理

　社会福祉における倫理観は、歴史的に見れば宗教的使命感や博愛精神に基づいており、福祉実践に関わる人の言動を律する源泉は、信ずる宗教の教えや情熱であった。しかし、現代になりソーシャルワーカーは、その個人個人がいろいろな考え方、生活体験、信仰の有無をもって業務をおこなっている。つまり、ソーシャルワークの価値は、ソーシャルワーカー個人の意識や生活状況によって変動することになる。そのためソーシャルワーカーの共通する考え方や行動規範が必要になってきた。それが倫理である。

　医師や弁護士などの専門職は職業倫理をもっている。それと同様にソーシャルワーカーが職業上の高い倫理を期待される理由について、沢田健次郎は、「その業務の対象者が事情の相違はあるが大部分が困難な状況にあるためである」[10]と述べている。そのためにソーシャルワーカーにはクライエントの権利擁護の役割が重視されている。そして、なによりもソーシャルワーカー自身が、対象者を傷つきやすい存在であることに敏感でなければならない。クライエントとの関係以外でも職場や社会に対する職業倫理として、ソーシャルワーカーの職能団体は倫理綱領を定めている。

4．ソーシャルワーカーの倫理綱領

　ソーシャルワーカーの行動を規制し、あるべき方向性を指し示す価値を明文化したものとして倫理綱領がある（資料1参照）。

　日本社会福祉士会は2005年6月3日に開催した第10回通常総会にて「社会福祉士の倫理綱領」（以下倫理綱領）を採択した。以下、前文と価値の原則について紹介する。

（1）倫理綱領の前文

　倫理綱領の前文には、「われわれ社会福祉士は、すべての人が人間としての尊厳を有し、価値ある存在であり、平等であることを深く認識する。われわれは平和を擁護し、人権と社会正義の原理に則り、サービス利用者本位の質の高い福祉サービスの開発と提供に努めることによって、社会福祉の推進とサービス利用者の自己実現をめざす専門職であることを言明する。われわれは、社会の進展に伴う社会変動が、ともすれば環境破壊及び人間疎外をもたらすことに着目する時、この専門職がこれからの福祉社会にとって不可欠の制度であることを自覚するとともに、専門職社会福祉士の職責についての一般社会及び市民の理解を深め、その啓発に努める。」とし、社会福祉士の価値と倫理について明言している。

（2）価値と原則

倫理綱領では、「価値と原則」として、以下の項目が定められている。

(人間の尊厳) 社会福祉士は、すべての人間を、出自、人種、性別、年齢、身体的精神的状況、宗教的文化的背景、社会的地位、経済状況等の違いにかかわらず、かけがえのない存在として尊重する。

(社会正義) 差別、貧困、抑圧、排除、暴力、環境破壊などの無い、自由、平等、共生に基づく社会正義の実現を目指す。

(貢献) 社会福祉士は、人間の尊厳の尊重と社会正義の実現に貢献する。

(誠実) 社会福祉士は、本倫理綱領に対して常に誠実である。

(専門的力量) 社会福祉士は、専門的力量を発揮し、その専門性を高める。

さらに、倫理基準として以下の4つの倫理責任をあげている

①利用者に対する倫理責任
②実践現場における倫理責任
③社会に対する倫理責任
④専門職としての倫理責任

このように倫理綱領は、ソーシャルワーク専門職としての価値を基盤とした倫理的な自己規定を明確に行っている。

倫理綱領が示す価値と原則以外にも、ノーマライゼーション、ソーシャル・インクルージョン、自己決定、自己実現、利用者主体、自立支援などの理念は、それが価値を示すものとして重要である。

ソーシャルワークを行う際には、実践がこれらの価値に根差したものとなっていることが求められる。一方、価値は、実践での戸惑いや迷いまたは日常実践の点検を行う際の指針ともなり、立ち返るべき根拠となる。価値は実践との関連の中で意識していくものである。

第3節　社会福祉専門職養成としての実習倫理

1. 社会福祉専門職の倫理

実習生には、実習中、もしくは実習を終えた後のふりかえりの過程において、実習先機関・施設におけるソーシャルワーク業務の中から、ソーシャルワーカーの価値、そして倫理判断に基づく行為を発見し、抽出して説明できるようになることが望まれる。こ

のためには、事前学習において人間としての倫理の上に専門職の倫理、特に社会福祉専門職の倫理について理解を深めておく必要がある。

ソーシャルワーカーの実践の指針を示すものとして、倫理綱領と行動規範が規定されている。これらはソーシャルワーカーの価値、そして倫理判断の根拠となるものである。

日本ソーシャルワーカー協会が制定した「ソーシャルワーカーの倫理綱領」は、1995（平成7）年に改訂され、2005（平成17）年に日本社会福祉士会によって採択された。この倫理綱領は前文、ソーシャルワークの定義、価値と原則、倫理基準から成り立っている。

「価値と原則」には以下のように示されている。

価値と原則
1．（人間の尊厳）
　社会福祉士は、すべての人間を、出自、人種、性別、年齢、身体的精神的状況、宗教的文化的背景、社会的地位、経済状況等の違いにかかわらず、かけがえのない存在として尊重する。
2．（社会正義）
　差別、貧困、抑圧、排除、暴力、環境破壊などの無い、自由、平等、共生に基づく社会正義の実現を目指す。
3．（貢献）
　社会福祉士は、人間の尊厳の尊重と社会正義の実現に貢献する。
4．（誠実）
　社会福祉士は、本倫理綱領に対して常に誠実である。
5．（専門的力量）
　社会福祉士は、専門的力量を発揮し、その専門性を高める。

ここでは、社会福祉専門職としてソーシャルワークを実践するということは、人間の尊厳を尊重する、および社会正義の実現を目指すという価値と原則のもとで、それに対して誠実に貢献するということであり、同時に専門的力量が発揮されるところであるということが言明されている。

「倫理基準」には①利用者に対する倫理責任、②実践現場における倫理責任、③社会に対する倫理責任、④専門職としての倫理責任がある。日本社会福祉士会では、この倫理基準をもとに「社会福祉士の行動規範」を作成している。

社会福祉士の行動規範には、ソーシャルワーク実践上の行動のガイドラインが示されている。この行動規範は倫理基準を具体的な実践レベルで表現しているため、基本的な指標となるほか、実践上の義務も明確に示されているため、実践が罰則事項などに抵触するか否かの判断基準ともなるものである。

実習中、ソーシャルワーク業務の中で、人間の尊厳を尊重した実践や、社会正義の実現に向けた支援行為や取り組みの数々を目にするであろう。それを1日のふりかえりや日誌記入などの機会に言語化し、実習指導者に伝えることによって、実践現場におけるソーシャルワークの価値や倫理について理解を深めることができる。

2．倫理的ジレンマ
（1）倫理的ジレンマの発生

ソーシャルワーク専門職における価値、および倫理について述べてきたが、実際の現場においては、しばしば複数の価値や倫理、さらに義務がぶつかりあう場面がある。これを倫理的ジレンマという。実習生には、実習先の機関・施設における倫理的ジレンマの具体例をあげることができるようになることが望まれる。さらに、その倫理的ジレンマの解決について、実習生自身であればどのように対応するか考えることや、実際に解決した過程を分析することが重要である。

倫理上のジレンマの生じる可能性がある場面について、『社会福祉士の倫理』では以下の7つのパターンをあげている[11]。

＜倫理上のジレンマ＞
① 利用者本人の希望と職務上の立場との間
② 利用者本人の希望とその家族などの希望との間
③ 職場の運営方針と専門職上の立場との間
④ サービス調整時における職場と職場以外との間
⑤ 職場以外の関係者と専門職上の立場との間
⑥ 制度・政策と専門職上の立場との間
⑦ 制度・政策と利用者本人の希望との間

実習で想定される場面をあげて考えてみる。たとえば、児童養護施設での実習中に担当している児童から内緒にしておいてと前置きがあり、近所のお店で文房具を盗んだと聞かされた場合、①「利用者本人の希望と職務上の立場との間」でジレンマが生じる。担当している児童から秘密を守ってくれる人だと信頼されて、内緒話を聞くことができたと考える一方、社会的責任を見過ごすことはできない立場にいることの間でジレンマが生じているのである。

また、介護老人保健施設の利用者から1日も早く家に戻りたいという話を聞いたが、その家族とソーシャルワーカーが話しているところに同席したとき、家族は自宅で介護することが困難であり、どこか施設へ入所させたいと考えているという話を聞いた場合、②「利用者本人の希望とその家族などの希望との間」でジレンマが生じる。

こうした倫理的ジレンマについてどのように解決できるのか考えることが重要である。ただし、実習で直面している場面に対して判断がつかない場合、自分の判断で対処しようとせずに、実習指導者や身の回りにいる施設・機関の職員、養成校の実習担当教員に相談すべきである。

（2）倫理的ジレンマの解決

　倫理的ジレンマの解決に正解はない。しかし、社会福祉士の倫理綱領に記されている通り、倫理綱領に則して公平性と一貫性をもって解決に向けて取り組んでいかなければならない。

　倫理的ジレンマの解決に向けた方法はこれまでに様々なものが紹介されてきているが、大きく分けて3つの方法があるだろう。それは、①これまでの事例に当てはめて考える、②いくつかの重要なカテゴリーに分けて、順序立てて考察する、③関係する当事者全員が問題解決に参加できるような検討会議を持ち、倫理的に受け入れ可能な同意を達成する、というものである。

　ここではソーシャルワーク実践からジレンマの解決に向けた取り組みを整理している本多の方法を紹介する[12]。

　まず、「ジレンマのあることを知る」ことから始める。直面しているジレンマについて、4つのギャップ（①社会全体と現実、②社会福祉制度と現実、③教育・学問・研究と現実、④実践理念と現実）に起因しているのか、それとも7つのジレンマ（①個人的な私の価値観との相違、②クライエントの価値観との相違、③同僚の価値観との相違、④他職種との価値観の相違、⑤価値観AとBの矛盾、⑥所属組織の価値観・方針との相違、⑦社会環境によるもの）のどれにあたるものなのか分析することにより、その構造をとらえようとする。

　次に、「実際のジレンマへの対処」に入る。ソーシャルワーカーの倫理綱領を指針としながら、現実的な援助の優先順位を決める。まずは、クライエント本人の『生命・生活の保護』が最優先である。そのうえで『自由の維持』、『QOLの促進』、『社会的権利の擁護（プライバシー保護等）』を念頭に置く。それと同時に、社会資源や物理的・経済的・時間的制約など、援助の限界も予測する。具体的には、利用できる施設や病院、フォーマル・インフォーマルなサービス、その使用期限や利用者本人や家族が負担できる費用（予算）、地域的な範囲などがあげられる。そして、それぞれの援助方法の結果の予測を立てる。この際、ソーシャルワーカーの同僚や他の専門職、スーパーバイザー、他の施設のソーシャルワーカー等からの情報や助言を得ながら、援助チーム全体で確認・検討するという過程を経る。この本多が示す方法は、倫理的ジレンマをとらえたり、分析するときに役立つと考えられる。

　最初に述べたように、実習中に直面したジレンマについて具体例をあげ、その倫理的ジレンマの解決について、実習生自身の考えを整理したり、実際に解決した過程を分析したりすることは、大変重要である。そのことを通して、実習での学びはさらに深いものとなり、より良いソーシャルワーク実践を行うソーシャルワーカーの素地を築くこと

につながるだろう。

3．個人のプライバシー保護と秘密保持の理解
（1）個人のプライバシー保護の必要性
　2003（平成15）年に「個人情報の保護に関する法律」、いわゆる個人情報保護法が成立して以来、個人のプライバシー保護への関心が高まり、その傾向は社会福祉の実践現場でも見られる。ソーシャルワーク実践における相談援助では、個人情報の入手、管理、連携時の情報交換が必須である。ゆえに、ソーシャルワーカーにはその適切な管理が求められる。これは実習生も同様に当てはまり、実習中に知り得た情報については、厳重に管理しなければならない。実習生には、こうした実習での学びを通して、実習先機関・施設における個人情報保護・秘密保持の取り組みを説明できるようになることが望まれる。

　ソーシャルワーカーの倫理綱領の倫理基準には、利用者に対する倫理責任のところで、プライバシーの尊重、秘密の保持、記録の開示、情報の共有が示されている。なお、社会福祉士の行動規範においてそれぞれの実践における従うべき具体的な行動が示されている。実習生は、この行動規範を確認の上、実習に取り組むことが求められる。

　社会福祉士及び介護福祉士法でも個人のプライバシー保護に関する規定として、誠実義務（第44条2）、信用失墜行為の禁止（第45条）、秘密保持義務（第46条）、秘密保持の罰則規定（第50条）が示されている。

（2）個人情報保護法とは
　個人情報の保護に関する法律（以下、個人情報保護法）は2003（平成15）年に成立し、2005（平成17）年に施行された。また、「福祉関係事業者における個人情報の適正な取扱いのためのガイドライン」、「医療・介護関係事業者における個人情報の適切な取扱いのためのガイドライン」（以下、ガイドライン）が2004（平成16）年、厚生労働省によって策定されている。

　「個人情報」とは、個人情報保護法第2条で「生存する個人に関する情報であって、当該情報に含まれる氏名、生年月日その他の記述等により特定の個人を識別することができるもの（他の情報と容易に照合することができ、それにより特定の個人を識別することができることとなるものを含む。）をいう」と規定されている。また、死亡した個人に関する情報は、原則として法の対象とはならないが、適正な取り扱いが期待されている。

　個人情報保護法やガイドラインでは、個人に関する情報は個人情報、個人データ、保

有個人データに分類されている。個人情報は先の説明の通り、氏名や生年月日等である。個人データとは個人情報データベース等を構成する個々の個人情報のことであり、ケース記録等である。具体的には、サービス利用者の病状や障害、介護についての情報、入所児童の非行行動についての情報等である。そして保有個人データとは、6か月以上保有する個人データのことであり、開示・訂正・停止請求の対象となる。

個人情報保護法は、6か月間のいずれの日でも5,000件以上の個人情報を保持する事業者が対象となり、福祉・介護の事業者は対象とならない場合がある。しかし、その業務を遂行する上で個人情報を扱うことが多いことから、厚生労働省のガイドラインを遵守する努力が求められている。

実習生が実習で触れる利用者の個人に関する情報についても、施設で取り扱われているのと同様に、細心の注意を払って取り扱う必要があるといえる。

(3) 実習における個人のプライバシー保護の在り方

ソーシャルワーク実習を行う上で、利用者に関する情報への接触なしに実習を進めることは困難であると考えらえる。しかし、利用者個人のプライバシーを保護することは最優先であり、その中でより多くのことが学べるように工夫する必要がある。

実習における個人のプライバシー保護の実際として、実習生による記録(実習日誌など)や事例検討を実施する際には、匿名化する必要がある。

匿名化とは、個人情報から、その情報に含まれる氏名や生年月日、住所等の個人を識別する情報を取り除き、特定の個人を識別できないように処理することである。具体的には、氏名等の情報を消去する(必要な場合は、その人とかかわりのない符号や番号を付す)、個人を特定できる部分をマスキング加工する、要約を提示するなどの対応がある。

さらに、情報の利用目的などを考慮して、匿名化とあわせて本人の同意を得るなどの対応も考慮する必要があるだろう。

ガイドラインでは、安全管理措置について触れているなかで、「ボランティア、実習生などについては、その目的を達成するためには、個人情報に触れるケースが多いと考えられるが、ボランティア、実習生などが個人情報に触れる場合には、当該者に対しても、個人情報保護に対する意識を徹底する」としている。実習生は実習施設・機関及び委託先の監督の対象である。実習生は実習先や養成校の担当教員から指導を受けながら、個人情報の適正な取り扱いについて学び、それを実行し、実習先における個人情報保護および秘密保持の取り組みを説明すると同時に、自身の学びを説明できるようになることが求められる。

引用文献

1) 白澤政和「ソーシャルワークを構成する要素『第2版 相談援助の理論と方法Ⅰ』中央法規出版、2009、p.8～9
2) 阪田憲二郎「精神保健福祉士の専門性」『第4版 相談援助の基盤と専門職』、久美株式会社、2015、p.30
3) H.M.バートレット（小松源助訳）『社会福祉実践の共通基盤』ミネルヴァ書房、1978、p.132
4) H.M.バートレット『前掲書』p.251
5) H.M.バートレット『前掲書』p.251
6) ゾフィア・T・ブトゥリム（Zofia T.Butrym）（川田誉音訳）『ソーシャルワークとは何か―その本質と機能』川島書店、1986、序ⅳ、pp.59～66
7) 奥田いさよ『社会福祉専門職性の研究』川島書店、1992、p.132
8) 奥田いさよ『前掲書』p.132
9) 定藤丈弘「社会福祉援助技術」古川孝順・庄司洋子・定藤丈弘『社会福祉論』有斐閣、1993、p.318
10) 沢田健次郎「第6節ケースワークにおける価値と倫理」大塚達雄・井垣章二・沢田健次郎・山辺朗子編著『ソーシャルケースワーク論－社会福祉実践の基礎－』ミネルヴァ書房、1994、p.43
11) 社団法人日本社会福祉士会編『改訂 社会福祉士の倫理』中央法規出版、2009、p.109
12) 本多勇ほか『ソーシャルワーカーのジレンマ』筒井書房、2009、pp.183-184

参考文献

1. 社団法人日本社会福祉士会編『社会福祉士実習指導者テキスト』中央法規出版、2008
2. 深谷美枝編『ソーシャルワーク実習』みらい、2009
3. 米本秀仁、久能由弥編『相談援助実習・実習指導』久美株式会社、2011
4. 岩間伸之『支援困難事例へのアプローチ』メディカルレビュー社、2008
5. ジェイムズ・L・バーナット著、中村裕子監訳『臨床家のための生命倫理学』協同医書出版社、2007
6. 國廣正・五味祐子著、全国社会福祉施設経営者協議会編『社会福祉法人のための個人情報保護Q&A』全国社会福祉協議会、2005
7. 社団法人日本社会福祉士養成校協会編『相談援助実習指導・現場実習教員テキスト』中央法規出版、2009

第4章

相談援助実習
事前学習

第4章：相談援助実習事前学習

第1節　事前学習の目的

1．ソーシャルワーク実習における事前学習とは

　事前学習の最も大きなテーマは、「ジェネリックからスペシフィックへの変換」である。これまで、講義・演習を通して、通底的・普遍的なソーシャルワークの学びをすすめて来ただろう。しかし、実習先の施設・機関での業務は各々に個別的である。事前学習では、円滑な現場実習の移行に向けて「個別的な現場の状況を理解した上で、あらゆる相談援助場面でどのようにソーシャルワークが展開されるのかを学んでおく必要がある。」[1]つまり、十分な準備もなくいきなり現場へ入ったとしても、何がどうスペシフィックなのか一向に理解できないからである。

　ジェネリックからスペシフィックへの変換に向けた事前学習の具体例では、実習の準備として「現場で使われているツールやシートの理解」「実習先分野・種別・施設のニーズ」「利用者像」「援助内容」「業務」「運営」「地域等の理解」にあわせて、「スーパーバイズの受け方」「マナー」「セルフマネジメント」などを含めて学習する（図表4－1－1参照）。

図表4－1－1：相談援助実習教育の展開

```
相談援助実習教育の展開
～実習指導におけるジェネリックSW・スペシフィックSWの変換～
```

事前学習	ジェネリックからスペシフィックへの変換 具体的に現場で使われているツールやシートの理解、実習先分野・種別・施設のニーズ、利用者像、援助内容、業務、運営、地域等の理解	それまでの講義演習はジェネリックSWの学び
実習中	スペシフィックな体験 その施設・機関の新任研修ではないので、指導者もジェネリックを意識した実習プログラムを作成し、普遍的・基礎的SW体験を極力提供	指導者との意思疎通・共通認識下で実習展開
事後学習	スペシフィックからジェネリックへの変換 個別振り返り、評価表を活用した指導、異分野・異施設実習生同士のGW、実習総括レポート作成、実習報告会の準備などを通じて振り返りつつ再変換、学んだ知識・技術の定着化、専門職への動機付け	ジレンマ解消・SW職への動機付け強化

卒業後、違う分野・領域でSWになっても、実習での学びが原体験として発揮

出典：一般社団法人日本社会福祉士養成校協会実習教育委員会「相談援助実習・実習指導ガイドラインおよび評価表」2013

2．事前学習のプロセス

　実習生は180時間といった限られた時間で成果が出せるよう、これまでの学びをもとに、これからの学びに備えて入念な準備に取り組んでいく。実習生は自律的な学習者として自己を立ち上げ、自己覚知を進めながら、明確な目的意思をもって意欲的に事前学習に取り組んでいきたい。

　相談援助実習教育における事前学習の概要をプロセスに沿って示す。

（1）実習のイメージづくり

　まず、実習とはどのような体験になるのかについて、イメージづくりに取り組んでいく。

　社会福祉の実践現場がどのような場所で、ソーシャルワーカーとしての社会福祉士がどのように働いているのか。また、自ら実習生としてその場に身を置き、実習生、実習担当教員、実習指導者および利用者の四者関係のもとで、どのように学んでいくのかについて、イメージを広げていく。具体的には、施設・機関などの外部講師による講義や実践現場で勤務する卒業生、実習経験者との交流会、施設見学、また、これまで個人的に取り組んできた福祉施設でのボランティアやアルバイト経験も活用できるだろう。

　実践現場をよく知るためにも、事前学習までに、教育機関で提供される福祉施設でのインターンシップやサービス・ラーニング、ボランティア活動などに積極的に参加しておくことが望ましい。

（2）実習先の選定

　次に、スペシフィックな体験の場となる実習先の選定である。

　実習生は教育機関が契約を結んでいる。指定実習施設から希望する実習先を選ぶことになるが、「特に希望はないので」や「友だちと一緒であればどこでも」といった目的意識に欠ける受動的な考えでは、決してよい成果を得ることはできない。実習のイメージをもとに、「なぜその場で実習したいのか？」「そこで何を学ぼうとするのか？」といった、自らの志望動機や関心事への意識的かつ能動的な問い掛けを通して、希望する実習先を導き出していくことが必要である。

　一方で、実習先の受け入れ人数は限られているため、実習生の中には、希望が通らない学生もいるだろう。しかしながら、ソーシャルワーク実習のプロセスにおいて、現場実習はあくまでもスペシフィックな体験の場として位置付けであり、実習終了後は各々の教育機関でジェネリックな知識・技術へと定着化を図っていくことになる。実習生は、将来的にどのような実践現場でも用いることができる、ジェネリックなソーシャルワークの学びの途上にあることを忘れてはならない。

第4章：相談援助実習事前学習

（3）配属領域、配属実習先の学習

　実習先が確定すると、実習計画書の作成に向けて、実習目標や実習の各段階（「職場実習」「職種実習」「ソーシャルワーク実習」）おける到達目標、それら目標を達成するための行動計画を明確にしていく。

　そのためには、実習先である施設・機関の分野・種別・施設のニーズ、利用者像、援助内容、業務、運営、地域特性などの理解をより具体的に進めていく。文献や資料を活用するのであれば、各種テキストにあわせて、自治体や業界団体による統計資料や広報誌などの出版物、実践者や利用者による手記や実習経験者による報告集、事例集などからも学ぶことができる。インターネットを活用する場合は、実習先のwebサイトの表層を閲覧するだけではなく、webサイト内の階層をたどることで、各種の公開情報にアクセスが可能である。さらに実習先の関連組織や業界団体、行政が公開している資料も通覧するなどして、積極的に学びを進めることで実習へのモチベーションを高めていきたい。

（4）実習の計画の確定（目的、課題、計画）

　いよいよ実習に向けた最終調整の段階となる。

　これまでに作成した実習計画書に基づいて、実習生、実習指導者、実習担当教員の三者で実習プログラムを調整し、具体的な実習内容を確定していく。実習生は、実習開始前までに実習先へ事前訪問し、実習指導者からオリエンテーションを受けることになる。その際、実習に関する諸注意を受けるだけではなく、巡回指導や帰校日、休暇日などの日程調整や、実習計画の確認も行っておく。立案した計画には、限られた時間内に目標達成が極めて困難なことが含まれているかもしれない。実習生は、実習指導者や実習担当教員から助言・指導を受けた上で、実習内容を確定していくことが必要である。

　よりよい実習に向けて、実習生は実習期間中のスーパーバイザーである実習指導者と実習担当教員との良好なコミュニケーションを心がけるようにしておきたい。

（5）社会人としてのマナーとセルフマネジメント

　実践現場で実習するためには、社会人としてのマナーやセルフマネジメントの方法が身に付いていることが求められる。

　実習生が学生の身分であっても実践現場は一般社会であり、学生気分を持ち込む場ではない。態度や言動など、組織の一員として、社会人として最低限のマナーを身に付けていることが求められる。具体的には、「遅刻や欠席をしない」「時間を守る」「TPOにあわせた服装や態度をとることができる」「職場の一員としてふさわしい行動ができる」

などである。何より、実践現場は利用者の利益を最優先に考える場である。実習生の軽はずみな言動や行動で、利用者を傷つけることがあってはならない。実習生とは言え、福祉の専門職を志す者として、一般の人以上に倫理的であることが期待されていることを自覚して、模範的な行動ができるよう努めていきたい。

実習では、これまでとは異なる環境に、長期間にわたり身を置くことになる。慣れない場所で過ごすことのストレスや、日々の実習記録作成に時間がかかってしまうことで、結果として体調を崩してしまうことも考えられる。実習をやり遂げ、よりよい学びの成果を得るためには、日々良好な健康状態を維持していくことが求められる。実習までに、自分の心身の状態を点検し、生活習慣を見直し、しっかりセルフマネジメントできるよう準備を進めていくことが必要である。

社会人としてのマナーやセルフマネジメントは、実習直前になってどうにかなるものではない。日頃から意識的にセルフチェックなどに取り組んでおきたい。

これら事前学習の方法には、「文献学習」「web検索」「実践現場への見学や体験」「実習指導者や実習経験者との交流」があり、一斉授業や個別学習、小集団学習によって行われることになる。

3．現場実習での学び方

実習は、実習生が体験を通して主体的かつ能動的に学びとる活動である。実習生は、事前学習の段階から体験から学ぶ方法を理解し、身に付けておく必要がある。社会福祉のみならず医療や心理、教育などといった対人援助にかかわる領域では、理論と実践の関係をバランスよく学んでいくことが求められるからである。

コルブ（Kolb, D.）による経験学習モデルでは、学習をプロセスとしてとらえる。「具体的な体験」を通して、「内省的な観察」つまり省察を深め、そこから得られた気付きをもとに「抽象的な概念化」をはかることで、新しい場面での「能動的な試み」に導く（図表4－1－2参照）。これを実習場面に照らし合わせてみると、実習中の具体的な体験について、毎日のふりかえりを通して、多様な観点からの解釈を深め、そこから得られた気付きを手掛かりとして一般化を図り、次に新しい試みとして自ら実践に取り組んでいくという事である。

経験学習をプロセスとしてとらえる場合、最も重要なのは「ふりかえり」である。和栗（2010）は、コルブの経験学習モデルを引きながら、「経験の解釈が重要視されるKolbのモデルは、サービス・ラーニングなどの体験的な学習や、看護や教師教育などの臨床学習においては、広く言及されている。」とし、「『体験すること』が目的ではないため、『体験を通して学びとる』ために、ふりかえりが必須となる。」[2]と指摘する。

つまり、実習で体験したことを考察もなくただ漫然と無批判に記録することは、学びのためのふりかえりとは言わないのである。実習生として自らの経験を多様な観点から俯瞰し、分析的かつ統合的に進め、さらに批判的見方ができるよう、省察性をしっかりと身に付けていく必要がある。

効果的なふりかえりのために、①毎日の実習後に作成する実習日誌を通してひとりで行う。②実習指導者や実習担当教員によるスーパーバイズを受ける。③実習帰校日に他の実習生と共に取り組む。といった3つの方法を活用していく。

図表4－1－2　コルブの経験学習モデル

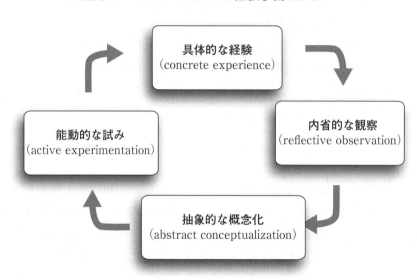

出典：和栗百恵『「ふりかえり」と学習－大学教育におけるふりかえり支援のために－』国立教育政策研究所紀要第139集、2010、p.87

第2節　事前学習の内容

1．事前学習をすすめるにあたって
（1）事前学習の重要性

実習をより有意義なものにするためには、実習先となる機関や施設について、事前に理解を深めておくことが重要である。

ソーシャルワーク実習は、社会福祉士の養成を目的として行われるものである。そのため、同じ種別の施設であれば、ある程度実習内容の標準化が可能である。しかし、同じ種類の機関・施設であっても、どこもまったく同じ実践をしているというわけではな

い。機関・施設の所在地の地域特性、法人の運営方針の違い、その他様々な要因により、実際にはそれぞれの機関や施設の特色がある。

そして、実習生の社会福祉への学習動機にも個別性がある。そこで、事前学習として、実習機関や施設の設置目的や役割、運営や組織形態、社会福祉士やその他専門職の役割、その他地域の特性などについて事前に知識を深めておく必要がある。こうした事前学習が実習領域に関する問題意識を高め、実習を通じて学ぶべき課題を明確にしていくためにはきわめて重要である。さらに、ソーシャルワーク実習を、単に現場に「行った」、「見た」だけに終わらせないためにも、実習生自身による事前の緻密な学習が必要不可欠である。

実習までの学習の流れは、図表4－2－1のように整理することができる。事前学習として理解しておくべき事柄は、以下のようにまとめることができる。

①社会人としてのマナー、一般常識を身につける
②実習に必要な援助技術の基礎知識と方法を身につける
③社会福祉援助専門職としての価値・倫理を理解する
④実習分野・実習先に関する基礎的な事柄を理解する

図表4－2－1　ソーシャルワーク実習の主な流れ

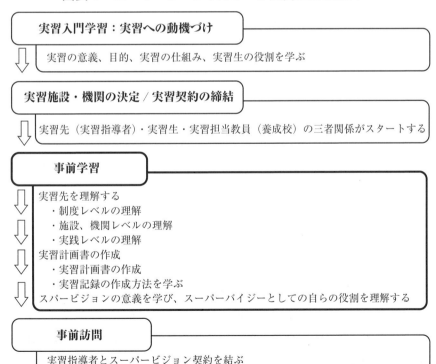

出典：加藤幸雄ほか編『相談援助実習』中央法規出版、2010、p.72 の図を基に筆者作成

⑤実習計画書の意義を理解し、実習計画書を作成する
⑥実習記録の作成方法を学ぶ
⑦スーパービジョンの意義を学び、スーパーバイジーとしての役割を理解する

　ここで④でいう「実習分野・実習先に関する基礎的な事柄を理解する」という場合の「実習先」とは、種別としての一般的なものと、個別の施設・機関をさす場合がある。実習生はその両方についてきちんとした整理をしておく必要がある。この節では、特に実習計画書を作成するにあたって必要な知識としてどのようなものがあげられるかを整理しておきたい。

（2）三段階実習プログラムの枠組みごとの実習内容の理解

　新カリキュラムでの実習の実施については第1章および第2章ですでに確認した事項である。事前学習においても職場実習、職種実習、ソーシャルワーク実習の三段階に分けてとらえ、その枠組みに従って、実習で学ぶべき内容をあらかじめ整理しておくことが有効である。

　ここでいう職場実習では、実習を通じて①実習機関・施設がどのような目的で設置され、②どのような人を対象に、③どのような専門職が配置され、④どのような役割を担い、⑤どのような支援が行われているのか、あるいはどのような事業が実施されているのか。また⑥どのような地域にその機関があり、地域の中でどのような役割を担っているのかといったことなどを中心に、機関なり施設の概要、全体像を理解することが必要である。

　次に、職種実習とは、実習を通じてソーシャルワーカーが具体的に担っている業務を職種の観点から理解することである。たとえば、児童養護施設であれば「家庭支援専門相談員」はソーシャルワーカーとしての役割を担っているが、実際の職務内容としては入所児童への生活支援や事務処理など様々な業務をこなしながら、全体としてソーシャルワークの機能を担っていることになる。したがって、ソーシャルワークそのものとは言えないものの、それに関連して職場内で実際に行っている業務内容の全体を理解する必要がある。

　児童養護施設を例に考えてみよう。児童養護施設でのソーシャルワーク実習では、家庭支援専門相談員が職場内で行っている具体的なサービス（利用者のインテーク、アセスメント、支援目標の設定と計画の作成、支援の実施、モニタリング、支援の評価およびリアセスメント、家族との関係調整、地域との連携、関係づくり、職員研修や職員へのスーパービジョン、ソーシャルアクション）といった本来的なソーシャルワーク業務を、実習期間を通して学ぶのである。

　こうした3段階モデルは、実習において必ずしも時間的な展開としてあるものではな

い。実習期間全体を通して実習内容をとらえた場合に、こうした枠組みで整理し、理解できるというものである。そのため、事前学習においてもこの枠組みに沿って学習を進めていくことが有効である。

2．ソーシャルワーク実習先機関・施設の理解
（1）各種機関・施設の根拠法規の理解

　通常、各施設・機関の運営に関する詳細な方針や配置される職種の業務内容などについては、法律をもとに交付される政令や省令、規則などで基準が定められている。そこで、法律だけでなく細かい法規についても実習前に確認しておく必要がある。たとえば、児童養護施設の場合、児童福祉法において「児童福祉施設最低基準」が定められている。そして、児童福祉六法の理解はもちろん、「児童虐待の防止等に関する法律」なども理解しておく必要がある。

　また、入所児童のみを対象としたサービスのほかに、短期利用事業（ショートステイサービス、トワイライトステイサービス）などを実施している場合も少なくない。そのため実習施設の実施しているサービス事業をあらかじめ確認し、それぞれの内容について事前に理解しておく必要がある。その際、施設サービスと在宅サービスとの関連について、地域を基盤として総合的に把握する観点を持つことや、予防・早期介入という視点からもソーシャルワークのあり方を考えておくことが重要である。

（2）施設の沿革の理解

　実習先となる機関・施設にはそれぞれ固有の歴史がある。特に、入所型施設はこれまでの我が国における社会福祉の歩みの中で中心的な役割を担ってきた。戦後まもなく制定された児童養護施設や身体障害者福祉施設は、終戦直後の混乱期の我が国の社会において、児童の保護や身体障害者の職業復帰に寄与した。社会状況の変遷に伴って、人々のニーズは変化し、現代社会においては多様化かつ複雑化した様相を見せている。そうした情勢を受けて、法制度の改正やサービス内容がニーズに合わせて変化してきたのである。

　事前学習において実習先機関・施設を理解する際には、現在実施されている事業や諸活動のみならず、これまでの歴史的経緯についての学習が必要となる。これらの学習を通じて、実習先機関・施設の職員がどのような思いで利用者と関わり、利用者の自立や自己実現を支援しようとしているのかが理解できるようになり、その思いが日々の実践の中でどのように具体化されているのかを実習生として学びとるための視点を培うことができる。

3．実習先機関・施設の地域性の把握
（1）実習先機関・施設のある地域の理解
①既存資料やデータを活用して地域特性を理解する

　社会福祉の機関や施設における実践は、所在地の地域特性と関連付けて理解することが必要である。ここでは、地域理解の方法について概説する。

　まず、実習先機関や施設広報誌、要覧等の資料や自治体のホームページ等を参考にしながら、面積、人口及び人口密度、人口の構成割合（高齢化率や年少人口比率）、単身高齢者世帯数、身体障害者、知的障害者、精神障害者の実数および人口に占める割合、保育所待機児童の状況、生活保護率、地域の産業（主要な企業）等に関する情報を集めるとともに、地形や住宅分布等（坂が多い、公営住宅があるなど）について把握し、基礎データとして整理して、地域の全体像を把握する。

　次に、そうした地域の状況を踏まえながら、保育所や児童館、居宅介護支援事業所や特別養護老人ホーム、地域包括支援センター、あるいは医院や病院などの社会的資源の整備状況を把握し、そうした情報を福祉資源マップとして整理しておくことも有効である。

　このような作業を通じて、単にどこにどのような施設があるのかといったことにとどまらず、その利用状況の推移や他の地区の比較等を通じて当該地区における社会資源の利用水準や普及状況といった特性が把握でき、データを読み込むことでこの地域の福祉ニーズを読み取ることができる。たとえば、「農地を宅地転用し新築マンションが立て続けに建築されたため、他の地域からの転入が続いているが、若い子育て世代が急増したため保育施設が不足している」といったように、地域の福祉ニーズについて大まかに見当をつけることができる。

②地域に実際足を運ぶ

　次に、実際に地域に出向き、地域踏査を行うことも実習前の学習においては有用である。地域踏査とは実際に調査の対象とする地域に出向き、景観や商業活動、さらにそこで暮らす人々の生活の様子などを、観察を通して理解する調査の手法で、既存の資料やデータで得た情報にリアリティを持たせ、地域の特性や課題などを把握することができる。

　たとえば、道路の舗装状況や勾配の状況、最寄り駅やバス停への距離、商店街や医療機関、福祉施設などへのアクセスの状況などは、実際に地域を歩いてみて初めて気づくことができることも少なくない。また、住宅状況や商店街なども含めた生活環境についても、実際に町を歩いてみることで、資料やデータでは理解しえない事情を把握することができる。

実習に先立って、こうした地域の特性を把握していることは、その地域に住む人々の暮らしを理解する土台となり、実習をより有効に進めることにつながる。事前学習において、地域の福祉課題の把握と、それに対応しうる社会資源の把握を進めておくことが必要である。

4．実習先機関・施設における利用者の理解
（1）利用者理解とは
　ソーシャルワーク援助の基本は、利用者を理解し共感することであるとされている。利用者が何を感じ、考えているのかをありのままに感じ取ろうとする姿勢がなければ、援助者の枠組みに利用者の考えを当てはめてしまい、援助者主導での支援が展開されてしまう恐れがある。ソーシャルワークの主体は利用者である。実習先機関・施設のサービスも援助者の業務も、利用者の最善のために存在しているのである。実習においては、利用者を理解し、利用者の力を引き出せるような支援が現場においてどのように実践されているのかを体験する絶好の機会である。

　ただし、実習先で見える利用者の姿がその人のすべてではない。現在の状況の中で利用者を理解しようとすることは大切なことであるが、それと同時にこれまで利用者がどのような生活を送ってきたのかを時間軸で理解しようとする視点も必要である。

（2）利用者理解の方法
　事前学習では、実習先機関・施設を利用する利用者がどのようなひとであるのか、それぞれが抱える生活上の問題や困難は何かについて学ぶことが課題となる。実習が始まれば、利用者とのコミュニケーションを図る、相談援助の面接場面に同席する、ケース記録を閲覧するなどを通して個別の利用者への理解を深めることになるが、事前学習により、実習場面での職員の言動の意味や援助の意図するものに関しても気づきを得る手がかりを持って実習に入ることができる。具体的には次のような方法で事前学習を進めることができる。

①社会福祉施設・機関などの「ゲストスピーカー」による講義
　福祉現場の職員による講義は学生にとって新鮮なものである。職員は日々の業務の中で利用者とのかかわりや関係機関の人々との連携・協働を通し、様々な経験を積み重ねてきている。そのような体験を聞くことができる講義は、学生にとって現場の状況を強く印象付けるものとなる。また、福祉現場の最前線で活躍する職員は様々な困難な状況に対してどのように向き合ってきたのか、どのような試行錯誤を繰り返し、利用者との関係形成に取り組んできたのかという仕事への取り組みの姿勢も学ぶこと

ができる。

　ゲストスピーカーによる講義は、利用者が周囲の人とかかわりを持ちながら生きている様子やそこでお互いがいろいろな思いを抱き、時にはぶつかり合いを通して受け入れあったりして生きている様子がわかる。それが学生にとって利用者理解の第一歩としてつながることになる。

②実習先機関・施設の見学

　実習先の見学を事前に行う意義として、①実践現場を見学し、職員から直接話を聞くことができる点、②援助実践の実際を学習することができる点があげられる。また、それまでに抱いていた機関や施設に対するイメージをより具体的に描き、実習への不安を解消したりモチベーションを高めたりといった効果が期待できる。さらに、法人のパンフレットなど、事前学習を深める助けになるような資料を入手する機会ともなる。

　場合によっては短期間のボランティア活動や利用者との交流の機会を得ることもできる。その際には積極的に利用者とコミュニケーションを図り、利用者の置かれている現状を理解するための機会として最大限活用する姿勢が大切である。見学の際は①機関・施設の運営理念、②施設の設備、構造、③利用者の状況、④職員配置や勤務形態、⑤一日の流れなどを確認してくることが望ましい。また、いきっぱなし、やりっぱなしの見学では意味がない。きちんと記録をつけ、体験したことやそこから学んだこと、新たに発見した実習課題などを整理しておく必要がある。その際には実習担当教員に報告し、助言を受けることで一層理解を深めることも重要である。

5．援助方法の理解

（1）施設における援助方法

　施設における援助は、レジデンシャル・ソーシャルワークとよばれる。社会福祉施設入所者の施設内での処遇の中で、生活相談業務を中心としたソーシャルワーク援助をさす。従来は、施設処遇のプロセスの中でケースワーク、グループワーク、ソーシャル・アドミニストレーションなどの方法を適用していたが、次第に施設という固有の生活形態に応じた総合的なソーシャルワークが求められるようになってきた。これまでの入所・通所施設での実習は、介助や介護などお利用者への直接的な支援が中心に据えられることが多かったが、新カリキュラムにおけるソーシャルワーク実習では、ソーシャルワーク実践を体験し、その技術を習得するものであるから、入所施設のソーシャルワーク業務の内容を十分に学習して実習に臨むことが大切である。

①利用者への個別支援

　ソーシャルワーカーと利用者の関係は、入所前の対応から始まり、利用者の状態や希

望に応じた支援目標を設定し、それに基づく支援計画を立案する。入所後は計画のモニタリングを行い、利用者の状況やニーズの変化に応じて計画の見直しを図る。個別支援においては面接技法を活用しながら、利用者の生活課題を理解すると共に、利用者のニーズを明らかにし、利用者のエンパワメントを促す技術が求められる。ソーシャルワーカーはケアワークを担当する職員と比べて生活支援の場面で利用者に直接かかわる機会が少ない場合も多い。よって、積極的に利用者と接する機会を作ろうとする姿勢も重要である。

事前学習においては、まず面接技法の基本的事項を習得しておくことが大切である。面接技法については相談援助の理論と方法や相談援助演習といった科目において知識を習得し、演習に取り組んでいる。授業への積極的な参加と実習前の復習が必要であろう。また、非言語的コミュニケーションと言語的コミュニケーションを効果的に組み合わせたコミュニケーションスキルについて理解を深めるとともに、体得しておくことが求められよう。

②他職種との連携

施設においては、様々な職種が協働して利用者の支援に関わっているので、チームワークはソーシャルワーク実践の不可欠な要素である。チームワークを重視し、多職種チームによる支援方法をチームアプローチと呼ぶが、ソーシャルワーカーはチームワークが強化され、良好なチームアプローチが維持されるように多職種間の調整を担っている。具体的には、ケースカンファレンスを開催すべく参加を呼びかけ、スムーズな進行運営を心がける。ケースカンファレンスは職種間協働の一形態であり、チームアプローチにおいて情報・認識の共有や意志決定にとって不可欠である。

また、ケースカンファレンスのような公式な場面での連絡調整の他に、他職種との日常的なコミュニケーションを通して連携を図ることもできる。施設において利用者の身体的あるいは精神的状況、生活場面における困りごとや課題を現場で把握できるのは、直接ケアに関わっている職員であるから、ソーシャルワーカーは利用者とのコミュニケーションを図ると共に、職員とのコミュニケーションを積極的に図りながら情報を収集する。そして、それぞれの職員がそれぞれの支援の場面で気づいた課題から、利用者の生活全体を視野に入れてチームとして取り組むべき課題を抽出していく。

事前学習においては、ケースカンファレンスの事例をいくつか読み、チームワークを強化するためにソーシャルワーカーがどのような役割を果たしているかをまとめておくことで学びを深めることができる。

また、施設内でのカンファレンスはどのような目的で、どのような職種が参加して、どのくらいの頻度で開催されているかを事前に知っておくことも必要である。

③家族との連携

離れて生活していても、家族は利用者にとってはかけがえのない存在である。家族も利用者が施設サービスを受けながら安心して快適な生活を送って欲しいと望んでいる。ソーシャルワーカーは利用者と家族の関係に焦点を合わせて、双方の意見をもとに方針をたて、支援を行っていく。そのためには利用者の希望や意見のみならず、家族とのかかわりを通して家族のニーズを把握することが必要である。家族へのかかわりは、手紙など通信を通して利用者の様子を伝えるほか、行事への参加を促したり、利用者との面会の機会を設けるなどの手段を通して実践される。ソーシャルワーカーはこうした場面で、家族とのコミュニケーションを図りながら、家族の思いを聞きとることになる。

加えて、家族のニーズを十分に把握し、利用者との関係作りを進めていくために、場合によっては家族を交えてのケースカンファレンスを行う場合もある。事前学習においては、実習先の機関・施設が家族との連携を進めるためにどのような方法を活用しているかを調べておくことが必要である。

④他機関との連携

施設における援助方法として、施設外の他機関との調整があげられる。たとえば児童養護施設の場合、入所は児童相談所による行政措置であるため、児童の入退所に関しては児童相談所との連携が不可欠である。また、教育機関との調整や退所後の地域諸資源との関係調整を行う場合もある。事前学習では実習先期間や施設がどのような機関とどのように連携を図っているのかを調べておくことが必要である。

⑤地域との連携

1990年代以降の社会福祉基礎構造改革に伴い、社会福祉サービスの在り方は措置から契約へ、施設から地域への転換を図っていくこととなった。福祉施設においてもユニットケアやグループホームなど、生活単位の小規模化が進められるとともに、施設の機能は入所利用者へのサービス提供のみならず、地域社会へのサービス提供も担うことになり、地域社会との関係構築も社会福祉士の重要な取り組むべき課題の一つとなっている。ソーシャルワーカーは、ボランティアなどの地域の人々の力を活用しつつ、様々なプログラムを通じて支えあいや交流関係を展開させる基盤を形成する。こうして、地域における利用者の生活の質を向上させるとともに、地域と施設との懸け橋としての役割も果たしている。ボランティアの受け入れや地域行事への参加、施設の設備の開放や施設の行事への住民の参加などがどのように行われているのかを理解しておくことが必要である。

実習の成否の多くは、こうした事前学習の内容にかかっているといっても過言ではない。例年、実習を終えた学生からは「もっと事前にいろいろと学んでおくべきだった」

という声が聞かれる。実習先機関・施設について事前に十分に時間をかけて学習をすることが重要であり、そのためには関連する講義を計画的に履修し、系統立てた理解をしておくことが望ましい。また、ボランティア活動などを通じて、現場体験を積んでおくことも重要である。実習を希望する領域にこだわらず、さまざまな社会福祉実践の現場に赴き、現場の空気に触れることが求められる。

参考文献

1．一般社団法人日本社会福祉士養成校協会実習教育委員会『相談援助実習・実習指導ガイドラインおよび評価表』2013
2．早坂聡久・増田公香編『相談援助実習・相談援助実習指導第二版－ソーシャルワーク現場実習・ソーシャルワーク現場実習指導』2014、弘文堂
3．関西福祉科学大学社会福祉実習教育モデル研究会編『相談援助実習ハンドブック』2014、ミネルヴァ書房
4．長谷川匡俊・上野谷加代子・白澤政和・中谷陽明編『社会福祉士相談援助実習　第2版』2014、中央法規出版
5．一般社団法人日本社会福祉士養成校協会実習教育委員会編『相談援助実習指導・現場実習教員テキスト』2009、中央法規出版
6．和栗百恵『「ふりかえり」と学習－大学教育におけるふりかえり支援のために－』2010、国立教育政策研究所紀要第139集

第5章

相談援助実習配属実習

第1節　配属実習の目的

1．配属実習とは

　社会福祉士養成教育の実習として位置付けられている相談援助実習（以下、本実習）は、学生が実習生として社会福祉の現場で指導を受ける現場実習であり、実際の社会福祉現場の専門部署等に配属される配属実習である。これまで学生が体験してきた短期間の見学実習、あるいは様々な場所でのボランティア活動とは大きく異なる。

　社会福祉士養成校で学んだ知識や技術、価値や倫理等、いわゆる机上の学びを習得したうえで実習生として配属される実習先では、実習指導者をはじめとする関係職員による指導を通して、実習生自身が主体的な関わりや学び、考察により実践的にソーシャルワークを学んでいく。そして、実習先と養成校との連携により、社会福祉士の専門的援助の実際を実習生に開示し体験させ、継承していく。こうして実習生は、養成校で学んできたソーシャルワークを、社会福祉の実践現場で確認し、試行し、経験することにより、社会福祉士としての実践力を獲得するのである。社会福祉専門職としての先輩である社会福祉士をはじめとする関係職員の対応も、見学実習やボランティア活動の学生への接し方とは自ずと異なる。実習内容も話やレクチャーを聞いたり、施設や機関を見学することにとどまらず、利用者の方々への直接の関わりと実際の支援等に携わることとなる。もちろん、実習生は実習先の職員ではないが、実習中は組織の一員として様々な相談援助や支援場面に関与することとなり、見学実習やボランティアでは同席することができない現場でのカンファレンスや、通常、学生としては閲覧が不可能な利用者に対する重要な記録等に触れる機会も多い。そのために、本実習に取り組む前に、配属実習の意味と内容を正しく認識しておかなければならない。また、日常生活において社会福祉現場の専門職から相談援助の指導を受ける機会が多いわけではない学生にとって、配属実習という貴重な機会に対して真剣な取り組みが求められている。

　さて、実習は、実習生、実習指導者、実習指導教員、そして利用者の4者関係で成立する現場で、法律で定められた一定期間（180時間以上）の実習指導が展開される。まず、主人公である実習生は本実習に対する履修要件が整うと、おおむね本実習開始前年度より配属実習に向けての実習指導を受けることとなる。大学や養成校等において、実習指導教員から事前学習をはじめとする実習教育を受ける。本実習開始前には、各実習受け入れ先でのオリエンテーションが行われ、具体的な実習内容（例えば、実習先からの実習プログラムの提示や実習開始までの課題提供等）についての指導も加わる。実習中は毎日、実習指導者や関係職員から指導を受けるとともに、巡回指導や帰校日指導等、大学や養成校等からの指導も続けられる。実習終了後、大学や養成校等に戻った実習生は、

実習の振返りや実習報告会実施、実習報告集作成等の事後指導を受け、実習指導者と実習指導教員の評価により本実習を終えるのである。

このように学生は、実習指導教員から大学や養成校内で実習指導を受け、実習先では実習指導者からの指導を受けながら実習を進めていくという二重の指導体制のもとに置かれている。実践的にソーシャルワークを学ぶ配属実習は、「相談援助実習」と明記されるように相談援助の専門職としての社会福祉士養成教育には不可欠なものである。さらに、相談援助実習としての専門性を高めるため、前述の二重の指導体制が強化された。新たに付された資格要件を満たす実習指導教員と実習指導者から、社会福祉専門職を目指す実習生がどのように福祉の専門性を積極的に学んでいくかによっても、実習の成果が左右されるであろう。配属実習では、将来の社会福祉士として、利用者の最善の利益のために実践力（できる力）を身につけることが最大の目的であると示されている。相談援助の実際を福祉現場で感じ、学びとることにより、これからの社会福祉士としての自分自身を客観的にみつめることも求められている。社会福祉専門職を目指す人々にとって、社会福祉士の資格取得は目標の1つであり、実習をそのための受験対応として取り組んでいる実習生がいるかもしれない。しかし、国家試験合格がゴールではなく、スタートラインであるという認識が必要であろう。

実習生が実践の場に身を置き、多くのことを体感し、経験を積みながら、現場に学ぶという貴重な実習時間のなかで、戸惑い、悩み、理解し、喜び、感動し、考えるという、実習生自身の学びが成果として表れるよう、配属実習の意味をしっかりと確認しておこう。

２．社会福祉専門職の後継者である実習生

社会福祉士の実習については、介護福祉士や看護師、作業療法士や理学療法士等に比べ、実習期間が短いという指摘もある。実習期間の延長も討議されたが、新カリキュラムにおいても実習期間は従来通りの日数と時間数となっている。短期間といえども前述の実習期間を質の高い実習として完結させるためには、自分自身の社会福祉専門職としての将来像を描くことも重要である。変化する現代社会のなかで、今後の社会福祉士に求められる役割として、『相談援助実習指導・現場実習教員テキスト　第2版』[1]（p.5〜）で以下のように示されている。

①福祉課題を抱えた者からの相談に応じ、必要に応じてサービス利用を支援するなど、その解決を自ら支援する役割

②利用者がその有する能力に応じて、尊厳を持った自立生活を営むことができるよう、関係する様々な専門職や事業者、ボランティア等との連携を図り、自ら解決するこ

とのできない課題については当該担当者への橋渡しを行い、総合的かつ包括的に援助していく役割
③地域の福祉課題の把握や社会資源の調整・開発、ネットワークの形成を図るなど、地域福祉の増進に働きかける役割

等を適切に果たしていくことが求められている。

　様々な施設や機関で本実習に取り組む学生にとって、現場で上記の役割を意識しながら活躍している実習指導者の姿は、求められる社会福祉士の実像の1つとして映る。実習先の指導者や職員に、あるいは、養成校での実習指導教員に自分自身の将来像を重ね、求められる社会福祉士像を見出そうとするかもしれない。将来の社会福祉専門職を目指す実習生は、我々の後継者であり、社会福祉士やその他多くの社会福祉専門職と身近に関わりながらの配属実習は、社会福祉専門職を目指す実習生にとって魅力的であり、新たな学びの1つとなるであろう。これまで養成校で学んだ「知る・理解する」という段階から、配属実習では「実際に行動する・できる」ことが求められる。知っている知識を並べ続けても、それを行動に移すことができなければ学びとは認められない場合も多い。さらに、知識や技術を学ぶだけにとどまらず、知っているからこそできるというステップアップも大切である。そのためには、現場でつまずいたこと、反省したことを実習指導者や実習指導教員に詳しく説明し、相談し、指導を受け、どうすれば適切であるのかを学んでいくのも本実習である。こうした作業を何度も繰り返してこそ、実習生は将来の社会福祉専門職へ一歩一歩近づいていけるのである。

3．生活の場、相談援助実践の場である配属実習先

　実習先として配属される社会福祉の現場は、利用者の生活の場であり、相談援助の実践の場であることは言うまでもない。実習指導者はもとより、様々な職員から、利用者の最善の利益とは何か、それを見出すための実践とはどのような対応なのかを、実習生の立場から学びとる必要がある。当然、職員ではない実習生にとって、利用者や相談業務への関わり方は現場の専門職とは異なる。そのため、十分に利用者と関わることができないことを悩むかもしれない。できないことが多すぎて消極的になるかもしれない。あるいは、職員の対応に疑問を抱く場面に遭遇するかもしれない。

　しかし、こうした事態は、現場ならではの学びを深める好機として捉えるべきである。実際に起きている社会福祉現場での様々な場面において、実習生としての積極的な学びの姿勢で臨めば、体が動かず表現できないこと、理解できないこと、疑問等全てが配属実習の学びとなってくる。そのために、実習は、単にレクチャーを聞いたり、実習先を見学するという内容ではなく、可能な限り実際の相談援助の場面に携わることができる

配属実習という形態となっているのである。

　前述のように、職員と同じような対応ができないのが実習生である。できないこと、わからないこと等、実践を通して学ぶために社会福祉の現場で配属実習に取り組むのである。そのときに、「私が配属されているこの実習先は、利用者の方々の生活の拠点であり、それぞれのお宅にお邪魔しているのと同じなのだ。」としっかりと理解していれば、実習生としての真摯な態度で利用者の方々、職員の方々と接することができるはずである。利用者の方々の日々の生活の場に実習生を受け入れていただくということは、利用者の方々にとっての日常生活に変化を与えることであり、実習を引き受けた現場にとっては新しい刺激とともに、大きな負担を抱えることにもなっている。では、どうして実習生を実践の場で指導して下さるのだろうか。それは、前述したように社会福祉の専門職として優れた後継者を育てるという社会福祉現場の使命のもと、配属実習が実現しているからである。そのためには、人の命に関わる実習であることを十分に認識することを前提に、小さな失敗を恐れず、実習指導者からの指示を常に待っているような受身の姿勢であってはならない。実習生から現場の関係者に対して、常に積極的に指導を仰ぐ必要があり、あらゆる場面で実習生自身が熟考し、創意工夫を試みながら、配属された現場で実習に取り組むのである。

　しかし、配属された実習先が、その専門分野を代表する現場であるとは限らない。たくさんの現場の中のたった1か所（あるいは2か所）の現場に配属されているのであり、その現場での理解を深めていくなかで、実践的に様々なことを学んでいくのである。実習生として利用者の方々の生きる場に参加させていただく配属実習は、希少な機会であるため、この実習期間を大いに活用し、利用者の方々とともに生きること、生活することを共有していかなければならない。そこから、将来の社会福祉専門職としての自分をみつめてほしい。

4．新カリキュラムが定着しつつある配属実習

　2007（平成19）年12月に社会福祉士及び介護福祉士法改正法が成立してから、10年を目の前にして、実習への取り組みもようやく安定してきたのではないだろうか。旧カリキュラムでの社会福祉援助技術現場実習から、新カリキュラムでの相談援助実習への移行期には、養成校、実習先ともに大小さまざまな混乱をきたしていたことは否めない。きわめて日常的な相談や援助に対して、専門職としての適切な相談援助を習得するため、旧カリキュラムに比べ専門性の高いものになってきたといえよう。そうしたなか、養成校の教育・指導内容や、実習先の受け入れ態勢・指導内容も、より実践力の高い社会福祉士養成を趣旨として大きく変わった。

さらに、実習と演習教育の充実に向けた新カリキュラムも定着しつつある。たとえば、本実習と同様、指導教員に要件が付された相談援助演習は、実習指導と同時進行で行われ、「地域を基盤とした相談援助演習」、「実践モデルやアプローチに関する相談援助演習」、「社会問題を基盤とした相談援助演習」、「対象者別にみた相談援助演習」と構成されているように、演習で学んだ内容全てが、現場でどのように行われ、どんな役割を果たしているのか等、経験、体験を通じて学ぶ必要がある。現場でしか学べないものばかりと言っても過言ではないだろう。

　実習先は、様々な職員が専門的援助の実際を実習生に対して開示し継承させていく必要がある。そうした指導は、相談援助演習の学びが現実となる瞬間であり、これからの福祉専門職としての素養が培われていくのである。

図表5－1－1　講義科目と実習の関係

講義・・・ソーシャルワークの価値・技術・知識の理論学習（学科教習）
↓
演習・・・価値を身につけ技術・知識を使いこなすための模擬的トレーニング（教習所内実技 ↓　　　　教習）
実習・・・学んだ理論・技術が現場でどのように用いられているのか、価値がどう具現化されているのかを確認するとともに、現場で使えるよう実践的なトレーニング（路上教習）

出典：社団法人日本社会福祉士養成校協会編『相談援助実習指導・現場実習教員テキスト』中央法規出版、2009年、p.149

　しかしながら、実習においても福祉サービスと同様、危機管理に関する視点も重要である。4者関係の強化により、より専門的なソーシャルワークの実習となった実習が、適切に安全に定着するためには、さらなるリスクへの認識を4者が強化していく必要がある。『相談援助実習指導・現場実習教員テキスト第2版』では、養成校のリスク、実習生に起こるリスク、利用者に起こるリスク、実習受け入れ施設・機関等に起こるリスクについて次のように説明されている[2]。

　まず、養成校が本実習に関して考える必要のあるリスクとして、学生に対する指導内容を含め資格付与に必要な条件の整備ができない、実習生の安全管理や情報保護、費用管理などが保たれていない状況を挙げている。実習生が実習上で出会うリスクは、職員が業務上遭う事故やそれに近いリスクに重なる部分が少なからずあるとしている。実習先が利用者の生活の場であり、必要な援助を得る場であることから、利用者に起こるリスクについては、実習生へのかかわりは利用者が同意した範囲で、利用者が不利益を被らないという前提を確保する必要があると強調する。最後に、実習先が実習に際して負うリスクとして、実習に関する組織内の体制が整わないことから、利用者に対して不利

益な状況になるということが第一に避けなければならないこととしている。このように、実習生の学びを高めるための現場での配属実習においては、専門性を追及すれば個人情報や心身へのかかわりが深まる可能性も高い。上記のリスクはほんの一例であるため、リスクマネジメントの強化も本実習の課題として認識し、4者の良好な関係性を構築しなければならない。

　以上、配属実習の目的を達成するために、ソーシャルワーク実習の理解を深め、事前学習から始まり、実習中の学び、実習後の振り返り等、全ての場面で実習生としての積極的かつ真摯な学びの態度で臨むことを強調する。そして、配属実習を終えた実習生が、様々な面で成長して養成校に戻ってくるのを目の当たりにしたとき、配属実習の目的をあらためて認識させられるのは、実習生だけではなく、実習指導教員であり、実習指導者でもある。ここにも配属実習の効用が証明されているともいえる。

第2節　実習記録

　社会福祉の実践現場では、多種多様な記録が作成・保管・活用されている。例を挙げれば、①フェースシート、②ケース記録、③アセスメントシート、④個別支援計画、⑤業務日誌、⑥事業報告書などがあり、それぞれに異なる目的があり、目的に沿った記述がなされる。

　また、社会福祉の実践現場において、記録は記録者自身だけのものではなく、施設・機関における、さらに言えば社会的な共有物である。記録には、書き手と読み手がいる。記録はただ単に書けばよいというものではなく、読まれて活用されてこそ意味を持つ。読み手のいない記録は、それが大切な記録であっても、作成されなくなる、あるいは形骸化してしまう恐れがある。

　共有物である記録は、ルールに従って作成される必要がある。記録に求められている内容を、書式に沿って、適切な分量で、定められた様式を用い記録することが求められる。ケース記録に用いられる様式には、叙述体、要約体、説明体があることが知られている。岡村（1997）によれば、叙述体は主要な事実または事件を物語り風に書いていく様式、要約体は資料を圧縮し概括する様式、説明体はケース資料に対するワーカーの考えを示すための記述である。社会福祉の実践現場では、記録の目的に合わせてこれらの様式の選択がなされている。それらを理解し記述していくことが大切である。

　記録を書くときの基本は、①丁寧に見やすく書く、②決められた分量を守る、③ポイントを整理し段落を分ける、④主語、述語を明確にする、⑤一文を必要以上に長くしないなどがある。

1．実習に行く前に作成する記録
（1）個人票について（図表5－2－1　相談援助実習個人票）

　個人票は、文書で実習先に自己紹介を行うシートである。生年月日や性別、年齢、住所など自らの基本属性を記述する。また、これまでに取得した資格や特技、大学で履修した科目、ボランティア経験などを記述し、自らが社会福祉の実践現場で実習を行うのに適した人物であることを明らかにする書類となる。だが、必要な科目履修ができていないあるいは施設見学やボランティア経験等がなければ、そこに何も記述することが出来ず、実習受け入れ先の職員が実習生に対し実習を受け入れてよいものかどうかと不安をいだくことになるかも知れない。

　また、実習に臨む動機や自己PRは実習に向けた自らの意気込みを示すものとなる。丁寧に、自己を振り返りながら記述されたい。

（2）実習計画書（図表5－2－2　実習計画書）

　実習計画書に何を記述するかは、これから行われる実習の学びの質を左右することになる。実習計画書の内容は、計画作成者の関心や学びたい事柄、理解の程度によってそれぞれに異なりを見せる。実習指導者は、教員の指導のもと学生が作成した実習計画書をもとに学生と面談を行い、どのような実習を行うかを決定していく。実習先では、学生1人ひとりに合わせた個別の実習プログラムが作成されるため、仮に同じ施設で、同じ期間、同一の指導者のもとで実習を行っても、どのような実習計画を立てたかによって実習内容は異なる。短い実習期間において何に焦点をあて学んでいくのかということである。

　実習目標には、総合的な目標が記述される。ソーシャルワークのマクロ、メゾ、ミクロの視点から、ソーシャルワークの価値・倫理、ソーシャルワーク実習先機関・施設の理解、地域の理解、利用者の理解、援助方法の理解などに焦点を当て目標を記述していく。

　実習目標は総合的な目標であり、最終的にそこに到達できるよう、実習時期に合わせ、職場実習（概ね1～2週）の目標、職種実習（概ね3週）の目標、ソーシャルワーク実習（概ね4週以降）の目標を記述する。これらの到達目標は総合的な目標をより詳細にステップを踏んだ形で記述したものとなる。

　到達目標の書き方であるが、目標には「～理解する」「～把握する」「～知る」「～学ぶ」などの表現がおおむね用いられる。具体的な行動には「～を閲覧する」「～を観察する」「～と打ち合わせる」「～を行う」「～と面談する」「～の情報を収集する」「～を整理する」「～を計画する」「～を記録する」「～を作成する」などの表現が主に用いられる。具体的な行動は「～頑張る」や「～積極的に行う」など抽象的な表現にならないようにしたい。

２．実習中に作成する記録

（１）実習出席簿

　実習先で実習が確実に行われたことを証明する大切な書類である。実習出席簿において、実習要件を満たすかどうかが確認される。そのため、実習日、実習時間など実習日ごとに正しく記述し、実習を終えてからまとめて記述することが無いよう、まして失うことの無いよう注意されたい。実習出席簿は、毎日記述し、実習指導者、実習機関、教員の承認を受ける必要がある。

（２）実習生スケジュール表

　実習期間中に行われる活動を日にち単位で記述していく。実習指導者から口頭で説明された内容も書き込み、実習期間中の活動の概略を一目で把握できるようにし、実習の全体像を把握できるようにするための書式である。

（３）実習日誌（表５－２－３　実習日誌）

１）配属部署

　その日、実習で自らが配属された部署を記述する。実習のほとんどは実習指導者の所属する部署で行われるが、職場や職種の理解のために機関の長や他職種に同伴し説明を受ける場面もある。実習した部署を記述しておこう。

２）「本日の目標」と「目標達成の具体的方法」

　本日の目標は、実習計画および実習プログラムと連動する。実習は、職場実習（概ね１～２週）、職種実習（概ね３週）、ソーシャルワーク実習（概ね４週以降）からなる。

　実習の前に自らがたてた目標を意識しながら、どのような目標がその時期においてふさわしいのか考え、実習プログラムとリンクするよう目標をたてる。実習の初期の頃であれば、職場実習と連動した目標として、実習機関の役割を理解することや実習先の地域の理解などがあげられるかもしれない。実習の中期になると、職種実習に連動した目標として、カンファレンスの役割やチームアプローチの理解などが目標とされるかも知れない。実習の終盤では、ソーシャルワーク実習に連動した目標として、利用者のニーズの理解や個別支援計画の立案などが目標とされることだろう。

　具体的な方法には「何を行うのか」示す必要がある。例えば利用者の理解が目標であれば具体的な方法は、利用者の名前を覚える、利用者の行動を観察する、利用者とコミュニケーションをとる、利用者の家族と面談を行う、利用者のアセスメントを行う、個別支援計画やこれまでの支援記録を閲覧するなどが考えられる。具体的方法は立てられた目標と連動する必要がある。

第5章：相談援助実習配属実習

図表5-2-1　相談援助実習個人票

大学　　　相談援助実習　個人票

実習施設（機関）名	
実習期間	年　月　日（　）～　　　年　月　日（　）

学籍番号	（　年度入学）	氏名	印	男・女	（3cm×4cm）写真（3ヶ月以内のもの）
生年月日	年　　月　　日 生				
現住所	〒　　　　　　　　　　　　　　　　TEL（　）－				
実習時の連絡先（帰省先）	〒　　　　　　　　　　　　　　　　TEL（　）－　　　携帯				
資格		趣味・特技			
施設見学実習・ボランティア等の経験	年　月				

第2節：実習記録

履修状況 履修済み・履修中 (　年　月現在)	☐社会福祉演習Ⅰ ☐社会福祉演習Ⅱ ☐福祉と人権 ☐ボランティア活動論 ☐発達心理学 ☐医療福祉論 ☐保健医療サービス ☐現代社会と福祉Ⅰ ☐現代社会と福祉Ⅱ ☐相談援助の基盤と専門職Ⅰ ☐相談援助の基盤と専門職Ⅱ ☐人体の構造と機能及び疾病 ☐心理学理論と心理的支援 ☐社会理論と社会システム	☐社会調査の基礎 ☐相談援助の理論と方法Ⅰ ☐相談援助の理論と方法Ⅱ ☐相談援助の理論と方法Ⅲ ☐相談援助の理論と方法Ⅳ ☐地域福祉の理論と方法Ⅰ ☐地域福祉の理論と方法Ⅱ ☐福祉行財政と福祉計画 ☐福祉サービスの組織と経営 ☐社会保障Ⅰ ☐社会保障Ⅱ ☐高齢者に対する支援と介護保険制度Ⅰ ☐高齢者に対する支援と介護保険制度Ⅱ ☐障害者に対する支援と障害者自立支援制度	☐児童や家庭に対する支援と児童・家庭福祉制度Ⅰ ☐児童や家庭に対する支援と児童・家庭福祉制度Ⅱ ☐低所得者に対する支援と生活保護制度 ☐就労支援サービス ☐権利擁護と成年後見制度 ☐更生保護制度 ☐相談援助演習Ⅰ ☐相談援助演習Ⅱ ☐相談援助演習Ⅲ ☐相談援助実習指導Ⅰ ☐相談援助実習指導Ⅱ ☐相談援助実習指導Ⅲ ☐相談援助実習
実習に臨む動機			
自己PR			
健康面等で特に配慮を希望する点			
実習指導教員名	印		

第5章：相談援助実習配属実習

図表5－2－2　実習計画書

大学　　　実習計画書　　作成日　　年　　月　　日

学籍番号		実習生氏名		施設・機関名	
実習目標					

	到達目標	目標を達成するための具体的行動
職場実習【概ね第一週～第二週】		
職種実習【概ね第三週】		
ソーシャルワーク実習【概ね第四週以降】		

実習指導教員名　　　　　　　　　　　印

3）「1日の流れ・利用者の様子」と「実習指導者と実習生の動き」

1日の実習が終われば、その日にどのようなことを行ったのか時系列で整理し、1日の流れとして実習日誌に記述する。仮に10時から11時まで指導者が利用者と面接を行った様子を観察したのであれば、利用者との面接に同伴と記述しその様子を簡単に付け加えておく。また、実習指導者と実習生の動きの欄には、面接のねらいや意図も書き留めておくとよい。施設などで、利用者と1日行動を共にしたのであれば、1日の日課を記述する場合もある。日課の中で実習生としてどのように動いたのかを記述しておくとよい。いずれにせよ、実習を終えた後にでも、実習の内容を指導者、教員と振り返ることができるよう記述することが重要である。

4）本日の実習に対する考察

まず、本日の目標達成度を実習生が自ら5段階で評価し、そのように評価した理由を簡潔に記述する。

その後、まとめと考察において、目標に関連したインシデント（出来事）や状況を取り上げ、振り返りを行う。インシデントや状況については、読み手がその場面を頭の中で再構成できるように具体的に記述していく。また、その状況がなぜ生じたのか、自らはそこにどのように関わり、結果どのような変化が生まれたのか（あるいは変化が生まれなかったのか）、そのことを自らはどのように評価するのかを記述する。

実習における学生のまとめと考察の中に、時に「自立させる」「食べさせてあげる」などの表現が見られるが、自立は誰かに「させられる」ものだろうか、人生の先輩である高齢者に「あげる」という表現は適切であろうか。日本では、言葉には魂がこもるとも言われている。社会的に弱い立場にいる人の権利を擁護する立場にあるものとして、表現には最大限の注意を払う必要があるだろう。

5）考察によって導き出された課題

その日の実習に対する評価や考察の結果をもとに、今後の実習に向けた課題を設定する。実習を行うことによって、社会福祉士としての倫理、自己理解を深める大切さや、知識習得の重要性、援助技術の獲得の必要性など、あらためて課題を認識することだろう。

6）担当者のスーパービジョン

実習日誌は基本的に実習当日に書き上げその日のうちに実習指導者に提出する。実習指導者は実習生へのコメントを書き入れ、実習当日あるいは翌日の朝に実習生へ実習日誌を返却する。学生はコメントを読みその内容を次の実習に活かすようにする。

実習日誌は、自らが実習を振り返るとともに、実習指導者や教員から面談によるスーパーバイズをうける際の資料となる。実習による学びを深めるために、実習日誌は欠かせないものである。

図表5－2－3　実習日誌

大学　実習日誌

学籍番号　　　　　　　実習生氏名

	年　　月　　日（　曜日）　　実習　　日目		
配属部署			
	本日の目標		目標達成の具体的方法
時間	1日の流れ・利用者の様子		実習指導者と実習生の動き

本日の実習に対する考察
1．本日の目標達成度　　　　　　・本日の目標の達成状況　　5－4－3－2－1
2．まとめと考察
考察によって導き出された課題
担当者のスーパービジョン

実習指導担当者名　　　　　　　　　印

教員確認日　　年　　月　　日　　実習指導教員名　　　　　　　　印

第5章：相談援助実習配属実習

図表5-2-4　実習を終えて・実習報告書

　　　大学　実習を終えて

学籍番号		実習生氏名		施設・機関名	

実習目標に対する到達度

実習での学び・成果

今後の課題

実習指導者からのコメント

実習指導者名　　　　　　　　　㊞

図表５－２－５　養成校への実習報告書

大学　　実習報告書

年　　月　　日

学籍番号：	実習生氏名：

施設・機関名：

○実習目標（箇条書き）

○実習目標に沿った学びについて
　（特に評価してほしい内容など）

○実習生としての意見
　（実習先で感じた疑問　実習に対する要望など）

○後輩にアドバイスしたい点
　（事前に何を学んでおくべきか、チェックしておくポイントなど）

＊教員へ提出すること。　　　実習指導教員名：＿＿＿＿＿＿＿＿　㊞

（4）実習巡回指導・帰校日指導

　実習巡回指導・帰校日指導は、おおむね1週間に1回行われる。帰校日指導には、個別指導、集団指導、個別指導と集団指導を組み合わせた形など様々な形態がある。また、巡回指導のみで帰校日指導を行わない場合もある。

　学生は、帰校日に合わせ報告書を作成し教員に提出する。日々の日誌を見ながら1週間の実習を振り返り学んだことを整理し記述していく。帰校日報告書は1週間の学びが凝縮された内容となる。そして、これらを材料に教員からスーパーバイズを受ける。同じ時期に様々な機関・施設で実習する学生が集まり帰校日に集団指導が行われる場合には、帰校日報告書を学生同士で読み合い、それぞれの実習でどのようなことを経験し学んでいるのかを共有し意見を交換することで、ピュアスーパーバイズの場となる。また、教員は学生の気づきと学びをもとにグループスーパーバイズを行う。

3．実習後に作成する記録
（1）実習を終えて（図表5−2−4）

　すべての実習期間を振り返り、実習目標に対する到達度、実習での学び・成長、今後の課題について記述する。最初に立てた目標に対しどこまで到達することができたのか（あるいはできなかったのか）、それはどのようなことが影響したのかを分析的な視点で記述していく。実習での学び・成果では、実習を通して自分自身が何を得たのか、実習直後の率直な思いを記述する。今後の課題については、自らが実践者として活躍して行くうえで、さらに学ばなければならないことは何かを記述する。そして最後に、実習指導者から実習を振り返っての総括的なコメントを受ける。

（2）養成校への実習報告書（図表5−2−5）

　実習後に養成校のみに提出するものであり、学生の実習に対する率直な意見や要望を聞いている。これらを参考に、養成校が実習の内容を見直し次年度以降の実習に役立てるためのものである。

第3節　個別支援計画立案

1．個別支援計画とは

　相談援助実習では、4週間の実習が①職場実習（概ね1週間）、②職種実習（概ね1週間）、③ソーシャルワーク実習（概ね2週間）の3段階にて構成されている。③ソーシャルワーク実習では、「アセスメント」「プランニング」などといったソーシャルワークの

プロセスを学ぶ。その手段の一つとして位置付けられているのが、個別支援計画の立案である。実習生は個別支援計画の立案を通して、ソーシャルワーク実践を体験的に学ぶ機会となる。

相談援助実習における個別支援計画とは、その実習施設において対象の利用者に対しどのような支援を行うかを具体的に計画するものである。個別支援計画の立案に向けて、事前学習として模擬事例を読み、模擬事例のアセスメント、プランニングを練習しておくことが望ましい。また、利用者の特性、地域特性などについて事前に把握しておくと、より多面的な理解に繋がるだろう。

２．個別支援計画立案のプロセス

個別支援計画立案のプロセスは、ソーシャルワークのプロセスと同様に、①インテーク、②アセスメント、③プランニング、④インターベンション（介入）、⑤モニタリング、⑥エバリュエーション、⑦終結という流れになる（図表５－３－１）。個別支援計画を立案するには、まず対象の利用者を決定し、利用者に計画立案の同意を得ることから始まる。対象の利用者の決定は、実習生自らが利用者を選ぶ場合、もしくはスーパーバイザーが対象者を決定する場合もある。プロセスの詳細については次のようになっている。

（１）インテーク

インテークの目的は、利用者の「主訴」を聞きとることにある。実習では、模擬的にインテーク面接を面接室にて実施することができる場合もあるが、実習生の多くは生活場面面接による利用者とのコミュニケーションからはじまる。インテークでは特に、対象の利用者と十分なラポールの形成が出来ているかが重要である。もし、ラポールの形成が不十分であれば、そこから取り組む必要がある。また、インテークでは利用者の「主訴」を聞き取るが、実習生自身の自己紹介、世間話などを挟めながら利用者を緊張させず、自然な流れでコミュニケーションが進むことが望ましいだろう。なお、実習生は、インテーク場面に限らないが、利用者に対し傾聴の姿勢に努めることが求められる。

（２）アセスメント

アセスメントでは、利用者の思い、希望を踏まえた上で、利用者の能力や置かれている環境、日常生活、社会生活全般の状況について情報収集し、整理を行う。情報収集の方法としては、利用者とのコミュニケーションや観察、職員への質問、施設における支援記録の閲覧などが挙げられる。他職種から情報を得るのも参考になるだろう。必要に応じて、ジェノグラム、エコマップを活用して情報を整理することも有効である。情報

収集の際に気をつけたいのは、利用者の「できないこと」「困っていること」だけに着目するのではなく、利用者の長所、強み、取り巻く環境における社会資源等にも着目して、情報を収集することである（図表5－3－2）。

ニーズについては、例えば「〜したい」という利用者の言葉をそのまま捉えるのではなく、利用者の言葉の背景について吟味し、これまでに収集した情報の整理の中から考察したい。また、ニーズや生活課題が、環境との相互作用の中でどのように生まれているかを把握することでソーシャルワークの学びが深まるだろう。

（3）プランニング

プランニングは、長期目標、短期目標を立て、目標を達成するための支援方法を具体的に検討していく段階である。長期目標は、概ね1年以上かけて達成したい目標とし、短期目標は、すぐに取り掛かれて概ね数か月で達成できそうな目標とする（図表5－3－3）。支援方法は、立案した実習生が見ても分かるように、「いつ」「どこで」「誰が」「何を」「どのように」行うか、具体的に書く必要がある。直接的な援助にあたるミクロの視点だけでなく、メゾ・マクロの視点の支援内容も検討したい。アセスメントの際に把握した社会資源を活用することや、必要であれば他職種との連携も支援方法に盛り込むのも良い。

プランニングまで終了したら、スーパーバイザーに実習生の個別支援計画について説明し、助言を求めたい。すでに実習先で立てられている支援計画と、実習生が立案した個別支援計画を比較することも、新たな気付きが生まれるだろう。

（4）インターベンション

インターベンションは、実際に立てた支援計画を実施する段階に相当する。立案した個別支援計画について利用者に了解を得て、取り組めそうな部分を実施することになる。しかし、すでに実習先で立てられている支援計画を実施していること等の理由で、実施できないこともある。もし、実習生が立案した支援計画を実施することができれば、実際の支援を実感できる機会となり、多くの学びが得られることになるだろう。

（5）モニタリング

モニタリングは、目標がどれぐらい達成できているかのチェックをする段階となる。例えば余暇活動において「外出回数を増やす」という支援目標であれば、「外出回数がどれぐらい増えているか」がモニタリングにおけるチェックポイントとなる。プランニングの段階で、どのようにモニタリングを行うか検討しておきたい。ただし、実習生自

身が立案した個別支援計画のモニタリングは、限られた実習日数の中では困難である。そのため、実習生はケースカンファレンス等に参加させて頂き、モニタリングがどのように行われているか学ぶ機会もあることが望ましいだろう。

(6) エバリュエーション

エバリュエーションは、今までの支援プロセスを振り返り、支援がどれぐらいの効果があったのか、支援計画全体を評価する段階である。実習ではモニタリングと同様に、限られた実習日数ではエバリュエーションまで実施することは困難であるが、これまでのケースはどのようにエバリュエーションを実施していたか、スーパーバイザーへの質問やケース記録の閲覧等から学びたい。

(7) 終結

終結は、利用者が何らかの理由によりサービスの利用を終了する場合である。例えば、サービスを使わなくても生活が可能となった場合、サービスを他のサービスに移行する場合、利用者の死亡によりサービスが終了した場合などである。

3．個別支援計画立案におけるポイント

個別支援計画は上記のようなプロセスにおいて立案し実施するが、その計画立案のポイントについて、以下に述べていく。

(1) 本人主体の計画作成

個別支援計画は、支援する側の都合を優先した計画ではなく、利用者の個別性を尊重した本人主体の計画作成を立案する必要がある。利用者は、当たり前であるが1人ひとり異なる個性を持っている。すでにある実習先の支援プログラムを組み合わせて提供することを考えるのではなく、利用者の思いや希望をふまえて、利用者本人が主体となるオーダーメイドの支援計画を立案してほしい。

(2) ICF（国際生活機能分類）

現在、支援計画の立案についてはICF（国際生活機能分類）の考え方が広く浸透しており、アセスメント項目の中にその考え方が反映されている。ICFでは、利用者がどれぐらい社会参加できているかを問う「参加」の項目や、背景因子である個人因子、環境因子といった項目がある。ソーシャルワークは人と環境の相互作用に働きかけるものであるから、例えば利用者がどれぐらい社会参加できているか、その利用者はどのような

意向や意思があるのか、利用者が暮らしている地域の社会資源などをアセスメントした上でプランニングしていくことが求められる。そのため、個別支援計画の立案において、ICFの考え方が大きな意味をもつのである。

（3）ストレングスとエンパワメント

個別支援計画を立案する場合は、ストレングスとエンパワメントの視点も重要である。ストレングスとは長所や強みといった意味があり、例えば利用者の長所、好きなこと、得意なことなどを指す。また、利用者に限らず、利用者を取り巻く環境もストレングスの視点でアセスメントしたい。例えば、「地域には支援に協力してくれる親戚の人がいる」、「利用者が住んでいる地域住民は障害に対して理解がある」といった点である。そのようなストレングスを活かして、ニーズや生活課題を解決する支援内容を立案できることが望ましい。そのような支援内容を実施できたならば、利用者の主体的に生きる力を引き出すエンパワメントが可能となるだろう。個別支援計画の立案にあたっては、このストレングスとエンパワメントの視点が欠かせないものとなる。

（4）ニーズの掘り起こし

インテークやアセスメントにおいて、利用者の「～したい」というニーズを聞き取ることがあるが、そのニーズは、利用者の生活経験に基づいて出てくる言葉である可能性も考えられる。利用者自身が経験していないことについては、ニーズとして出てきにくい可能性も考えたい。そのため、ニーズの掘り起こしとして、様々な生活経験、社会経験の場を提供し、ニーズを掘り起こしていく視点も支援の上では持っていたい。

以上が個別支援計画におけるポイントであるが、利用者本人が「取り組みたい」と思えるような計画立案であることが重要である。利用者の意欲を引き出すような支援計画となるよう様々な工夫を考えてみてほしい。

図表5-3-1　個別支援計画のプロセス

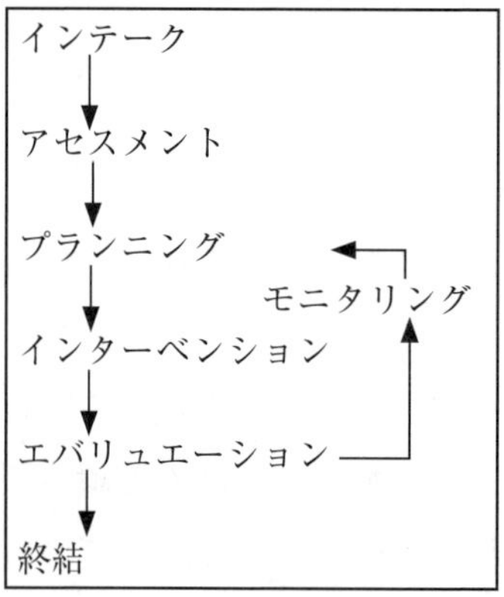

インテーク
↓
アセスメント
↓
プランニング
↓　　　←モニタリング
インターベンション
↓　　　↑
エバリュエーション
↓
終結

図表５－３－２　アセスメント項目の例

心身のレベル	内科、外科、精神科、その他
活動・行動のレベル	・ADL（着替え、洗面・歯磨き、食事・排泄、入浴・移動） ・IADL（掃除・整理、洗濯） ・日常生活のスキル（服薬、電話、金銭管理、外出・移動能力、意思疎通、対人関係、その他）
社会生活のレベル	家族関係、友人・知人、教育、地域・人との交流、仕事、貯金・収入、余暇活動、住環境・その他
本人の考え	気持ち・意向、意欲や自己決定能力、将来の希望、その他

出典：関西福祉大学社会福祉学部『平成28年度　社会福祉実習の手引』を基に筆者作成

図表５－３－３　プランニングの様式の例

	ニーズ	長期目標	短期目標	支援方法
1				
2				
3				

第4節　実習のスーパービジョン

1．実習のスーパービジョンとは

　実習のスーパービジョンは、社会福祉士（の卵）としての実習生が専門的な知識技術を学んで身につけられるよう教育し（教育的・発達的機能）、その成長が促されるよう実習生を支持すること（支持的・回復的機能）、そして利用者においては適切な支援が受けられるように実習生を管理すること（管理的・規範的機能）といえる。

　このとき、こうした実習のスーパービジョンを行う側をスーパーバイザー（実習担当教員、実習指導者など）、スーパービジョンを受ける側をスーパーバイジー（実習生、学生）という。そして、スーパーバイザーとスーパーバイジーとの間で結ばれるソーシャルワークの関係をスーパービジョン関係という。この関係には双方のラポール（信頼関係）が重要である。

　また、ここでは敢えて厳密に区別することはしないが、実習先が実施するスーパービジョンを実習スーパービジョン、実習担当教員が実施するスーパービジョンを実習指導スーパービジョンないしは実習教育スーパービジョンとして区別するとらえ方もある。

2．実習スーパービジョンの目的

　実習スーパービジョンには3つの機能が含まれていることを確認できる。①教育的・

発達的機能、②支持的・回復的機能、③管理的・規範的機能である。これらは一般的には、①教育的機能、②支持的機能、③管理的機能と圧縮して示されることが多い。また、これら機能を含むスーパービジョンが上手く実施されたかどうかを判断する④評価的機能を追加する場合もある。

　ここでは慣例にしたがって、①教育的機能、②支持的機能、③管理的機能と整理するが、この意味合いのなかに「発達」「回復」「規範」「評価」を織り交ぜてみると具体的なイメージが浮かびやすい。

　実際の実習スーパービジョンにあっては、その1つに、あるいは2つに、あるいは3つ4つ全部に焦点があてられて進められることもある。それはこれらの機能が各々完全に独立しているものとは言い難く、相互にまた交互に関連していることに由来する。

　なお、教育的機能、支持的機能、管理的機能という各々の目指す先が、実習スーパービジョンの目的ということができる。その目的は、短気的なものと長期的なものに分けられる（図表5-4-1）。

図表5-4-1　実習スーパービジョンの目的

実習スーパービジョンの機能	短期的目的	長期的目的
教育的機能 （発達的機能）	より効果的に実習が遂行できるよう実習生の能力を改善する	価値・知識・技術の総体としてのソーシャルワークの基盤を実習生が形成する
支持的機能 （回復的機能）	実習生が良い感情をもって実習ができるようにする	
管理的機能 （規範的機能）	実習を効果的に遂行できるよう実習生に実習の状況設定を提供する	

出典：筆者作成

3．実習スーパービジョンの機能

　実際の実習スーパービジョンでは単一あるいは複数の機能に焦点を当てて進められること、また、それらの機能は相互連関していることは先述したとおりである。そうした点を踏まえて、ここで3つの機能について確認してみる。

（1）教育的機能

　教育的機能は、実習生が実習担当教員や実習指導者から教わることであり、実習担当教員・実習指導者と実習生が共に学び合うことである。

　教わること、共に学び合うこと、成長することが実習スーパービジョンにおける教育的機能である。この場合、スーパービジョンに拠らずとも、教わり、共に学び合う相手

は広く、実習先でのその他の職員、利用者、ボランティア、地域住民なども考えられよう。
　また、スーパーバイザーとしての実習指導者が所属実習先の派遣実習先に対してその任を他のスタッフに託すこともあり得る。それが実習計画書に書かれた実習課題と密接に関係する場合は、実習生にとっては視野の広がるより大きな学びを期待できる場面でもある。
　その際、派遣実習先での取り組み方のコツが伝えられ（教育的機能）、励まし送り出され（支持的機能）、実習予定日時を告げられる（管理的機能）、というように見て取れる。
　このことから教育的機能が必ずしも独立した機能だとは言えないことが分かる。

（2）支持的機能

　支持的機能は、実習担当教員や実習指導者が、実習生が利用者を支援するなかで生じた戸惑い、不安や困りごと、ジレンマ、ストレスなどに対して励まし、労い、解決の糸口を見出し続けることである。
　実習生の利用者支援において生じる問題は利用者本人のみに起因する問題だけであるとは限らない。たとえば、利用者同士のいがみ合い、仲違いに気づき、関係が不和になっていると悩むことがあれば、それは支持的機能の出番ということができる。
　落ち込む実習生に投げかけられる実習担当教員や実習指導者の優しい慰めの言葉は、多くの実習生にとって明日への活力となり（支持的機能）、よきアドバイスともなり（教育的機能）、どのように自分をコントロールして実習に向き合うか考えさせてくれる（管理的機能）、というように見て取れる。
　このことから、支持的機能が独立した機能だとは必ずしも言えないのである。

（3）管理的機能

　管理的機能は、実習生が、実習先である機関・施設における組織としての理念・目的・方針に添った利用者への対応や他のスタッフとの協働ができていることを実習担当教員や実習指導者が確認することである。
　実習先には当該組織としてそれぞれの理念・目的・方針があるが、まずは実習指導における事前学習の場も活用してこのことへの理解が実習生には求められる。
　たとえば、2003（平成15）年5月に施行された「健康増進法」に基づき、同年8月から受動喫煙を防止する環境づくりを進めることを目的として、禁煙・完全分煙を実施している施設に対して認定を行う事業が進められている。これにより実習先が全面禁煙を実施している施設・機関である場合もあれば、完全分煙をしている施設・機関である場合もあることを知らなければならない。

実習生にとって健康への自覚をうながす機会が得られ（管理的機能）、実習担当教員や実習指導者からは「よく我慢したね」といった苦労への謝意（支持的機能）、そして、自分を含む実習先内外におけるすべての人たちの健康について考える機会となる（教育的機能）、というように見て取れる。

以上から、管理的機能が独立した機能だとは必ずしも言えないわけである。

4．実習スーパービジョンの形態

実習のスーパービジョンとひとくちに言っても、いろいろな形態がある。ここでは、以下のように分類することができることを提案したい。

（1）個別（個人）スーパービジョン

文字どおり1人のスーパーバイザーと1人のスーパーバイジーにより行われる1対1の個別（個人）スーパービジョンである。

この形態は、「見習い」としての実習生が「お手本（モデル）」となる実習担当教員や実習指導者から濃密かつ細やかな配慮を受けることができる。とくに実習指導者による個別スーパービジョンは実習担当教員によるそれよりも、現場におけるリアリティーをもった知識技術の伝授がなされやすい。また、巡回指導では実習担当教員が実習先を訪れる際、実習生の多くはホッと安心できるようである。

（2）グループ・スーパービジョン

1人のスーパーバイザーと数人のスーパーバイジーによるものがグループ・スーパービジョンである。

この形態は、事例研究や研修会といったカンファレンスの形で行われることが多い。実習指導者の舵取り如何によっては、実習生同士の相互理解や飾り気のない雰囲気で意見交換が行える場面機会ともなる。実習先には複数名の実習生が配属されることが間々あるし、実習期間の調整の絡みで他学の実習生が一定時期に一緒に混ざることもある。いずれにせよ、この形態では実習生同士の交流がみられることも少なくなく、一定の寄与を果たせる。

（3）ピア・スーパービジョン

ピアは同じ地位にある者、同僚、仲間という意味で、仲間同士で行うものがピア・スーパービジョンである。

これはグループでスーパーバイザー不在の形で自主的に行うものといってよいだろ

う。実習生が悩みを抱えたとき、実習担当教員や実習指導者に相談する一歩手前の段階で、実習記録の書き方など仲間に相談してみて対応するというのもこのピア・スーパービジョンに相当するといえる。しかしながら、内容にもよるが、最終的には実習生はスーパーバイザーに正確な内容について確認をとるのが賢明となろう。

(4) セルフ・スーパービジョン

　実習生であるスーパーバイジー自身でスーパービジョンを行うものがセルフ・スーパービジョンである。
　この形態のやり方は「自問自答」が主となるが、実習記録をつける際に、自分を褒める、自分を激励することも含まれよう。とくに実習先に自分一人だけが配属された場合、緊張感をもって集中して行うとよい。誰かが自分の代わりに実習をやってくれるわけではないのであるから、自分で自分を奮い立たせていくことが肝要である。

(5) ライブ・スーパービジョン

　実習指導者であるスーパーバイザーが実習生であるスーパーバイジーの担当・受持利用者の面接場面などに同席して行うものがライブ・スーパービジョンである。
　これは実際の現場に立ち会う形であるため、その場ですぐに具体的な指示や助言をもらうことが可能となる。また、実際の実習の様子を、録音または録画で記録しておき、あとでその音声や映像を使って指示・助言をしてもらうというのもライブ・スーパービジョンに含まれる。

(6) その他の実習スーパービジョン

　一人ではなく複数のスーパーバイザーが一人のスーパーバイジーに対して行うユニット・スーパービジョンがあるが、これ以外にもいくつかの形態がみられる。
　1つには、市販の事例集や過去の学内実習報告書、専門書、専門雑誌における誌上、ドキュメンタリーなどのVTRを用いたスーパービジョンがある。また、もう1つには、メール・LINE・FaceTime・Messengerなどのやりとりを用いたスーパービジョンなどである。
　仮ではあるが、前者については、実習の文献スーパービジョンと名付け、後者については情報スーパービジョンとでも名付けておきたい。いずれも、スーパーバイザーそしてスーパーバイジーのリテラシー（活用能力）に大きく依存するものであるが、新たな知見を踏まえた実習、情報通信技術を使った実習は意義が大きいと思われる。

5．実習生・実習担当教員・実習指導者の役割

実習生・実習担当教員・実習指導者にはそれぞれ割り当てられた役目、任務というものがある。その主なものをまとめると次のようになる（図表5－4－2）。

図表5－4－2　実習過程における主な役割

	配属実習前 （主に学内）	配属実習中 （主に実習先）	配属実習後 （主に学内）
実習生	実習計画書 実習先事前訪問	実習記録作成 技術体得・能力修得	実習報告会発表 実習報告書作成
実習担当教員	実習懇談会（説明会） 実習巡回事前連絡	実習巡回指導 帰校日対応	実習報告会支援 実習報告書編集
実習指導者	実習懇談会（説明会） 実習プログラム作成	実習プログラム実行 実習巡回面談対応	実習報告会参加 実習評価票作成提出

出典：筆者作成

（1）実習生の役割

学内で学習してきたソーシャルワークを、実際の現場で試すことを通じて、実践力を自分のものとして身につけていくことが実習生の大きな役割といえる。

実習前には実習先分野の理解、実習先の理解、実習先の利用者の特性把握、実習先で行われているソーシャルワークの性質について一定程度の理解が求められる。

実習中には日々の実習記録の作成を事欠かせない。それは実習記録がスーパービジョンの資料として重要だからである。実習記録が残されていくことによって、実習生のみならず、実習担当教員、実習指導者もそれを読むことで、どのような実習の学びをしているか確認できる。巡回指導時には実習生と実習担当教員の二者面談、実習生と実習担当教員と実習指導者の三者面談の双方が行われることが多い。

実習後は、実習指導において学びの振り返りや共有を図り、実習報告会に向けての準備、実習報告書の原稿執筆に取りかかることとなる。

（2）実習担当教員の役割

配属実習が開始される前に、一般に実習担当教員が所属する学内または別の場所において、実習懇談会もしくは何らかの方法を用いて実習担当教員は実習先の実習指導者と情報共有を図って調整している。

実習前は、実習生の事前訪問後のフォロー、また、これに先立つ実習計画書の作成支援を実習指導の一環として支援する。

実習中は、実習担当教員は週に1回巡回指導を行うことが法的に義務づけられている

が、これに拠りがたい場合は「帰校日」という対応となる。この帰校日においても、巡回指導と同じようなスーパービジョンを展開することとなる。

実習後は、実習報告会へ向けてのアフターフォロー、実習報告書用に執筆された原稿への添削コメントを通じてのスーパービジョンが主な役割となる。

(3) 実習指導者の役割

実習スーパービジョンとは何であるかを理解している実習先の実習指導者が、実習生や実習担当教員からのリクエストに応える形で、実習プログラムを用意し、実行に移し、評価していくという一連の過程が実習指導者の主な役割といえる。

実習前には実習契約を交わす。実習指導者は実習担当教員との役割分担や、実習生が実習に入る前までの学びの進捗状況などを確認し、実習プログラムを作成する。

実習中は、職場実習・職種実習・ソーシャルワーク実習の3段階に及ぶ実習プログラムを実施に移し、適宜巡回訪問にも対応する。

実習後は、実習評価票の作成・送付がメインの役割である。また、実習報告会への参加を案内されることも少なくなく、実習報告会でのコメンテーター役について依頼を受けることもある。実習生からのお礼状、実習報告書が後日送付されてくる。このプロセスは実習生にとってだけでなく、本当の意味での実習スーパービジョンの締め括りとなろう。

引用文献

1）社団法人日本社会福祉士養成校協会編『相談援助実習指導・現場実習教員テキスト 第2版』中央法規出版、2015、p. 5
2）同上、pp. 68～72

参考文献

1．兵庫県社会福祉士会監修『ソーシャルワーク実習　養成校と実習先との連携のために』久美株式会社、2011
2．社団法人日本社会福祉士養成校協会編『相談援助実習指導・現場実習教員テキスト 第2版』中央法規出版、2015
3．川廷宗之編『社会福祉士養成教育方法論』弘文堂、2008
4．加藤幸雄他編『相談援助実習　ソーシャルワークを学ぶ人のための実習テキスト』中央法規出版、2010
5．河畠修編『わたしたちの福祉実習レポート』旬報社、1999

6．長谷川匡俊・上野谷加代子・白澤政和・中谷陽明編『社会福祉士相談援助実習』、中央法規出版、2014
7．『平成 28 年度　社会福祉実習の手引』関西福祉大学社会福祉学部、2016
8．相澤譲治『スーパービジョンの方法』相川書房、2006
9．一般社団法人日本社会福祉教育学校連盟監修『ソーシャルワーク・スーパービジョン論』中央法規出版、2015
10．浅野正嗣編『ソーシャルワーク・スーパービジョン実践入門』みらい、2011
11．松本武子・木村嘉男訳、D.E. ペティース著『社会福祉のスーパービジョン』誠信書房、1976 年
12．山辺朗子『ジェネラリスト・ソーシャルワークにもとづく社会福祉のスーパービジョン』ミネルヴァ書房、2015
13．横井一之・吉弘淳一編『事例で学ぶスーパービジョン』建帛社、2015

第6章
相談援助実習事後指導

第6章：相談援助実習事後指導

第1節　実習評価

1．実習評価の意義

　実習生は、社会福祉士を目指そうと、自身の可能性を求めて実習に取り組む。その可能性は、実習目標に向けた努力成果にあらわれる。その実習生の可能性を検証し伸ばすためには、何が必要なのか。その中身を知り成長の証とするためには、どこを伸展させればいいのか。それらを、実習生は、鮮明に理解していく手段として、実習評価と向き合わなければならない。

　一般に、評価ときくと、他人から成績表をつけられるといったイメージが先行しやすい。そうすると他者から自分がどのように注意されたのか、何がだめなのかといった否定的な評価内容が気になり、不安感を持ちやすい。冷静に自己を、他者からの目線をふまえた、いわゆる客観視することができないままでいると、他者から評価を示されることに納得がいかないことも起こる。努力したにもかかわらず、その成果が他人である評価者に伝わっていない場合は、迷いや不安、混乱の原因となる。

　しかし、本来の評価は、実習生がどのように期待され、それに応じられる力を発揮できるのかどうかを第一に求められるものでなければならないだろう。つまり、評価の目的は、あくまでも社会福祉士としてふさわしい実習生自身の自己覚知を深める手段であり、実習生の成長に活用されなければならないということである。

　また、実習生は学習者として一定の評価を受ける立場ではあるが、実は、実習現場の実習指導者や社会福祉士養成校の実習担当教員などによる実習生への指導助言や、支持なども、評価の機会となっていることを心得ておかなければならない。実習生においては課題が山積していると思われるが、まず実習生が、自身の実態について、実習指導者や実習指導教員と認識し合うことから出発することが大切になろう。そして、それらの指導関係者の助言など、いわゆるスーパーバイズにしっかりと耳を傾けて、学びに活かす努力が必要になる。

　事前訪問や巡回指導、帰校指導などは、その絶好の機会となる。そういう機会を通じて、実習生は、指導と見守りを受けられたという実感の中で、安心感を得られる。そして、励ましに応えられる自分へと意識できる機会となり、その後の取組みに意欲が生まれやすい。指導助言を含めた適時の評価が、実習生の成長のきっかけになっていることを自覚したいものである。

　このような観点に立つと、実習中の日常性の中に、実習指導関係者からの評価が存在しているのであり、それらを把握した上で、実習生の評価に組み入れていく配慮が欠かせない。そして、実習指導者にとっては、実習生が、職員や利用者、地域関係者などと

かかわりながら、これらの人々から、どのように受けとめられ評価を受けているのか、ひとつの評価の側面として注視しておくことになる。

　実習生の認識力は、各人の置かれた人生経験や学習体験の違い、また、性格や個性、興味、関心によって、ばらつきや足りない面も推測できる。時には、実習目標が遅々として達成できないこともあるかも知れない。そのような場合に、必ず実習生の意志の弱さが露呈される。しかし、そういうときこそ、実習生である前に、まずは人間として、人々（利用者を含む）の福祉を、つまり、すべての人々のしあわせを願い実現する思いや社会的使命を、強く感じられているのか、そうでないのかを試されているときなのである。そうした価値観に寄り添い、腹を割った話し合いや交流の機会をつくるのも大切だろう。このような出会いと実習指導との関わり合いがあれば、実習生の思いや願いが鮮明化され、何を理解し、何を求めなければならないのかなど、指導助言を注ぎ込む好機が生まれていくだろう。

　さて、実習生は、社会福祉士養成に必要な実習プログラムに取組み、その結果、それらを修得すれば、社会福祉士になれる可能性があるのか、それとも困難な課題をかかえているのか、厳しく問われることになる。その問いに向き合うことによって、自身の能力や適性を分析し課題を発見することができる。社会福祉士になるためには、どこに自身の能力や適性に可能性があり、その特長を今後に伸ばしていくことができるのか。また、どこに不適切な問題をかかえ、その解決策を見つけ出すことができていないのか。こうした自己分析を通じた課題発見を提示してくれる実習評価に対して、真剣に向き合う覚悟が必要となる。

2．実習評価の枠組みと流れ

　最初にその概要を図解にしたので参考にしてほしい（図表6-1-1参照）。

　実習評価の種類には、自己評価と他者評価、相互評価などがあげられる。自己評価は実習生自身が行い、成長度と課題を点検するものである。他者評価には、実習指導者や実習指導教員により評価するものである。そして、書類にはあらわれにくいが、実習機関・施設従事者、関係機関、そして利用者や地域住民などによる評価がある。これらは、実習記録に記された様々な交流場面や支援に関する指導助言などの記述、そして実習生との面談、面接や、同行などを通じても、評価されていることが推測できる。

　また、相互評価は、評価者同士がお互いに一定の評価表に基づき確認し、交換し合う方法だが、同時に、実習生と実習指導者と実習指導教員が同席し、「三者協働」[1]で評価し合う中で、達成課題に向けた学習要素を話し合うことなどは、非常に効果的な機会となるだろう。また、グループワークに取り入れて、実習生同士で自己評価内容を発表

し合う方法なども評価の参考になるだろう。

図表6-1-1　実習評価の枠組みと流れ

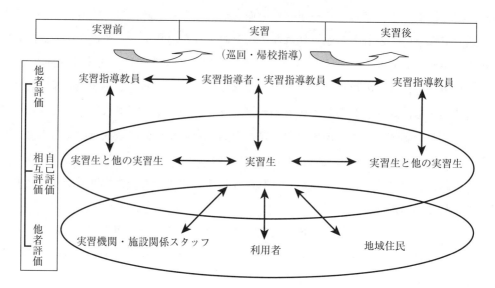

出典：筆者作成

3．実習評価の流れ

　では、その評価はいつ、どこで、誰が、どのような方法でするのか。実習評価には、実習前、中、後にわたり、多様で多面的な評価の機会がある。

　厚生労働省の通知[2]では、「実習後においては、その実習内容についての達成度を評価し、必要な個別指導を行うこと」としている。また「実習の評価基準を明確にし、評価に際しては実習先の実習指導担当者の評定はもとより、実習生本人の自己評価についても考慮して行うこと」としている。

　一般的には、評価は実習目標に対してどこまで達成できたのか、その質や量を見極めるために、実習の中間と最終を目安に実習生自身による自己評価と実習指導者からの指摘と指導によって、自身の能力や適性を正すことになる。

　そのことをふまえた上で、実習前の指導の段階で、まず実習生が、評価に対して関心をもつ機会をつくっておく配慮が必要となる。社会福祉士養成校においては、一定の自己評価シートを用いて、実習生が社会福祉士としてふさわしい能力や適性とは何かをつかみ取る手段として、その自己評価内容を理解させておく準備となる。また、自己診断シート（兵庫県社会福祉士会版（pp.254-255））などを活用することも、実習の準備姿勢や予測される知識、技能、倫理・価値などについて、学習意欲をつくるきっかけとなろう。

　そして、実習に入れば、実習生は、その自己評価と実習機関・施設による評価との合

致点や相違点が出た場合、それらの原因とは何かを、実習中や実習後の振り返り学習において探求し、課題を鮮明にしておくことが大切となる。

　実習指導者は、実習生に対して、そのプログラムを提供し、実習計画に示された実習目標に対して、どこまで実行できたのか、検証する立場となる。そして実習生の成長度を適時確認する指標として、社会福祉士に求められるレベルに沿った実習評価表で、実習生の能力や適性を評価する。

　この過程には、実習生がかかえた諸問題を共有化したスーパービジョンに留意することになる。実習プログラムとその指導が、どこまで実習生の社会福祉士にふさわしい知識と技能と倫理・価値を目覚めさせ響かせているのか。また、実習生にあらわれる期待感や不安、努力や悩みに対して、どのように支持、助言し、実習で学び取る意欲を喚起させていくかが課題となる。

　こうした検証作業を、実習記録に示された目標と達成課題に沿った日々の記録と共に、面接、同行支援などを通じて行う。しかし約1か月の制限された実習時間内で、これらの参考資料や機会のみで実習生の学びを検証することには限界も生じる。それだけに、十分にことばや書類にあらわれにくい要素をふくめて、実習生がどのような価値観と考え方で行動し、実習目標に近づけようとしたか、そのプロセスについて話し合う機会を少しでもつくっておくことが望ましい。また、実習プログラムが実習生の修得状況と適合できるように調整できたのかなど、確認し指導することになる。時には実習目標レベルの修正も必要となる。

　そうした実習過程を通じて、実習終了時において、実習指導者・実習施設・機関が評価をすることになる。評価表の評点と共に必ず、評価根拠を示すコメントを作成する。

　実習生は、実習期間を通じて、実習目標とそれへのアプローチができたのか否か、考察し、総括として、記録のまとめ作業と自己評価表のチェックを行う。そして、実習指導者に提示し、指導助言を受け、実習の成果と課題を共有する。これらの一連の作業を通じて、実習施設・機関における評価が行われる。

　ここでは、なぜこのような評価となったのか、その根拠を理解できるようにしておくことが大切となる。自身を過小評価してしまったり、また逆に、根拠を理解しないで過大評価することもあるかも知れない。改めて評価内容における達成課題をよく吟味し、それに対して自身は追求できたのか否か、それに対して実習指導者などからの評価とその理由や根拠はどうであったのか、自身を客観的な立場から見つめ直して、検討しておくことが肝要となる。

　そして実習終了後の事後指導では、実習生は、社会福祉士養成校の実習指導教員との面談や、学生同士の情報交換会などで振りかえる。その後、実習報告書づくりと実習報

告会などでの発表を通じて、自己評価を見直し、社会福祉士にふさわしい能力と適性を獲得できているのか、再度、現状認識を深化させることが大切となる。最終的に、社会福祉士養成校は、実習機関・施設による評価を参考にしながら、事前指導から、実習中の巡回や帰校指導、そして事後の実習指導で意見交換や面接、諸報告資料の内容などをふまえ、実習単位認定をすることになる（第2節、第3節参照）。

4．実習評価の実際

　実習生は、社会福祉士養成校での実習事前指導を受け、実習を準備し、実習機関・施設で実習評価を受けることになる。社会福祉士養成校協会は、厚生労働省が示した「ねらい」と「教育に含むべき事項」をもとに、「相談援助実習ガイドライン」と「相談援助実習評価表」を提示している。これらの評価内容は、実習生による自己評価内容と、実習機関・施設による他者評価内容を統一した上で、両者をつきあわせることによって、実習成果や問題点の確認、検証、そして実習事後指導などに効果を及ぼすだろう。

　社会福祉士養成校協会の「相談援助ガイドライン」が求めている内容は、主に、①基本的な人間関係の形成能力、②社会福祉士としての価値観・倫理観の確立、③社会資源の活用能力、④利用者などへの援助関係形成能力に分類できる。

①基本的な人間関係の形成能力

②社会福祉士としての価値観・倫理観の確立

　　①は相談援助を行う職業人として、人間関係づくりができる資質や適性であり、基本的態度と社会マナーが課題となる。そして②は、①の資質や適性が活かされ、③と④の能力開発を行うことによって、社会福祉士としての使命感を醸成させいくことが課題となる。

③社会資源の活用能力

　　これは、社会福祉機関・施設の社会的使命（地域貢献性）や目的に沿った組織運営能力と実務能力が課題となる。実習機関・施設の内外にわたる多職種連携（人材ネットワーク）を組み、社会資源（人材、設備、情報、制度、予算など）を活用できる方法を身につけていかなければならない。そして社会福祉サービス資源を提供し、地域社会に貢献する観点から取り組む課題となる。

④利用者などへの援助関係形成能力

　　これは、利用者への理解力（状態・状況観察）や、利用者と関係者への援助関係を、面接技能や権利擁護支援で行うことが課題となる。ソーシャルワークプロセスに基づき、ケースからグループ、そしてコミュニティ（地域の共同性）にはたらきかけながら、支援計画の立案（ニーズ発見、把握、アセスメント、プランニング、援助実践、モニ

第1節：実習評価

タリング、評価などの過程）と実践が求められる。これらは総じて③の社会資源の活用能力と共に、ソーシャルワークの技能を高めることが課題となる。

さて、以上の課題に対して、実習機関・施設では、どこまで達成したのかを評価するのであるが、それらの評価レベルとその根拠が問題になることがある。それは、いったい実習生に、どのような社会福祉士の資質を求めていくべきなのかということである。

そのガイドラインでは、厚生労働省が示した基準に沿って、「中項目」の学習課題を提示し、それらの学習課題を達成するために、「小項目」を示している。そこでは「理解」、「考察」、「説明」、「関わり」、「対応」、「活用」などが「できる」というレベルを求めている。その「できる」項目を、達成したのかそうでないのか、それらの量や質を確認し、評価表の「総合評価」に、評点とその根拠としての「総評」を記すことをガイドラインとしている。そして、その小項目を「できる」ようにするために「想定される実習内容」には、実習指導者によるスーパービジョンを提示している。つまり、指導や教育、支持、管理というような支援を組み込む中で、「できる」ようにする実習であると解釈できよう。

また、実習指導者の国の基準は、3年以上の相談援助業務と実習指導者講習会の講習を受けた者であり[3]、その業務経験年数や経験内容の違いこそあるが、その立場から実習生を指導し、評価点とその根拠を示す責任を持つことになる。こうした観点からみれば、社会福祉士の国家資格を取得し、職場で社会福祉士の相談援助業務を初めて遂行するために必要な評価レベルであるとみるのが妥当ではないだろうか。また、実習指導教員も、その評価レベルを理解しながら、事後指導に役立てていくことが望まれる。

ところが、こうした社会福祉士に必要なレベルを認識していないと、評価は、他実習生との相互比較の中での推量によって、手っ取り早い評価判断をしてしまうかも知れない。

それを防ぐ上でも、実習生は、実習指導者の指導助言を通じて、そのレベルで評価されるということを、よく認識する必要がある。

実習指導者は何を実習生に発信し、いかにスーパーバイズしたか。そして実習生はどのように応えようとしたか。それらを検証していきながら、各々の実習生の習熟度をふまえた評価を目指すことが求められる。その中から、実習生は、誰からも任せてもらえるような存在、つまり「できる」ようになることを目指して、諸課題を見つけ出していくだろう。実習生は、実習指導者の指導助言と実践の姿をみて、将来の自分像に重ね合わせ、成長しようとしている。実習評価は、スーパーバイズも含めた福祉教育過程のひとつであり、実習生を成長させる役割があることを改めて認識しておくことが大切となる。

なお、「社会福祉士養成校協会のガイドライン」と「相談援助実習評価表」を参考に、「社会福祉士を目指す実習生に求められる評価チェック表」【試案】を、以下に提示した。実習評価の参考になれば幸甚である。

第6章：相談援助実習事後指導

図6-1-2　社会福祉士を目指す実習生に求められる評価チェック表【試案】

実習生　氏名　　　　　　　　　　　（所属）

利用者・関係グループ・組織・地域住民

社会資源の活用能力　　　　　**利用者などへの援助関係形成能力**

【社会資源を知る力】
- □ 実習機関・施設の組織と意思決定過程
- □ 同組織の法的根拠、財政、事業計画・報告
- □ 業務に必要な文書様式の記入内容・方法
- □ 地域の生活・文化・産業など
- □ 実習機関・施設と地域との関わり方（歴史、経緯）
- □ 地域の社会資源との関係性
- □ 分野別計画や地域福祉計画の特徴
- □ 実習機関・施設の地域への働きかけ方（交流、啓発など）
- □ 地域行事活動の運営
- □ 地域のネットワーク会議

【社会資源とニーズの把握】
- □ 利用者の生活観察とニーズの把握
- □ 面接を通じた援助方法の理解
- □ 各種書類が業務の中で情報共有される意義
- □ 利用者理解と支援の意義と方法（実習記録）
- □ チームアプローチの理解（会議など）
- □ 他職種との連携（職場内と外部）のあり方
- □ 事業者評価と第三者評価、権利擁護の仕組み
- □ 苦情解決、虐待防止、成年後見制度の仕組み
- □ ケースへのアセスメント（事前調査）方法
- □ グループへのアセスメント方法
- □ 地域へのアセスメント方法
- □ ケース会議などの内容と課題の理解
- □ 職員会議や地域との会議内容の理解

【ソーシャルワーク実践力】
- □ 利用者への面接（傾聴・共感・支持）
- □ 利用者に適した言語・非言語の支援
- □ 利用者との広い関わりと相談・援助
- □ 利用者の家族など関係者への援助
- □ 事例記録資料などの活用
- □ 様々な面接・会議内容のチーム共有化
- □ アセスメントシートの活用
- □ ニーズ発見（発掘・アウトリーチ）
- □ 支援計画の立案（ケース・グループ・地域）
- □ モニタリングによる考察と修正
- □ 支援評価と改善策の提示
- □ 支援の調整力（個人・所属内・外部連携）
- □ 苦情解決など権利擁護の援助
- □ 個別ニーズを尊重した援助（エンパワメントと自己決定の尊重）

社会福祉士としての価値観・倫理観の確立
- □ 実習指導者の業務から学ぶ倫理判断　　□ 個人情報保護・秘密保持
- □ 葛藤など倫理判断を要する行為の理解度　　□ 就業規則や理解度
- □ 人間の尊厳や人権、社会正義の意義についての理解度

基本的な人間関係の形成能力
□ 挨拶　自己紹介　□ マナー　□ 礼儀　□ 約束　□ 規律　□ 報告　□ 連絡　□ 相談　□ 偏りのない幅広い関わり

【実習生の活動項目】
□　□　□　□　□　□　□　□　□　□　□　□　□　□　□
『観察』『発見』『調査』『関わり』『体験』『記録』『対応』『理解』『説明』『意見』『発表』『進行』『考察』『活用』『同席』『同行』『研修会・勉強会・交流会・大会への参画など』

スーパービジョン	評価の機会	□実習記録	□面接	□レポート	□発表	□話し合い	□自己評価
	評価の尺度	□任せられる	□適時指導で可	□指導・助言で可	□指導・助言しても課題多し		

実習指導者氏名　　　　　　　　　　　年　　月　　日（　）現在

出典：筆者作成

第2節　実習事後指導の意義

　相談援助実習に限らず、「実習」は実習期間が終了すればそれで完結するという性質のものではない。また、「相談援助実習」が社会福祉士養成校における「指定科目」である以上、評価及び単位認定（可・不可など）を伴うのが必然であるが、「実習」は単位が認定されればそれで完結するという性質のものでもない。「相談援助実習」は社会福祉士養成課程における一科目であるだけでなく、実習終了後にも継続して展開される講義及び演習科目の履修、国家試験受験、社会福祉士として相談援助現場への奉職、社会福祉士としての自己成長という、社会福祉士養成における一連のプロセスのいわば「結節点」に位置づけられる性質のものである。換言すれば、実習を終えて社会福祉士を志向する上で今の自分に足りないものは何か等、専門職として今後どのような学習が必要なのかを考える機会を提供するのが実習である。その意味で実習終了後に展開される「事後指導」が、社会福祉士（専門職）として重要な岐路となるといっても過言ではない。実習は実習期間が終了して完結するものではないと述べた理由はこの点にある。

　実習事後指導の目的を一言で表現すれば、実習の評価を通じて社会福祉士（専門職）を志向するために必要な自己課題を再確認することにある。そしてその課題を達成するためには、学生自身が実習を通して獲得した自己成長の跡を確認していくことが不可欠である。その意味で、自分を見つめなおす（振り返り）の作業が事後指導において決定的に重要な要素となる。以下、実習事後指導における振り返りの意義と、振り返りを促進させる一連の方法（個別スーパービジョン、グループ学習、実習報告書の作成、実習報告会の開催）、さらには実習事後指導の中心的課題である評価の方法について見ていきたい。

1．実習事後指導における「振り返り」

　実習を終えた学生は、多くの「体験」を持って社会福祉士養成校に帰ることになる。その「体験」はある種の高揚感でもって語られることもあるが、一方で後悔や悲壮の念で埋められていることもある。その体験を単に記憶の中にとどめることなく、言語化あるいは文章化することよって「振り返る」ことがはじめて可能となる。さらに、個人での「振り返り」あるいはグループでの討議をふまえて、実習体験を再度クラスの中で「再考」することが可能となる。同時にこのような「振り返り」の作業によって得られた体験を様々な角度から「意味づけ」(Evaluate)することができる。その一連のプロセスが、以下の図表6-2-1で表されている。

第6章：相談援助実習事後指導

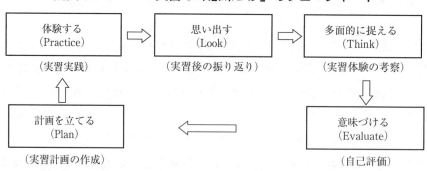

図表6－2－1　実習の「意味づけ」のフローチャート

出典：岡田まり他編『ソーシャルワーク実習』有斐閣、2002、p.168

　事後指導の目的が、実習を通じて獲得した自己成長と社会福祉士としての自己課題を再確認することにあることは先に述べた。ここでは目的達成の具体的な方法として、教員対学生による個別指導、クラス内におけるグループワーク、実習総括レポートの作成、実習報告会を取り上げてみたい。

2．個別スーパービジョン

　個別指導は、通常実習担当教員と学生との面談形式において実施される。この面談に主として活用されるのが、実習配属先が記入した実習評価表と学生自身が事前に作成した自己評価表である（評価基準及び方法については後述）。学生は一度実習終了段階で実習を振り返り、一定の自己評価をした上で個別面談に臨むことが望ましい（無論、最終的な実習自己評価は事後指導プログラムが完了した段階＝実習総括レポートの段階でなされる）。この自己評価と実習配属先のスーパーバイザーによる評価を「比較」することから、個別指導面談はスタートする。

　筆者自身の経験でいえば、これまで実習指導教員として多くの個別面談に接してみて、評価の「比較」の作業からある種の「戸惑い」に似た感情を発露する学生が多いといった印象をもっている。その感情とは「あんなに努力したのに何でこんなに評価が低いのだろう？」あるいは逆に「何でこんなに評価が高いのか？自分は実習でたいしたことはしていない」といった感情で表現される。前者は自己評価の高さから、逆に後者は自己評価の低さからくるギャップの表れとも評価できる。無論、配属実習先のスーパーバイザーによる評価は絶対的なものではないし、学生の自己評価も同様である。学生はもちろんスーパーバイザーも人間である以上、ある種のバイアスが介入することは避けられない（だからこそ「相談援助実習」における評価表のスタンダード（標準）を定めることが重要である【詳細は後述】）。また、学生自身が一生懸命努力した自分を承認したいと思う感情は教員の立場からも理解できるものである。しかし、「相談援助実習」が社

会福祉士の養成を目的とした実習であり、事後指導が社会福祉士を志向するために必要な自己課題を確認することにある以上、冷静かつ客観的に実習を評価していく作業が必要不可欠である。「比較」の作業はその手段である。

　評価表とともに個別指導で活用されるのが、学生の実習記録である。実習記録は実習体験のいわば集約といえるものである。面談は通常、この実習記録を読み返しながら進められる。しかし、学生の実習体験すべてが実習記録に網羅されているわけではない。実習記録に盛り込まれた内容は、学生の判断によって切り取られた実習体験のごく一部であり、その背後には取捨選択された無数の実習体験が広がっている。実習担当教員は、実習記録に「書かれていない」事実にまで介入して、学生と一緒に追体験していくことが求められる。

　一例として、児童養護施設で実習を行った男子学生の実習記録の一部を取り上げてみよう。寮のリーダー的な存在である中学2年生の男子児童と何とか仲良く（この言葉はそのまま引用）なろうとして、一生懸命声かけや興味関心のある話題を振ろうと試みたが、その児童はなんの関心も示さない。同じように多少年齢の近い中学1年生の男子児童に同じような対応で接するが、結果は同じであった。学生は自分の対応のどこに問題があったのかを考察しているが、声かけのタイミングや内容ばかりに関心が向けられている。そこで教員は子どもの心情に注目するように助言する。そもそも中学生（思春期の男子児童）が、大人（見ず知らずの実習生）から頻繁に声をかけられるのがうれしい行為なのか、無関心の表現は自分の私的領域に介入されることに対する拒否反応であるとか、試し行為（信用できる人間か慎重になっている）ではないのか、などといった幾つかの仮説を導き出すことができる。利用者（児童）の反応（行動）には必ず意味がある。その意味を分析・考察することで実習生（援助者）の対応も変わってくることが理解できる。このように、記録に書かれていない体験を「追体験」することで新たな「意味づけ」が可能となる。

　このように個別スーパービジョンは、ありのままの実習体験を教員と共有しながら、「意味づけ」をする最初のステップである。学生の発する言葉の一字一句を捉え、その意味を1つひとつ確認していくことがその中心的作業となる。この「振り返り」の作業において重要なことは、教員は可能なかぎり、最初から「評価」や「審判」の態度で学生に向き合ってはいけないということである。多くの学生は、実習配属先のスーパーバイザーの評価や、教員による最終的な単位認定の評価を気にしている。仮に実習配属先のスーパーバイザーの評価が厳しいものであったとしても、その意味を一緒に考察しながら振り返る心理的余裕が必要である（最終的な単位認定の評価は、教員が判断するくらいのことは伝えても差し支えない）。

3．グループワークを活用したスーパービジョン

　個別スーパービジョンが終了したら、再度クラスに全員が集合して、グループによる事例検討（スーパービジョン）を実施する。無論、個別スーパービジョンとグループスーパービジョンのどちらを先に実施するのが指導上有効かについては様々な見解がある。「取り組みやすさ」という視点から考慮すれば、グループスーパービジョンを最初に実施したほうがよいという意見もある[4]。筆者の経験からすれば、実習終了後の最初の事後指導プログラムとして自由な「語らい」を前提とした「グループワーク」、次段階として「個別スーパービジョン」、「個別スーパービジョン」で明らかになった学生自身の課題をクラス全体で検討する「グループスーパービジョン」、「実習報告書の作成」、「実習報告会の開催」といった一連のプロセスが有効であると考えている。先に述べたように、学生は多くの実習体験を養成校に持ち帰ってくる。そこには喜怒哀楽を含めた多種多様な感情が含まれている。そして、多くの場合そうした思いを誰かと共有したいという強い欲求をもっている。まずはそうした「思い」の言語化を促進することが教員に課せられた最初の対応である。事後指導最初のプログラムとして自由な「語らい」（グループワーク）を行うことで、「振り返り」と「意味づけ」を目的とした後の事後指導プログラムへの円滑な移行が可能となる。

　「グループスーパービジョン」では個別スーパービジョン同様に、教員は「評価者」や「審判者」としての立場ではなく、終始司会進行役に徹することが必要である。言語化された実習体験は共感や否定といった様々な感情を他の学生にも呼び起こす。そこから多種多様な議論が生まれてくる。教員は学生1人ひとりの思いを1つひとつ確認しながら、議論から派生してくる新たな議題を提供していく。そこからさらに議論が深まっていく。誤解を恐れずに言えば、グループスーパービジョンは「議論のための議論」に終始する。具体的な模範解答例を導き出すことがグループスーパービジョンの目的ではない。もちろん、そこで出された1つひとつの考えを意見として承認することは重要である。実習事後指導の目的が「振り返り」と「意味づけ」を通した専門職としての自己課題の確認・設定にある以上、学生自身が各々に考え、自己を客観的に見つめる機会を提供するのがグループスーパービジョンの持つ意味である。教員による安易な結論や回答の提示は、課題達成への取り組みの機会を喪失させるリスクがある。このようなリスクを解消するためにも、教員は「聞き役」に徹し、学生自身の主体的な議論参加を促す対応が求められる。ケースにもよるが教員は「見守り」に徹し、司会進行役も学生に委ねてみることも妙案である。以下、一例としてグループスーパービジョンの典型例として毎年のように取り上げられる議題を提示してみたい。

グループスーパービジョンの一例 - 利用者の呼称について -

議題報告者：S君（20歳：男子学生）
実習施設：障害者支援施設A園
利用者：Bさん（18歳：男性。特別支援学校高等部卒業後にA園を利用。軽度の知的障害があるものの、ADLは自立しており公共バスを利用して自宅から通園している。言語によるコミュニケーション能力も高い。）

　S君は普段から大学近隣の知的障害者支援施設（生活支援）で指導員のアルバイトを行っており、自身も将来、障害者支援施設に就職したいと強く望んでいた。日常的に知的障害者と接する機会が多くあるS君であるが、その経験に驕ることなく実習を真摯に取り組んでいた。そんなS君が実習開始当初から親密な関係を構築できたのがBさんであった。Bさんとは年齢の近いことから、趣味やテレビ等の話題を通して関係性がより密になっていた。

　実習も半ばが過ぎたある日に、Bさんから「なんでSさん（実習生）だけ、自分を○○（苗字）さんって呼ぶの？よそよそしいよ。他の職員は皆○○君（名前）で読んでるよ。Sさんも○○君て読んでいいんだよ」といってきた。確かにA園は非常にアットホームな通所施設で、職員と利用者との関係も親密な関係が出来ている。Bさんのいうとおり、○○君や○○ちゃんの他、ニックネームで利用者を呼んでいる職員もいた。S君自身、A園がかもし出す雰囲気に心地よさを感じていたし、他の利用者との良好な関係性を構築することができ、実習そのものも充実していると考えていた。しかし、利用者から「○○君と呼んで」といわれて、自分のこれまでの対応に疑問が沸いてきたという。大学の講義では人権尊重の観点から、利用者のことは必ず「○○さん」と呼ぶように指導されてきた。自分はその指導を忠実に実行してきた。しかし、職員は確かに「○○君」と呼称して、親密な関係が構築できている。結果的に最後まで自分は「○○さん」に固執したが、そのことでAさんとの信頼関係構築に「障壁」ができたのではないか。

　この議題が出されて、グループのメンバーからも多種多様な意見が提出された。自分も同じような体験（職員が利用者をニックネームで呼んでいたなど）したとの意見や、自分がS君と同じ立場でも同じ対応（原則にしたがって、○○さん付けで呼称）をしたと思うといった意見の他、「利用者が望んでいるのであれば、ケースによっては○○君で呼称しても問題ないのでは」、「原理や倫理は原則であって、そこに拘りすぎて信頼関係にヒビがはいってしまうのは本末転倒ではないのか」などの意見もあった。ここで教員はまだ発言できていないグループメンバーに対しても意見を求める。

　グループで出された意見を踏まえて、再度教員（司会進行役）から議題を提出する。なぜ、利用者のことを「○○さん」で呼称しなければならないのか、改めて考えてみる。本来利用者と職員との関係は私的な関係ではなく「援助関係」（ワーカー・クライエント関係）によって構成される性質のものである。このような関係性を前提とした場合、本人が愛称やニックネームでの呼称を望んだとしても、それは私的な関係に転換してしまう危険性がある。また、成人施設の利用者は、その後青年期、中年期、老年期と人生を経過していく。そうした利用者に対していつまでも愛称やニックネーム（○○君など）で呼称することは、利用者の人格的成長を妨げることになるのではないか。成人としての自己成長を保障していくためにも敬称（○○さん）と呼称することが必要ではないか、などの意見がでた。

　もちろん社会福祉の原理（倫理綱領）だけで、議論を推し進めることは早計である。社会福

> 祉（ソーシャルワーク）実践においては、倫理綱領を遵守しつつも支援の判断に迷うことは多々あるし、一方で倫理綱領を意識するからこそ逆に「倫理的ジレンマ」を抱えて迷う場合もある（S君がその例である）。そうした葛藤の原因を一つ一つ見極めていくためには、安易な助言によって学生が納得することよりも、意見交換を通じて学生自身が自分自身を見つめなおす機会を持つことのほうがはるかに有益である。グループスーパービジョンは、そのための機会提供の場でもある。

第3節　実習体験の総括

1．実習報告書の作成

　個別スーパービジョン、グループスーパービジョンを通した一連の「振り返り」と「意味づけ」の作業の集大成となるのが、実習報告書の作成である。既に実習終了直後に「まとめ」（実習の総括）を記述していると思うが、「まとめ」が実習の総括であるのに対して、実習報告書は一連の振り返り「事後指導」をふまえての総括となる。換言すれば、実習報告書の作成とは、実習計画書の作成、実習、振り返り、意味づけの作業をとおしてこれから社会福祉士（専門職）を志向する上で何が必要なのか自分自身に問いかける作業である。その意味で実習記録の考察が主に利用者の行動分析やそれに対する実習生自身の対応、職員の対応、社会資源の動向であるのに対して、実習報告書が考察の対象とするのは「振り返り」と「意味づけ」の作業を終えた実習生自身に他ならない。

　実習報告書に何を書くのか。それは、実習生自身のことである。より具体的に言えば、事前学習（実習計画書の作成）、実習（ソーシャルワーク実践）、事後指導（振り返りと意味づけ）といった一連のプロセスを経てたどり着いたありのままの「自分」である。ここでいう「ありのままの自分」とは、講義・演習・実習を通して獲得した社会福祉士（専門職）像（自分の思い描くソーシャルワーカー像でもよい）と現時点における自身（到達点）とのかい離（ギャップ）である。実習報告書の作成は社会福祉士として今後どのような自己成長を果たしていかなければならないのか、またそれを志向する上で課題となることは何かを言語化及び文章化することによってその「かい離」を埋めていく作業でもある。

　実習報告書の中心となるのは、もちろん実習体験そのものである。しかし、実習報告書では単なる実習体験を羅列するだけでなく、その体験から何を学び自身にどのような影響を与えたのかの考察、つまり自己成長のプロセスと結果を言語化することが重要である。

実習報告書の一例（テーマ：障害者支援施設における利用者との距離感について）

はじめに（序論）
　今回の実習は、その中でも利用者とのかかわりの中での距離感について、深く考えた実習であった。距離感について実習総括レポートを通して考察していく。

本論
　Aさん（20歳）は自立訓練事業で関わった利用者である。Aさんとは、イピングゲームを一緒に行うことで打ち解けることができた。すると、少しずつAさん自身のことを話してもらえるようになった。散歩の時間があり、その際もAさんは、「○○さん（実習生）、好きな食べ物なに」など聞いてもらえた。一緒に生活することで、距離感が縮まり手を握ってこられたり、抱きついてこられたりした。私は、Aさんを同じ年の妹のような存在に感じていた。だからこそ、手を握られたり抱き着かれたりしても嫌ではなかった。しかし、利用者が帰るのを見送り実習が終わりの時間に近づいた時に、職員に呼び止められ「Aさんが最近、手を握ったり抱き着いたりしてくるけど、嫌なときは嫌と言わないといけない」と指導を受けた。その指導を受けてその時は「なぜだろう」と疑問に思った。次の日からは違う作業班に配属になり、Aさんとは廊下で会うぐらいしか接触する機会がなくなった。そうした中でAさんから話しかけてこられても、私は職員から指導を受けたことで少し動揺していることもあったせいか、Aさんを避けるようになった。しかし、Aさんから「なんで○○さん（実習生）に近づいたらだめなの。どうしてだめなの」と聞かれた。その時は、どのように伝えれば理解してもらえるのか分からなかった。翌日は生活介護事業班で実習をした。生活介護事業班には、実習3週目に出会っていたBさんがおられた。Bさんは私のことを「裁縫の上手なお姉さん」と言って覚えていた。Bさんは、笑顔で私の方へよってこられ、班の職員に笑顔で私の事を話した後にいきなり後ろから抱きついてこられた。後から聞いた話であるが、その場面を廊下からAさんが見ていた。その後Aさんは B さんに暴言を吐いていたという。私がそのことを知った後もAさんは、職員に向かって怒鳴っていた。Bさんは、顔を真っ赤にして泣いていた。Aさんは職員に「なんで、Bさんはいいのになんで私はいけないの」とずっと聞いていた。Aさんは、怒りを窓ガラスにぶつけ窓ガラスが割れた。すべて、私のせいではないかと感じた。

分析・考察（まとめ）
　私は、Aさんを妹のような存在として見ていた。この点が社会福祉士（専門職）としての観点から間違っていたと考える。Aさんは自立訓練事業の一環としてパソコンの授業を受講したり、美術では絵を描いたりしている。今後は就労支援施設（作業所）への移行を検討していて、今はそれに向けた準備期間でもあった。こうした中で職員や実習生の手を握ったり、抱きついたりしていると作業所に移ってからも職員に甘えた状態になってしまう。Aさんは理解力もあり、しっかりと説明を行っていれば、窓ガラスを割ってしまうこともなかったのではないかと考察する。職員からどのように伝えればよいかを聞いて、また伝え方の工夫も必要であると感じた。

　以上の実習報告書に記されているのは学生の自己覚知、社会福祉士（専門職）としての役割、そこから理解される自身の援助課題の表出である。もちろん、こうした一連の作業をすべての学生が順調に実施されるかといえば疑問が残る。そもそも実習体験や社

会福祉士そのものを否定的に捉えてしまっている学生にとっては、「書きたくない」こともあろう。そうした場合「無理に書く必要はない」ことを前提としながら、その感情をありのまま見つめ、何故「書きたくないのか」その理由を、教員と共有していく作業が重要となる（個別スーパービジョンの課題でもある）。あるいは個別スーパービジョンやグループワークでは弁が立ち、熱心に参加できる学生でも、いざ文章化の段階に至ると、急に思考が止まってしまう場合がある。そうした場合には、教員が文章の構成（序論、本論【事例】、分析・考察、まとめといった一連の構成など）やフォーマットを提示することが有益である。

　ところで、多くの社会福祉士養成校では、学生が作成した実習報告書を何からの冊子にまとめて、報告集として発行している。この報告集は養成校で保管するだけでなく、それぞれの実習施設・機関にも進呈されることが望ましい。なぜなら、実習先のスーパーバイザーにとっても、自身のスーパービジョンがどのような効果をもたらしたのか判断する一つの資料になるからである。「相談援助実習」が社会福祉士としての自己成長の機会であることは、実習生に限らず実習指導を担うスーパーバイザーにもあてはまるといえよう。

２．実習報告会の開催

　実習報告書は、実習体験の「振り返り」と「意味づけ」の総括である。それに対して実習報告会は、事前学習（実習計画書の作成）、実習（ソーシャルワーク実践）、事後学習（振り返りと意味づけ）といった一連の実習教育プログラムの総括（区切り）といった意味をもつ。さらに実習報告会の開催には、その後にも展開される養成課程プログラム、国家試験受験と合格、社会福祉士としての自己成長といった、専門職としての歩みへの橋渡し的な意味がある。つまり実習報告会は、各々の学生が社会福祉としての自己成長を、教員やクラスメンバー、スーパーバイザーに対して決意表明する場となる（もちろん、社会福祉士の道を選択しないという意思表明もあろう）。

　実習報告会を開催することには、一年間を通して展開された一連の実習教育プログラムの総括（区切り）という意味のほかに、社会福祉士としての研究方法を学ぶ機会になるという意味がある。社会福祉士の倫理綱領にも定められているように、社会福祉士の基本的な責務として「専門性の向上」という役割が求められている。社会福祉士は「最良の実践を行うために、スーパービジョン、教育・研修に参加し、援助方法の改善と専門性の向上を図る」。つまり、事例研究や調査研究などの問題解決に向けた研究方法を習得することが社会福祉士しての基本的な責務である。同時に、社会福祉士はそのような研究成果を日常的にケース会議や研究会、関連学会等で報告（プレゼンテーション）

することによって研究成果を積極的に社会に還元していかなければならない。その意味でプレゼンテーション技術は、社会福祉士にとって必須な能力といえる。

　実習報告会で学生は何を報告するのか。報告の基本となるのはすでに完成している実習報告書である。しかし、実習報告書をただ棒読みするだけでは実習報告会を開催する意味がない。時間の関係上、一人の学生の持ち時間は質疑応答も含めて10分くらいが妥当であろう。参加人数によってさらに短くなる可能性も十分考えられる。つまり、実質的な報告時間は5〜7分くらいと考えられる。そのわずかな報告時間で、実習報告書の内容を全部報告することは無理である。実習報告書の中から報告者である学生自身が、優先順位をつけて報告する内容を限定しなければならない。そのため報告内容をまとめた資料（レジュメ）を作成して参加者に配布したり、参加者が視覚的に理解しやすいように黒板やパワーポイントを活用したりすることも有効であろう。このように報告準備や作業をつうじて、学生は社会福祉士に必要なプレゼンテーション技術の一端を学ぶことができる。

　各々の報告が終了した後に、必ず質疑応答の時間を設けることが重要である。報告者は参加者から様々な助言や意見を拝聴することによって、さらなる知見を獲得することができる。当然なかには肯定的な意見ばかりでなく、否定的な意見や厳しい意見もあろう。しかし、実習報告会はグループスーパービジョンのような議論の場ではなく、一連の「振り返り」と「意味づけ」を通して獲得された自身の課題のほか、専門職としての自己成長を再確認する場である。否定的な意見であっても好意的に受容する精神的余裕が必要である。

　ところで、実習報告会はクラス単位で実施されることもあれば、養成校全体で実施されることもある。参加者には同学年で実習に参加した学生や教員だけでなく、後輩や実習施設・機関のスーパーバイザーが招待されることもある。参加人数によって会場をどこに設定するのか、あるいは報告の順番や当日の流れなど準備・決定することは山のようにある。このような実習報告会の開催にかかる一連の企画・運営準備は、可能なかぎり学生に委ねることが理想である。なぜなら、先に述べたように社会福祉士には自身の実践成果や研究成果を職場や研究会、学会等で積極的に発表する義務が課せられている。そのような発表の機会となる検討会や研究会はもちろんのこと、福祉計画や福祉事業そのものを企画運営する能力が社会福祉士にとっては必要不可欠である。このように学生自身が企画運営のプロセスを実際に体験することは、社会福祉士に必要なマネジメント能力を養う機会ともなる。

3．社会福祉士養成校における実習評価の展望と課題

　以上見てきたような実習体験の「振り返り」及び「意味づけ」の作業をとおして、最終的な「評価」の段階に至る。「相談援助実習」及び「相談援助実習指導」が、社会福祉士養成校における「科目」である以上、単位認定を含めた評価の最終判断は担当教員に委ねられている。この評価をどの段階で行うのかについて、明確な指針はない。そもそも「相談援助実習」と「相談援助実習指導」がそれぞれ独立した科目である以上、「相談援助実習」の評価は実習終了後に、「相談援助実習指導」が事後指導を終了した年度末に評価がなされるという議論も成り立つ。しかし、「相談援助実習」と「相談援助実習指導」が不可分の関係にある以上、評価についても一体的に考慮していくことが必要であろう。たとえば、一方の科目が「優」で、他方の科目が「可」となるようなことは実習教育の性質（専門職養成と学生の自己成長という側面）を考慮しても避けるべきであろう。その意味で、「相談援助実習」及び「相談援助実習指導」の最終評価は、事後指導プログラムが終了した段階で一体的になされることが望ましい。

　実習教育の目的が先に述べたように社会福祉士養成と学生自身の自己成長という2つの側面をもつ以上、実習評価もこの2つの側面を兼ね備えていなければならない。より具体的にいえば、社会福祉士養成という側面を重視すれば、客観的な指標に基づいて評価がなされる「絶対的（客観的）な評価基準」が必要となる。一方で学生の自己成長という側面を重視すれば、各々の学生の能力や成長度合によって評価が決まる「相対的（主観的）な評価基準」が必要となる。実習評価は、性質の異なるこの2つの評価基準を考慮しながら実施しなければならない。

　「相談援助実習」が社会福祉士養成課程における一科目であることを考慮しても、「絶対的な評価基準」は社会福祉士としての職能や専門性に基づいて厳格に定められる必要がある。しかしこれまでは、各社会福祉士養成校が独自の評価基準を設けて各教員の裁量のもとで評価がなされていることが一般的で、各養成校による独自の評価基準では専門職養成としての実習評価の統一性や客観性に欠けるといった批判も根強かった。こうした状況の中で、一般財団法人日本社会福祉士養成校協会実習教育委員会では統一的かつ総合的な評価基準を作成するために、平成23年度より定期的に委員会を開催し、2013（平成25）年11月に「相談援助実習・実習指導ガイドラインおよび評価表」を公表した。これによって、各養成校に委ねられていた評価基準を統一化することによって「相談援助実習」の評価を標準化する方向に舵がきられたといえる。

　「相談援助実習」の統一的かつ総合的な「評価表」が公表されたことによって、「絶対的な評価基準」の枠が提示されたことは「相談援助実習」プログラムの進歩として評価できる。しかし、この「評価表」が社会福祉としての「専門性」の内容に特化している

といった批判があることも事実である[5]。なぜなら、相談援助そのものが非常に幅広い内容で構成されており、わずか1か月程度の期間における実習内容を単純に一定の基準で評価することは最初から困難を伴うからである。また、学生の資質や能力、実習受け入れ先の状況によっても評価は流動的なものとなりうる。ここに「絶対的な評価基準」だけではなく、「相対的な評価基準」が必要となる理由がある。

　こうした状況の中で、兵庫県社会福祉士会でも「少なくとも一定の地域やブロックで共通して利用できるような実習評価シートと評価基準のモデルづくりは積年の課題となっている」との問題意識にもとづいて[6]、独自の「ソーシャルワーク実習評価シート」及び「評価のための判断基準（ルーブリック）を作成して公表した（図表6－3－1、6－3－2、6－3－3、6－3－4）。

　以上見てきたように「相談援助実習」における「評価表」は、まだまだ試行錯誤の段階にあるといえる。しかし、先に述べたように相談援助（ソーシャルワーク）が非常に幅広い概念である以上、それを包括的にカバーする評価表を志向することは最初から困難を伴う。社会福祉士（専門職）養成として「相談援助実習」の総合的かつ統一的な評価を志向する一方で、社会福祉士会の各地域ブロックや養成校独自の判断で評価を考慮する「含み」を残しておくことが必要であろう。

図表6-3-1　相談援助実習評価表
(一般社団法人日本社会福祉士養成校協会実習教育委員会案)

施設種別		機関・施設名	
機関・施設長名			
実習指導者名		職名	
学籍番号		実習生氏名	
実習期間	年　　月　　日　～		年　　月　　日
評価年月日	年　　月　　日		

《記入上の留意点》※ 必ずお読み下さい ※

1. 本評価表は、①厚生労働省シラバスにおける「相談援助実習のねらい」、②日本社会福祉士養成校協会の「相談援助 実習ガイドライン」の中項目に対応しています。
2. 評価の際は、「相談援助実習ガイドライン」の「小項目」を参考にしてください。小項目は、評価の対象となる具体的な 達成課題（実習生の行動）を示しています。評価欄には小項目達成度の平均値をご記入ください。
3. 達成度評価は、100％完全習得のみを目的とするものではなく、達成までの連続体をなすとする考え方です。小項目に示した行動目標に対して、実習生がどれくらい・どこまでできているのかを評価してください。
4. 評価尺度はA～Dの4段階です。評価尺度を参考に「評価」欄に記入してください。実習指導上、該当しない項目や体験していない項目がある場合はNAを選択してください。その理由を所見欄にご記入ください。
5. 評価項目ごとに所見欄（コメント記入欄）を設けています。評価尺度では十分に評価できない場合や実習生の状況を説明する必要がある場合は記入してください。（所見欄の記入は必須ではありません）
6. 総合評価は、実習全体を通した総合評価を、A～Dの中から選択してください。
7. 実習生に対する総評（高く評価できる点や今後の学習課題となる点など）を具体的に記入してください。
8. 評価表は事後指導の資料として実習生本人に開示します。

《評価尺度と評価基準》

A：小項目の課題を達成し、さらにそれを上回る成果を収めた（達成度が90％以上の場合）
B：小項目の課題を、ほとんど達成した（達成度が80％以上90％未満の場合）
C：小項目の課題を、ある程度達成した（達成度が60％以上80％未満の場合）
D：小項目の課題を、あまり達成できなかった（達成度が60％未満の場合）
NA：該当しない・体験していない

《評価記入欄》

1．利用者、職員、グループ、地域住民等との基本的なコミュニケーションを学ぶ 所見	評価
2．円滑な人間関係の形成方法を学ぶ 所見	評価
3．利用者理解の方法を学ぶ 所見	評価
4．利用者の動向や利用状況を学ぶ 所見	評価
5．利用者、グループ、地域住民等へのアセスメントとニーズ把握の方法を学ぶ 所見	評価

6．個別支援計画等、様々な計画の策定方法を学ぶ（プランニングまでを主として） 所見	評価
7．利用者との援助関係の形成の意味と方法を学ぶ 所見	評価
8．利用者と家族の関係を学ぶ 所見	評価
9．利用者や関係者（家族等）への権利擁護及びエンパワメント実践を学ぶ 所見	評価
10．モニリングと評価方法を学ぶ 所見	評価
11．実習機関・施設の他職種、他職員の役割と業務及びチームアプローチのあり方を学ぶ 所見	評価
12．実習機関・施設の会議の運営方法を学ぶ 所見	評価
13．関連機関・施設の業務や連携状況を学ぶ 所見	評価
14．社会福祉士の倫理を学ぶ 所見	評価
15．就業規則について学ぶ 所見	評価
16．実習機関・施設の組織構造及び意思決定過程を学ぶ 所見	評価
17．実習機関・施設の法的根拠、財政、運営方法等を学ぶ 所見	評価
18．業務に必要な文書様式の記入内容・方法等を学ぶ 所見	評価
19．実習機関・施設のある地域の歴史や人口構造等を学ぶ 所見	評価
20．実習機関・施設のある地域の社会資源を学ぶ 所見	評価
21．地域社会における実習機関・施設の役割と働きかけの方法等を学ぶ 所見	評価

総合評価（いずれかを○で囲んでください）A・B・C・D

「実習生に対する総評」

第6章：相談援助実習事後指導

図表6－3－2　兵庫県社会福祉士会版実習評価シート

記入日　　　　　　　評価者　　　　　　　実習生氏名

ソーシャルワーク実習評価シート【態度面】

評価領域		評価項目	評定	
1	社会人としてのマナー	1.1	あいさつができる【挨拶】	1
		1.2	相手、場面に応じてふさわしい言葉遣いができる【言葉遣い】	2
		1.3	体調の自己管理ができる【健康管理】	3
2	学ぶ姿勢	2.1	課題達成に向けて積極的に取り組むことができる【課題達成に向けた積極性】	4
		2.2	指導や助言を自ら求めることができる【指導や助言の希求】	5
		2.3	業務に自ら進んで取り組むことができる【業務への主体的取組み】	6
		2.4	自分の性格や行動傾向を自覚し、洞察することができる【自己覚知】	7
3	対人関係	3.1	利用者と適切な関わりをもつことができる【利用者との適切な関わり】	8
		3.2	多様な職種の職員と積極的に協働することができる【多様な職種との積極的なかかわり】	9
4	規則遵守	4.1	実習先の方針、規則等を理解し、守ることができる【ルール遵守】	10
		4.2	出退勤時間、業務開始時刻、提出物期限等指示された時間を守ることができる【期限遵守】	11
		4.3	報告・連絡・相談をすることができる【適切な報告等】	12
5	利用者の尊重	5.1	利用者の人権・人格を尊重する態度で接することができる【人権・人格の尊重】	13
		5.2	守秘義務を理解し、プライバシーに配慮することができる【守秘義務】	14
		5.3	利用者の個別性や権利を尊重する態度で接することができる【個別性や権利の尊重】	15

ソーシャルワーク実習評価シート【専門的能力面】

評価領域			評価項目	評定	
1 知識	ミクロレベル	1.1	利用者を心身－行動－社会という全体的視点のもと理解している【全体的視点】	16
		1.2	利用者の生活課題（ニーズ）を理解している【生活課題】	17
	メゾレベル	1.3	実習先の目的・役割と活動内容を理解している【目的・役割・活動内容】	18
		1.4	実習先のインフォーマルネットワーク（家族との関係や地域との関係）を理解している【インフォーマルネットワーク】	19
	マクロレベル	1.5	実習先を規定している法制度を理解している【法制度】	20
		1.6	実習先で活用されうるフォーマルネットワーク（社会制度）を理解している【フォーマルネットワーク】	21
2 技術Ⅰ（プロセス）	援助関係の形成	2.1	利用者と援助関係を形成する【利用者との援助関係の形成】	22
		2.2	利用者の家族や親類と援助関係を形成する【家族との援助関係の形成】	23
		2.3	地域住民と援助関係を形成する【地域住民との援助関係の形成】	24
	アセスメント	2.4	実習先の事例を通して、アセスメントで何をすればいいのかを、実習先の事例を用いて説明できる【アセスメント】	25
		2.5	アセスメントをすることで、担当する利用者の生活課題を説明できる【生活課題】	26
	プランニング	2.6	プランニングで何をすればいいのか、実習先の事例を用いて説明できる【プランニング】	27
		2.7	担当する利用者のプランニング（目標と方法の設定）ができる	28
	モニタリング	2.8	モニタリングで何をすればいいのか、実習先の事例を用いて説明できる【モニタリング】	29
		2.9	モニタリングができる	30
	まとめと評価	2.10	何に基づいてまとめと評価をするのか、評価すべきことは何であるかを、実習先の事例を用いて説明できる【まとめと評価】	31
		2.11	まとめと評価ができる	32
3 技術Ⅱ（面接等）	面接	3.1	利用者とコミュニケーションを取り、相手を理解し情報の共有ができる【情報共有】	33
		3.2	生活場面面接を含む面接場面で、意図的な対話ができる【面接場面：意図的な対話】	34
	権利擁護	3.3	実習先機関・施設における利用者権利擁護の取り組みを説明できる【権利擁護】	35
		3.4	実習先機関・施設におけるエンパワメント実践について理解している【エンパワメント】	36
	チームアプローチ	3.5	実習先（職場内）のチームアプローチについて説明できる【チームアプローチ】	37
		3.6	実習先の外部（職場外）との連携について説明できる【連携】	38
		3.7	関連する機関・施設および専門職の役割・業務を説明できる【専門職の役割・業務】	39
	倫理・価値	3.8	実習先機関・施設における社会福祉士業務の中から、社会福祉士の価値・倫理判断に基づく行為を発見抽出して説明することができる【倫理・価値】	40
		3.9	実習先機関・施設における個人情報保護遵守の取り組みを説明できる【個人情報保護】	41
	記録	3.10	実習先機関・施設で用いられている文書の種類・用途を説明できる【文書の種類・用途】	42
		3.11	実習日誌が適切に記録できる【記録】	43
4 技術Ⅲ（地域への働きかけ）	地域への働きかけ	4.1	事前学習を踏まえ、実習先機関・施設のある地域（市町村・所轄区域・地区等）の人口動態、生活状況、文化・産業などを説明できる【地域の実情】	44
		4.2	実習先機関・施設のある地域（市町村・所轄区域・地区等）の福祉課題、生活問題を列挙することができる【福祉課題、生活問題】	45
		4.3	地域にどのようなインフォーマルな社会資源があるかを、その役割も含めて列挙できる【社会資源】	46
	行事	4.4	実習先機関・施設が行う行事の意義を説明できる【行事意義説明】	47
		4.5	実習先機関・施設が行う行事を企画できる【行事企画】	48
		4.6	実習先機関・施設が行うべき地域住民を意識した新たな行事を提案できる【行事提案】	49
		4.7	地域・当事者団体に向けた広報誌等を企画・取材・編集できる【広報誌等編集】	50
			合計	

総合評価（コメント）

注1）本評価シートの評定欄には、「概ね達成」5～4点、「ある程度達成」3～2点、「達成できず」1点、「非該当」Eとしてご記入ください。
注2）達成基準の詳細は別紙をご参照ください。

図表6-3-3　ルーブリック【態度面】

ソーシャルワーク実習評価のルーブリック例【態度面】

		5（達成している）	3（ある程度達成している）	1（達成していない）
1 社会人としてのマナー	1.1 あいさつができる【挨拶】	実習開始時より、相手を選ばず進んであいさつできた	実習に慣れた頃から、相手を選ばずあいさつできた	実習期間を通して一部の人にしかあいさつできなかった
	1.2 相手、場面に応じたふさわしい言葉遣いができる【ふさわしい言葉遣い】	実習相手、場面に応じたふさわしい言葉遣いをし、さらによい表現を工夫した	時折間違いがあるものの、相手、場面に応じたふさわしい言葉遣いができた	実習期間を通じて相手、場面に応じた言葉遣いができなかった
	1.3 体調の自己管理ができる【健康管理】	実習期間全てにわたって体調不良もなく、万全な体調で実習に臨むことができた	実習体調不良の日があったものの、早退の申し出等の自己管理により、悪化を防いだ	自己管理の不十分により体調が悪化し、欠席・遅刻が目立った
2 学ぶ姿勢	2.1 課題達成に向けて積極的に取り組むことができた【課題達成に向けた積極性】	実習目標を常に意識し、かつ課題達成に取り組むことができた	実習目標を意識しているが、課題達成に向けた取り組みが不十分だった。または、目標はあまり意識しないまま、指示された課題には積極的に取り組んだ	実習目標を意識せず、かつ課題への取り組みも消極的だった
	2.2 指導や助言を自ら求めることができる【指導や助言の希求】	自ら調べたり考えたりした上で、指導や助言を適切に求めることができた	指導や助言を求めることができたが、指導者に頼りがちで自ら調べたり学んだりする姿勢が乏しかった	指導や助言を求める姿勢が全く見られなかった
	2.3 業務に自ら進んで取り組むことができた【業務へ主体的取組み】	各業務の意味を理解し、かつ自ら積極的に取り組んだ	積極性には欠けるが、業務の意味を理解しようと努めた。または、業務の理解は部分的に留まるが、積極的に取り組んだ	各業務の意味を十分理解せず、かつ常に指示待ちの姿勢だった
	2.4 自分の性格や行動傾向を自覚し、洞察することができる【自己覚知】	各自分の性格や行動傾向の観点から実習を振り返り、次に向けた課題を設定することができた	自分の性格や行動傾向の観点からの実習の振り返ろうとしたが、考察や課題設定が不十分なことがあった	自分の性格や行動傾向の観点からの振り返りが全くなく、指導者に指摘受けても考察を深めることができなかった
3 対人関係	3.1 利用者と適切なかかわりをもつことができる【自己覚知】	実習生としての節度を保ち、対象者（個人、家族、集団など）と積極的にかかわることができた	対象者（個人、家族、集団など）とかかわろうとするが、相手によって消極的であったりまたはかかわりすぎることがあった	対象者（個人、家族、集団など）に対して自ら進んでかかわることが全くなかった
	3.2 多様な職種の職員と積極的に協働することができる【多様な職種との積極的なかかわり】	実習先における他職種、多職員の役割、職種間の連携について関心を持ち、他職種の職員と積極的にかかわることができた	他職種、多職員の役割や職種間連携に関心を持っていたが、実際には、限られた種類の職員、職種とのかかわりしか持てなかった	他職種、多職員の役割や連携に関する理解や関心を持たず、他職種の職員と積極的にかかわろうとしなかった
4 規則遵守	4.1 実習先のルール等理解し、守ることができる【ルール遵守】	実習先のルール等を十分理解するだけでなく、よく守っていた	実習先のルール等の理解はまだ十分とは言えないが、守ろうとしていた	実習先のルール等を理解しておらず、守ることができなかった
	4.2 出退勤時間、業務開始時刻、提出物期限等指示された時間を守ることができる【期限遵守】	指示されたことや期限等を全て守ることができた	指示されたことや期限等を全て守れないことがあった	指示されたことや期限等を守れないことが目立った
	4.3 報告・連絡・相談をすることができる【適切な報告等】	報告・連絡・相談が十分適切にできた	報告・連絡・相談ができていないことがあった	報告・連絡・相談ができていなかった
5 利用者の尊重	5.1 人権・人格を尊重することができる【人権・人格の尊重】	利用者の人権・人格を尊重しようとする態度が十分適切にできた	利用者の人権・人格を尊重しようとする態度がおおむねできた	利用者の人権・人格を尊重しようとする態度がまったくみられなかった
	5.2 守秘義務を理解し、行動できる【守秘義務】	守秘義務を十分に理解し、プライバシーへの配慮が適切にできた	守秘義務を理解していたが、適切な行動がとれないことがあった	守秘義務を理解できておらず、適切な行動がとれなかった
	5.3 個別性や権利の尊重することができる【個別性と権利の尊重】	利用者の個別性や権利を尊重する姿勢が十分に見られた	利用者の個別性や権利を尊重する姿勢が見られた	利用者の個別性や権利を尊重する姿勢が全くみられなかった

・AとBができた、AまたはBができた、AもBもできなかった【内容】
・○○までに○○ができた【期間】
・△△程度△△ができた【回数、程度】

出所：一般社団法人兵庫県社会福祉士会実習教育支援委員会編『社会福祉士実習におけるミニマムスタンダードのあり方研究会（報告書）』一般社団法人兵庫県社会福祉士会、2011年3月、pp.37-38をもとに一部改変

図表6－3－4　ルーブリック【専門的能力面】

ソーシャルワーク実習評価のルーブリック例【専門的能力面】

分類	レベル	項目	評価内容	5（達成している）
1 知識	ミクロレベル		1.1 利用者を心身－行動－社会という全体的視点のもと理解している【全体的視点】	利用者を心身－行動－社会という全体的視点で十分に理解し、説明できた
			1.2 利用者の生活課題（ニーズ）を理解している。【生活課題】	利用者の生活課題（ニーズ）について十分理解し、説明できた
	メゾレベル		1.3 実習先の目的・役割と活動内容を理解している。【目的・役割・活動内容】	実習先の目的・役割と活動内容を十分理解し、説明できた
			1.4 実習先のインフォーマルネットワーク（家族との関係や地域との関係）を理解している。【インフォーマルネットワーク】	実習先のインフォーマルネットワークを十分理解し、説明できた
	マクロレベル		1.5 実習先を規定している法制度を理解している【法制度】	実習先を規定している法制度を十分理解し、説明できた
			1.6 実習先で活用されうるフォーマルネットワーク（社会制度）を理解している。【フォーマルネットワーク】	実習先で活用されうるフォーマルネットワーク（社会制度）を十分理解し、説明できた
2 技術Ⅰ（プロセス）		援助関係の形成	2.1 利用者と援助関係を形成する【利用者との援助関係の形成】	利用者が相談事を話してくれる関係が築けた（利用者は1人でも可）
			2.2 利用者の家族や親類と援助関係を形成する【親族との援助関係の形成】	利用者の家族や親類と話しかけてくれる関係が築けた
			2.3 地域住民と援助関係を形成する【親族との援助関係の形成】	地域住民が話しかけてくれる関係が築けた
		アセスメント	2.4 実習先の事例を通して、アセスメントで何を説明すればいいのかを、実習先の事例を用いて説明できる【アセスメント】	アセスメントですべきこと（例えば、情報収集と整理、生活課題の明確化など）を、何を説明すればいいのかを、実習先の事例を用いて説明できた
			2.5 アセスメントをすることで、担当する利用者の生活課題を説明できる	アセスメントをし、担当した利用者の生活課題を人と環境との交互作用という観点を踏まえ説明できた
		プランニング	2.6 プランニングで何を説明すればいいのかを、実習先の事例を用いて説明できる【プランニング】	プランニングですべきこと（目標と方法の設定、利用者の意向を踏まえる、ミクロ、メゾ、マクロといった介入の次元を踏まえる）を、実習先の事例により説明できた
			2.7 担当する利用者のプランニング（目標と方法の設定）ができる	担当した利用者のプランニングを、プランニングですべきことを踏まえて行えた
		モニタリング	2.8 モニタリングで何を説明すればいいのかを、実習先の事例を用いて説明できる【モニタリング】	モニタリングですべきこと（計画通り行えているかの確認、行えていない場合、目標や方法の修正）を、実習先の事例を用いて説明できた
			2.9 モニタリングができる	担当した利用者のモニタリングを、モニタリングですべきことを行えた
		まとめと評価	2.10 何に基づいてまとめと評価をするのか、評価すべきこととは何であるかを、実習先の事例を用いて説明できる【まとめと評価】	まとめと評価ですべきこと（支援の結果目標は達成されたか、方法は有効だったかの評価と今後どうするかの判断）を、実習先の事例を用いて説明できた
			2.11 まとめと評価ができる	担当した利用者のまとめと評価を、まとめと評価ですべきことを行える
3 技術Ⅱ（面接等）		コミュニケーション/面接	3.1 利用者とコミュニケーションを取り、相手を理解し情報の共有ができ理解し情報の共有ができる【情報共有】	コミュニケーションスキルを理解し、相手と適切なアイコンタクトがとれる。傾聴・要約・解釈・確化・促し・沈黙・繰り返し・共感等様々な面接技術を活用することができる。その結果、相手を理解し、情報の共有ができた
			3.2 生活場面面接を含む面接場面で、意図的な対話ができる【面接場面：意図的な対話】	コミュニケーションスキルを理解し、相手と適切なアイコンタクトがとれる。傾聴・要約・解釈・確化・促し・沈黙・繰り返し・共感等様々な面接技術を活用することができる。その結果、意図的な対話を進めることができた
		権利擁護	3.3 実習先機関・施設における利用者権利擁護の取り組みを説明できる【権利擁護】	実習先の権利擁護の取り組みについて、必要性、機関・施設内外の役割分担、一連の流れを具体例と理由をあげて説明できた
			3.4 実習先機関・施設におけるエンパワメントについて理解している【エンパワメント】	実習先のエンパワメントの実践の具体例を抽出し、理由をあげて説明できた。利用者をストレングスの視点から理解し、自分でも適切な支援方法を考えられた
		チームアプローチ	3.5 実習先のチームアプローチについて説明できる【チームアプローチ】	実習先の他職種の業務内容、専門性を理解し、チームアプローチの方法を具体例と理由をあげて説明できた
		連携	3.6 実習先の外部（職場外）との連携について説明できる【連携】	関連する機関・施設と実習先との関係、連携方法について具体例と理由をあげて説明できた
			3.7 関連する機関・施設および専門職の役割・業務を説明できる【専門職の役割・業務】	関連する機関・施設および専門職の役割・業務について具体的に説明できた
		倫理・価値	3.8 実習先機関・施設における社会福祉士業務の中から、社会福祉士の価値・倫理判断に基づく行為を発見抽出して説明することができる【倫理・価値】	実習先の社会福祉士業務の中から、社会福祉士の倫理・価値判断に基づく行為を発見抽出し説明することができた
			3.9 実習先機関・施設における個人情報保護遵守実習先の個人情報保護遵守の取り組みを説明できる【個人情報保護】	実習先の個人情報保護遵守の取り組みを、具体例と理由をあげて説明できた
		記録	3.10 実習先機関・施設で用いられている文書の種類・用途を説明できる【文書の種類・用途】	実習先機関・施設で用いられている文書の種類・用途を具体的に説明できた
			3.11 実習日誌が適切に記録できる【記録】	実習日誌の各欄の主旨に即し、十分な量を記述し、ふりかえりから考察を深めている。記録の書き方への助言を、次回以降に反映させていた
4 技術Ⅲ（地域への働きかけ）		地域への働きかけ	4.1 事前学習を踏まえ、実習先機関・施設のある地域（市町村・所轄区域・地区等）の人口動態、生活状況、文化・産業などを説明できる【地域事情説明】	事前学習を踏まえ、実習先機関・施設のある地域（市町村・所轄区域・地区等）の人口動態、生活状況、文化・産業などについて十分に把握しており、的確に説明できた
			4.2 実習先機関・施設のある地域（市町村・所轄区域・地区等）の福祉課題、生活問題を列挙することができる【福祉課題・生活問題列挙】	実習先機関・施設のある地域（市町村・所轄区域・地区等）の福祉課題、生活問題を十分に把握しているので列挙できた
			4.3 地域にどのようなインフォーマルな社会資源があるのかを、その役割も含めて列挙できる【社会資源列挙】	地域におけるインフォーマルな社会資源とその役割について細部にわたりよく理解し、概ね列挙できた
		行事	4.4 実習先機関・施設が行う行事の意義を説明できる【行事説明】	実習先機関・施設が行う行事の意義を理解しており、的確に説明できた
			4.5 実習先機関・施設が行う行事を企画できる【行事企画】	実習先機関・施設が行うにふさわしい行事をほぼ単独で企画できた
			4.6 実習先機関・施設が行うべき地域住民を意識した新たな行事を提案できる【行事提案】	実習先機関・施設が行うべき地域住民を意識した新たな行事を積極的に提案できた
			4.7 地域・当事者団体に向けた広報誌等を企画・取材・編集できる【広報誌等の編集】	地域・当事者団体の特性を踏まえた広報活動の取り組みをほぼできた

出所：一般社団法人兵庫県社会福祉士会実習教育支援委員会編『社会福祉士実習におけるミニマムスタンダードのあり方研究会（報告書）』一般社団法人兵庫県社会福祉士会、2011年3月、pp.39-43をもとに一部改変

3（ある程度達成している）	1（達成していない）
利用者を心身－行動－社会という全体的視点で概ね理解し、説明できた	利用者に関する心身－行動－社会という全体的視点からの理解が不十分であり、説明できなかった
利用者の生活課題（ニーズ）を概ね理解し、説明できた	利用者の生活課題（ニーズ）について理解が不十分であり、説明できなかった
実習先の目的・役割と活動内容を概ね理解し、説明できた	実習先の目的・役割と活動内容について理解が不十分であり、説明できなかった
実習先のインフォーマルネットワーク（家族との関係や地域との関係）を概ね理解し、説明できた	実習先のインフォーマルネットワークについて理解が不十分であり、説明できなかった
実習先を規定している法制度を概ね理解し、説明できた	実習先を規定している法制度について理解が不十分であり、説明できなかった
実習先で活用されうるフォーマルネットワークを概ね理解し、説明できた	実習先で活用されうるフォーマルネットワークについて理解が不十分であり、説明できなかった
利用者が話しかけてくれる関係は築けた（話しかけてくれる利用者は5人以上を目指す）	利用者が相談事を話してくれる関係が築けた（利用者は1人でも可）
利用者の家族や親類と適切に話ができた	利用者の家族や親類と話しかけてくれる関係は築けなかった
地域住民と適切に話ができた	地域住民と話す機会があったが、うまく話せなかった
アセスメントすべきことを不十分ながら、実習先の事例を用いて説明できた	アセスメントですべきことを、実習先の事例を用いて説明できなかった
アセスメントをし、担当した利用者の生活課題を不十分ながら説明できた	アセスメントを行ったが、担当した利用者の生活課題を説明できなかった
プランニングですべきことを、不十分ながら説明できた実習先の事例を用いて説明できた	プランニングですべきことを、実習先の事例を用いて説明できなかった
担当した利用者のプランニングを、不十分ながら行えた	担当した利用者のプランニングを試みたが、プランニングは行えなかった
モニタリングですべきことを、不十分ながら、実習先の事例を用いて説明できた	モニタリングですべきことを、実習先の事例を用いて説明できなかった
担当した利用者のモニタリングを、不十分ながら行えた	担当した利用者のモニタリングを試みたが、モニタリングは行えなかった
まとめと評価すべきことを、不十分ながら、実習先の事例により説明できた	まとめと評価ですべきことを、実習先の事例を用いて説明できなかった
担当した利用者のまとめと評価を、不十分ながら、行えた	担当した利用者のまとめと評価を試みたが、まとめと評価はできなかった
コミュニケーションスキルをある程度理解し、相手とはほぼ適切なアイコンタクトがとれる。また面接技法をある程度活用し、その結果、ある程度相手を理解し、情報の共有ができた	思いつきやその場しのぎのかかわり方が中心であり、相手の理解や情報の共有ができなかった
コミュニケーションスキルをある程度理解し、相手とはほぼ適切なアイコンタクトがとれる。また面接技法をある程度活用し、その結果、ある程度意図的な対話を進めることができた	思いつきやその場しのぎのかかわり方が中心であり、意図的な対話を進めることができなかった
機関・施設における利用者権利擁護の取り組みついて、必要性、機関・施設内外の役割分担、一連の流れをある程度説明できた	機関・施設における利用者権利擁護の取り組みついて、必要性、機関・施設内外の役割分担、一連の流れを説明できなかった
機関・施設におけるエンパワメントの実践をある程度説明できる。支援方法の考察には至らないが、部分的には利用者をストレングスの視点から理解していた	機関・施設におけるエンパワメントの実践の説明ができなかった。利用者をストレングスの視点から理解できなかった
実習先の他職種の業務内容、専門性を理解し、チームアプローチの方法を具体例と理由をあげて説明できた	実習先の他職種の業務内容、専門性を理解し、チームアプローチの方法を説明できなかった
関連する機関・施設と実習先との関係、連携方法をある程度説明できた	関連する機関・施設と実習先との関係、連携方法を説明ができなかった
関連する機関・施設および専門職の役割・業務をある程度説明できた	関連する機関・施設および専門職の役割・業務を説明ができなかった
実習先での社会福祉士業務の中から、社会福祉士の倫理・価値判断に基づく行為を発見抽出して、ある程度説明できた	実習先での社会福祉士業務の中から、社会福祉士の倫理・価値判断に基づく行為を発見抽出できなかった
実習先の個人情報保護遵守の取り組みを、ある程度説明できた	実習先の個人情報保護遵守の取り組みを、説明できなかった
実習先機関・施設で用いられている文書の種類・用途をある程度説明できた	実習先機関・施設で用いられている文書の種類・用途をうまく説明できなかった
実習日誌の内容面、または分量のいずれかは十分である。記録についての助言を、ある程度反映させていた	実習日誌の内容面、または分量のいずれかも不十分である。助言を受けても記録の書き方に反映できなかった
事前学習を踏まえ、実習先機関・施設のある地域（市町村・所轄区域・地区等）の人口動態、生活状況、文化・産業などについて概ね理解しており、ある程度説明できた	事前学習の程度が不十分で、実習先機関・施設のある地域（市町村・所轄区域・地区等）の人口動態、生活状況、文化・産業などの理解が不十分なので説明できなかった
実習先機関・施設のある地域（市町村・所轄区域・地区等）の福祉課題、生活問題を把握しており、ある程度列挙できた	実習先機関・施設のある地域（市町村・所轄区域・地区等）の福祉課題、生活問題の理解に乏しく、実習先における地域への働きかけとの結びつきが困難であった
地域におけるインフォーマルな社会資源とその役割についてのある程度理解しており、少し例を挙げることができた	地域におけるインフォーマルな社会資源とその役割についての理解が不十分で、ごく僅かな例も挙げることができなかった
実習先機関・施設が行う行事の意義を理解しており、ある程度の事柄を説明できた	実習先機関・施設が行う行事の意義の理解が不十分なので説明できなかった
実習先機関・施設が行うにふさわしい行事をある程度企画できた	実習先機関・施設が行うにふさわしい行事への理解が困難なので説明できなかった
実習先機関・施設が行うべき地域住民を意識した新たな行事を積極的に提案できた	実習先機関・施設が行うべき地域住民を意識した新たな行事への理解が乏しいので提案できなかった
地域・当事者団体の特性を踏まえた広報活動の取り組みがある程度できた	地域・当事者団体の特性を踏まえた広報活動の取り組みができなかった

引用文献

1）関西学院大学実践教育研究会編（編集代表・川島恵美、高杉公人、中島尚美）『ソーシャルワーク実習プログラミングワークブック』みらい、2014
2）厚生労働省『大学等において開講する社会福祉に関する科目の確認に係る指針について』別表1　科目名「相談援助実習」のねらいと教育に含むべき事項』
3）文科高第917号・社援発0328003『大学等において開講する社会福祉に関する科目の確認に係る指針について』平成20年3月28日
4）加藤幸雄・小椋喜一郎・柿本誠・笛木俊一・牧洋子編集『相談援助実習－ソーシャルワークを学ぶ人のための実習テキスト－』中央法規出版、2010、p.139
5）兵庫県社会福祉士会監修『ソーシャルワーク実習　養成校と実習先との連携のために』久美株式会社、2011、p.114
6）同前『ソーシャルワーク実習　養成校と実習先との連携のために』p.109

参考文献

1．公益社団法人日本社会福祉士会編『社会福祉士実習指導者のための相談援助実習プログラムの考え方と作り方』中央法規出版、2015
2．公益社団法人日本社会福祉士会編『社会福祉士実習指導者テキスト　第2版』中央法規出版、2015
3．社団法人日本社会福祉士養成校協会監修（長谷川匡俊・上野谷加代子・白澤政和・中谷陽明編）『社会福祉士相談援助実習』中央法規出版、2014
4．兵庫県社会福祉士会監修、高間満・相澤譲治編著『ソーシャルワーク実習』久美株式会社、2011
5．米本秀仁・久能由弥編著『相談援助実習・実習指導』久美株式会社、2011
6．岡田まり・柏女霊峰・深谷美枝・藤林慶子編『ソーシャルワーク実習』有斐閣、2002
7．白澤政和・米本秀仁編『社会福祉士相談援助実習』中央法規出版、2009
8．社団法人日本社会福祉士養成校協会編『相談援助実習指導・現場実習教員テキスト』中央法規出版、2009
9．加藤幸雄・小椋喜一郎・柿本誠・笛木俊一・牧洋子編集『相談援助実習－ソーシャルワークを学ぶ人のための実習テキスト－』中央法規出版、2010

第7章

実習の実際と実習プログラム

第7章：実習の実際と実習プログラム

第1節　実習プログラムの内容と活用の意義

1．実習プログラム

　実習プログラムとは実習に関する予定表・計画表で、実習期間中にどのような順序や流れで社会福祉士の専門的援助の実際を体験し学ぶかを、日々の実習項目として明記したものである。

　相談援助実習のプログラムは、実習生が「社会福祉士の役割・機能（2006年12月12日厚生労働省社会保障審議会福祉部会意見書）」を理解することと、「求められる社会福祉士像（2006年11月20日厚生労働省社会保障審議会福祉部会意見書）」に近づくために、社会福祉士としての専門性（価値・知識・技術）を高め続ける基本姿勢を身につける目的で作成する。

　「社会福祉士の役割・機能（2006年12月12日厚生労働省社会保障審議会福祉部会）」は以下の3点である。

①福祉課題を抱えた者からの相談に応じ、必要に応じてサービス利用を支援するなど、その解決を自ら支援する役割
②利用者がその有する能力に応じて、尊厳を持った自立生活を営むことができるよう、関係する様々な専門職や事業者、ボランティア等との連携を図り、自ら解決することのできない課題については当該担当者への橋渡しを行い、総合的かつ包括的に援助していく役割
③地域の福祉課題の把握や社会資源の調整・開発、ネットワークの形成を図るなど、地域福祉の増進に働きかける役割

　また、「求められる社会福祉士像（2006年11月20日厚生労働省社会保障審議会福祉部会）」は以下の諸点がある。

①利用者の生活に関する専門職としての自覚と高い専門職倫理を有している
②施設・在宅を問わず、地域において利用者の自立と尊厳を重視した相談援助をするために必要な専門的知識と技術を有している
③人と環境との相互作用に関する専門的知識とそのアセスメントをするための技術を有している
④利用者からの相談を傾聴し、適切な説明と助言を行うことができる
⑤利用者をエンパワメント（利用者自らが必要なサービスを利用しながら自立した生活を営むための力の獲得や、その動機付けの支援）することができる
⑥一連のケアマネジメントのプロセス（アセスメント、プランニング、モニタリング等）を理解し、自立支援のためのマネジメントを適切に実践することができ、その効果について助言することができる

⑦他職種とのチームアプローチをすることができる
⑧社会資源の調整や開発、ネットワーク化をすることができる
⑨権利擁護と個人情報の保護のための知識と技術を有し、実践することができる
⑩就労支援に関する知識と技術を有し、実践することができ、その効果について評価することができる
⑪福祉に関する計画を策定し、実施し、その効果について評価することができる
⑫組織の管理やリスクマネジメント等、組織や経営に関する知識を有している

　以上の「求められる社会福祉士像」に近づくためにも、相談援助実習は社会福祉士養成の最も重要な要素であるといえる。
　「大学等において開講する社会福祉に関する科目の確認に係る指針について（2008年3月28日文部科学省高等教育局長・厚生労働省社会援護局長通知）」では、教育に含むべき項目として、相談援助実習の内容を以下にまとめている。

ア　利用者やその関係者、施設・事業者・機関・団体等の職員、地域住民やボランティア等との基本的なコミュニケーションや人との付き合い方などの円滑な人間関係の形成
イ　利用者理解とその需要の把握及び支援計画の作成
ウ　利用者やその関係者（家族・親族・友人等）との援助関係の形成
エ　利用者やその関係者（家族・親族・友人等）への権利擁護及び支援（エンパワメントを含む）とその評価
オ　多職種連携をはじめとする支援におけるチームアプローチ
カ　社会福祉士としての職業倫理、施設・事業者・機関・団体等の職員の就業などに関する規定への理解と組織の一員としての役割と責任への理解
キ　施設・事業者・機関・団体等の経営やサービスの管理運営の実際
ク　当該実習先が地域社会の中で施設・事業者・機関・団体等であることへの理解と具体的な地域社会への働きかけとしてのアウトリーチ、ネットワーキング、社会資源の活用・調整・開発に関する理解

　実習におけるこれらの理解への準備は、実習事前教育前の基礎教育から始まっている。社会福祉士の業務は多岐に渡るが、いずれも対象者自身と対象者の他者との関係の中で発生する生活問題への介入である。多様な人間の価値観に触れることが避けられないので、一般的な人間観や社会観を基盤として、対人援助の理念理解を進めると共に、上記の項目を具体的に修めていかなければならない。

2．実習プログラムの内容

　実習指導者は、ソーシャルワークの価値・知識・技術を社会福祉士の具体的な業務に関連づけて理解できるように実習プログラムを組み立てていく。実習に盛り込む要素と

第7章：実習の実際と実習プログラム

して以下の項目があげられており、実習生の達成レベルは養成校が用意する項目で評価されるため、実習指導者は、実習評価項目と連動した実習プログラムを展開しなければならない。この段階での実習プログラムは「基本プログラム」である。

「相談援助実習に盛り込むべき要素（新制度のもとでの相談援助実習の質の向上に関する研究報告書 p.43 より改変）」

実習評価項目		実習に盛り込むべき要素
①基本的知識の理解・習得		
1　クライエントおよびその課題・ニーズに関する理解	ア	クライエントのケースに関する資料を読ませる
	イ	クライエントとの接触機会をつくる
2　実習した職種の業務内容に関する理解	ウ	職場の業務分掌を読ませる
	エ	指導職員の動きに付き添わせる
3　施設・機関の根拠・組織・業務体系等に関する理解	オ	法令上の施設役割規定と現実の運営方法について話す
4　実習施設・機関に関連する他施設・制度・資源等に関する理解	カ	施設・機関の利用の開始から終結までの具体的例をあげ、関連する施設等の実例を説明する
②基本的実践技術・技能の習得	キ	関連する他施設・機関を訪問・見学させる
5　クライエントに対して共感的・理解的に接する技能	ク	クライエントとの面接をすすめる上での留意点を教える
	ケ	クライエントとの接触の仕方、取り組み方を教える
	コ	クライエントとの面接への同席
6　実習施設・機関の基本技術の習得	サ	各職種の実際を体験もしくは見学させる
7　個別援助計画や行事等の企画・立案・実行の能力	シ	個別の援助計画もしくは地域の援助計画を立てさせる
8　援助に必要な社会資源を活用する能力	ス	関連する主要な社会資源の範囲を教える
	セ	援助に必要な社会資源との交渉上の配慮点を教える
9　場面や相手に相応しい対人関係形成能力	ソ	様々な対人関係場面を設定する
10　実習日誌や各種記録を作成する能力	タ	各種記録の書き方を教える
③実習態度・実習環境の理解		
11　実習施設・機関の規則の遵守	チ	各施設・機関の服務規程・倫理綱領を解説する
12　実習職種の職務修得意欲	ツ	課題を設定して取り組ませる
13　クライエントに関わろうとする態度	テ	ケース・グループ・地域等を担当させる
14　クライエントの人権・人格を尊重しようとする態度	ト	対象者の人権を配慮した職員の動きを具体的に教える
15　実習指導職員の指導・助言を積極的に求めようとする態度	ナ	指導・助言の時間を設定する
16　職場における他職種・他職員と協働しようとする態度	ニ	チームワークのあり方について教える
	ヌ	各職種の会議に出席させる

このように、実習先の実習指導者は相談援助実習の目的を理解して基本プログラムを策定しているが、実習生の個別の課題や問題意識を汲んで個別プログラムへとカスタマ

イズしていくのは実習指導者と実習生・養成校の実習担当教員の協働によるものである。その意味において、実習生の事前学習レベルによっても実習プログラムは変化し、実習内容や学びの深さが異なってくることになる。実習生は例示される各種別の実習プログラム（基本プログラム）の意図を読み取り、自身の実習課題や社会福祉に関する問題意識を明確にして実習事前訪問に臨むことが大切である。

3．実習先の種別による実習プログラムの違い

　実習先を大きく分類すると、フィールドとレジデンシャルに二分される。フィールドとは地域の相談機関のことで、福祉事務所・児童相談所・地域包括支援センター・社会福祉協議会・医療機関・障害者地域生活支援事業・障害者就労生活支援センター・独立型社会福祉士事務所など、地域の潜在的な福祉ニーズの発見から関係機関の連携調整などをする機関である。レジデンシャルとは、特別養護老人ホーム・老人デイサービスセンター・児童養護施設・障害者支援施設・更生保護施設などで、個別の対象者への支援を中心とする施設である。実習先の種別によって、展開されているソーシャルワークに特徴があることを理解しなければならない。

　表7－1－1と7－1－2は、フィールド・ソーシャルワークとレジデンシャル・ソーシャルワークの特徴等を整理したものである。もちろん、各施設・機関の機能等によって、実際に学ぶ知識や技術は相違するが、1人の専門職者として、多様な学習をしていかなければならないことを痛感するだろう。

第7章：実習の実際と実習プログラム

図表7－1－1：フィールド・ソーシャルワークの特徴・実習経験・専門性の整理例

FSWの特徴と実習経験	価値	知識	技術	ツール・教材等
アウトリーチ・問題発見システム ・地域の福祉調査に関する理解 ・社会福祉調査に関する理解と体験 ・機関連携（諸連絡会議）の理解と体験 ・ニーズキャッチシステムの理解と体験 ・民生委員・福祉委員連携の理解と体験 ・相談方法（窓口・出前・電話）の理解と体験	ノーマライゼーション 連携・協働 プライバシー保護 自己決定	地域の福祉問題・生活課題の知識 社会・経済・心理・法律等に関する知識 民生委員制度 関係機関の知識 電話相談 地域診断	調査技術 コミュニケーション技術 地域組織化技術（ニーズキャッチシステムづくり） 福祉組織化技術（関係機関・団体等との連携）	各種調査報告書、市町村地図、市町村行政概要など機関・施設リスト 自機関・他機関の紹介リーフなど 面接・接遇マニュアル
ニーズ確定とアセスメント・緊急対応 ・ニーズへの即時対応と情報収集に関する理解と体験 ・初期訪問、初期面接の理解と体験 ・初期アセスメントとスクリーニングの理解と体験（緊急対応ふくむ）	個人の尊厳 プライバシー保護 自立支援・エンパワメント 利用者参加、自己決定、説明と同意	地球環境の知識 地域資源の知識 福祉問題・生活課題の知識 アセスメント様式 家族関係・意識・理解・協力の度合い	相談面接技術 コミュニケーション技術 マッピング技法 初期評価技法 情報管理と共有・プライバシー保護 チームマネジメント	アセスメントシート・エコマッピングシート・ジェノグラム等 地域機関・施設リスト
目標設定・援助計画・サービスマネジメント ・ケースカンファレンスの開催と運営に関する理解と体験（模擬的も含む） ・ケアマネジメントに関する理解と体験（模擬的も含む） ・諸制度の申請・手続・契約に関する理解と体験（模擬的も含む）	プライバシー保護 自立支援・エンパワメント・利用者参加 説明と同意 自己決定	地域社会資源の知識 申請代行・契約の手続き等に関する知識 実践理論モデルの知識 プラン様式	カンファレンス開催運営 援助計画策定技術 連携・交渉技術 説明と契約技術 他機関への橋渡しおよび諸手続代行 IT・OAを用いた各種業務の展開技術	援助計画表 契約文書 地域機関・施設リスト 地域資源マップ
プログラム実行・モニタリング ・サービス利用状況の把握（自機関・他機関・インフォーマル資源・利用者）に関する理解と体験（模擬的も含む） ・苦情解決と業務改善に関する理解と体験	プライバシー保護 自立支援・エンパワメント・利用者参加 アドボカシー 権利擁護・苦情解決 自己決定 利用者利益・満足	苦情解決・権利擁護システムに関する知識 地域社会資源の知識 介護報酬・支援費等費用請求事務手続	臨床的面接技術 観察技法 モニタリング技術 ネットワーク技法 カンファレンス技法 フィードバック技法 IT・OAによる情報管理・監視の技術	記録用紙 経過観察チェックリスト 地域機関・施設リスト 地域資源マップ IT機器・諸様式
評価 ・ニーズ解決と利用者（＆家族）の変容の評価法に関する理解と体験 ・支援システムの評価に関する理解と体験	自立支援・エンパワメント・利用者参加 ニーズ充足 利用者利益・満足	実践理論・モデルに関する知識 評価法や諸効果測定に関する知識	カンファレンス技法 シングルケース（システム）デザイン法 事業評価法 フィードバック技法 フォローアップ技法	評価ツール
セルフヘルプ活動とソーシャルアクション ・当事者組織化に関する理解と体験 ・セルフヘルプ活動に関する理解と体験 ・ソーシャルアクション（予算対策・予算要望・団体交渉、計画策定参加等）に関する理解と体験 ・団体運営支援（場・機材等の提供、助成情報、新たな活動対象情報提供、団体間連携と拡大、コンサルテーションなど）に関する理解と体験 ・イベントやバザー企画開催（普及啓発と資金調達）に関する理解と体験 ・活動をPRするためのマスコミとの連携	自立支援・エンパワメント・利用者参加 アドボカシー 自己決定・側面支援 社会変革	当事者間力動・関係性、セルフヘルプグループに関する知識 組織化理論 助成団体・寄付団体情報 諸社会資源 広報・マスコミ情報 行政担当者の意識	当事者組織化技術 グループワーク インターグループワーク コミュニケーション技法 会議運営法 ソーシャルアクション バザー・イベント企画実施の技術 助成申請書作成技術 交渉（根回し・ロビー） 観察・記録	自助組織・当事者団体の概要資料

普及啓発とインフォーマル資源開発 ・普及啓発活動（広報誌、イベント、マスコミ連携等）に関する理解と体験 ・福祉学習機会の提供と参加への橋渡しに関する理解と体験 ・コミュニティ型（地域組織）・アソシエーション型（ボランティア組織）等組織化の理解と体験 ・団体運営支援（場・機材等の提供、助成情報、新たな活動対象情報提供、団体間連携と拡大、コンサルテーションなど）に関する理解と体験 ・利用者・当事者と住民活動との橋渡しに関する理解と体験	自立支援エンパワメント・利用者参加 アドボカシー 社会変革 住民参加、主体形成	地域特性と住民意識 住民間力動関係 地域活用資源情報（当事者・キーパーソン・講師・場・教材・ノウハウ等） 福祉教育の意義と方法に関する知識 地域組織化理論 NPO・住民参加型・ワーカーズコレクティブ等組織形態に関する知識	広報誌づくりの技術 地域組織化 講座等企画開催技術 コミュニケーション技法 地域組織化技術 ネットワーク技術 インターグループワーク 観察・記録 イベント企画運営技術	市町村勢資料 過去の広報誌・パンフ・リーフなど各種発行物 講演会・講座等の開催実績資料 地区社協概要 ボランティア団体名簿や概要
フォーマル資源開発（制度創設） ・行政福祉計画策定への参加・関与 ・諸制度・諸施策への提言や予算要望・各種審議会への参加等（詳細はソーシャルアクション参照） ・行政福祉担当者としての制度創設、運用改善、計画策定	利用者参加 ニーズ充足 社会変革 住民参加	国・都道府県・市区町村の制度知識 行政の権限や範囲・組織機構の知識 地方自治法に関する知識 行政福祉計画に関する知識 予算に関する知識	コミュニケーション技法 会議運営法 ソーシャルアクション 交渉（根回し・ロビー＝議会対策）	制度要覧 実務手引書 既存の福祉計画 行政機構組織図
組織機能の強化発展（ニーズ対応力・QOLの向上） ・サービス向上（自組織のニーズ対応範囲の拡大、ニーズ対応力・迅速性の向上、職員資質向上など）に関する理解 ・組織内スーパービジョン体制と方法に関する理解と体験 ・業務評価・事業評価システムに関する理解と体験 ・自組織に寄せられる期待と苦情の把握に関する理解と体験 ・自組織の地域・関係諸機関へのアピール・広報および情報公開に関する理解 ・自組織の経営運営に関する理解	アドボカシー ニーズ充足 社会変革 ソーシャルインクルージョン 情報公開	各種事業評価法 第三者評価・外部評価の知識や苦情解決システムの知識 予算決算・事業計画事業報告等の読み方の知識 補助金・指定管理者制度等に関する知識 経営学（マーケットリサーチ、業務分析、業務改善、CS、経営戦略など）の知識 さまざまな研修方法	事業評価法 効果分析法 業務分析法 研修技法 調査法 苦情解決 広報技術 スーパービジョン	組織機関パンフ 事業計画・事業報告

出所：社団法人　日本社会福祉士会『社会福祉士実習指導者テキスト（第2版）』中央法規出版、2014、pp.153-155

図表7-1-2：レジデンシャル・ソーシャルワークの特徴・実習経験・専門性の整理例

RSWの特徴と実習経験	価値	知識	技術	ツール・教材等
ニーズ、問題の明確化 ・面接に関する理解と体験 ・アセスメントに関する理解と体験 ・ケース記録に関する理解と体験 ・生育暦・生活暦に関する理解 ・ケースカンファレンスに関する理解と体験 （記録を読む、ケースカンファレンスを開催）	生存権 秘密の保持 非審判的態度	問題理解の視点 多様な生活上の問題に関する理論	アセスメント技法 面接技術 信頼関係構築の技術 ケースカンファレンスの技術	アセスメント用紙 マッピング用紙、ケース記録 フェースシート ケースカンファレンス記録
援助計画、ケアマネジメント ・ケアプランに関する理解と体験（ケアプランを読む、ケアプランを立てる）	生活権・自立 クライエント利益最優先 個別化 対象の自己決定	SW理論 サービス・資源に関する調整	援助計画の作成 援助計画の実施 カンファレンス技術 チームワーク	援助計画用紙 ケアプラン
チームマネジメント ・職員会議の理解と体験（参加同席、企画招集、進行運営） ・施設におけるチームワークのあり方に関する理解	クライエント利益の最優先	SW理論 職場の状況	チームワーク 仕事管理の技術	業務分担表 業務マニュアル フローチャート
職員研修 ・職員研修会に参加する ・過去の研修企画を知る ・研修企画を立ててみる	価値と知識と技術修得の必要性	SW理論 多様な仕事上の問題に関する理論	仕事管理の技術 伝達技術 企画の技術	研修企画事例 職員の感想記録
スーパービジョン ・スーパーバイジーをやる ・スーパーバイザーをやってみる	秘密の保持 非審判的態度	問題理解の視点 多様な仕事上の問題に関する理論 SW理論	カウンセリングスキル コーチングスキル 面接技術 自他の評価技術	実習日誌 SVアセスメントシート
サービス評価 ・効果測定 ・サービス評価をやってみる ・効果測定をしてみる ・処遇と施設の課題を探る	QOL・ノーマライゼーション・自立 非審判的態度 客観性・公開性・公平性	社会福祉政策（施設処遇）の歴史的展開過程・特徴・課題などに関する知識 シングルシステムデザイン法	評価技術 記録の技術 情報管理の技術	評価表 効果測定用紙
利用者権利擁護 ・生活のなかからプライバシーや人間らしい生活が侵害されている可能性のある部分を発見し、解決を検討する	生存権・生活権 秘密の保持 非審判的態度	法的権利 社会福祉政策（施設処遇）の歴史的展開過程・特徴・課題などに関する知識	記録の技術 情報管理の技術	関連法律 関連規程 倫理綱領
苦情解決 ・苦情記録を読む ・苦情受付の模擬体験 ・苦情を聞き、解決の検討	QOL・クライエントの利益最優先・秘密保持・個別化・公平性	多様な生活上の問題に関する理論 苦情解決の規定	信頼関係の技術 面接技術	苦情解決規程
利用者参加、自立支援、自己決定支援 ・利用者の参加度、自己決定の程度、施設の自立支援の姿勢と体制を検証し、課題を明らかにし、その対策を検討する。	QOL・自立 自己決定の促進 個別化	SW理論	面接技術 チームワーク 自立支援計画の立案技術	参加度・自立支援度チェックシート
QOLの向上 ・施設の入所者を体験し、利用者の生活の質について検証し、長所短所を明らかに、必要な取り組みを検討する。	ノーマライゼーション 自立 自己決定の促進 個別化	SW理論 社会サービス社会資源に関する調整	チームワーク	評価法・効果測定表 施設内外の資源リスト ボランティアの育成・導入状況の記録

施設運営、情報公開、労働環境整備 ・この分野に関する施設内の事例を聞き、その対処を検討する。	職場のQOL 職員の自己決定の促進 誠実	SW理論 社会福祉政策（施設の運営管理）の特徴・課題に関する知識 法的根拠などの知識	チームワーク 情報管理の技術 仕事管理の技術	業務マニュアルフローチャート、予算書、関連法律・諸規則 運営上の問題事例 組織図・福祉六法
地域諸機関や住民の家族とのパイプ役など ・関係機関や地域団体や家族との会議や訪問に同行する。 ・施設内外の資源を抽出してみる。	QOL・ノーマライゼーション クライエントの利益優先 誠実さ	社会サービス・資源活用の手続方法 社会サービス・資源に関する調整	信頼関係の技術 コミュニケーションの技術 協働（地域・家族）の技術	マッピング用紙 社会資源マップ

出所：社団法人　日本社会福祉士会『社会福祉士実習指導者テキスト（第2版）』中央法規出版、2014、pp.156-157

4．実習プログラムの展開

　社団法人日本社会福祉士会・実習指導者養成研究会（2000～2002年度WAM助成研究報告）は、相談援助実習を「職場実習」、「職種実習」、「ソーシャルワーク実習」の3段階に整理した。

　職場実習とは、その実習先の設置目的や組織の全容、立地する地域や対象者の理解をする段階で、実習期間当初に計画するのが通例である。関係する法律や制度の理解や活用すべき社会資源などは、実習先が決まった段階から学習が始められるはずである。実習先の事業内容や組織構造などについては、事前訪問後の学習によりある程度の予備知識を得て実習に臨んでもらうことが原則であろう。

　職種実習は、社会福祉士や生活相談員などが担っている業務全般を体験する段階で、書類整理・電話応対・見学受付など直接的な相談業務の周辺諸業務を学ぶ内容である。職場としてのソーシャルワーク実践現場の実態を知るとともに、組織人としての行動規範やチーム連携上の配慮など、円滑な事業運営のための業務全般の体験時期となる。

　ソーシャルワーク実習は、社会福祉士の中心業務を体験する段階で、相談援助実習が実践力のある社会福祉士養成につながるよう、日常業務の中にちりばめられたソーシャルワーク実践を抽出し、実践の意味や援用している知識・技術を具体的に学ぶ時期である。社会福祉の原理や立脚する人間観・社会観を基に、どのような倫理を意識しどのような実践理論を根拠として相談援助業務を行っているかを見せ、実習生にソーシャルワークの実際をつかみ取ってもらうことになる。

　図表7－1－3「実習プログラムの枠組み」は3段階実習を展開するための参考となる。実習期間全体を有効に使って、個別の対象者への援助実践の実際のみならず、実習先の運営理念・方針や地域住民や関係事業所との関わりの実際を広く理解して、実習生の自己学習につながるよう個々の実習生用にカスタマイズされた実習プログラムを用意する必要があるといえるだろう。

図表7-1-3：実習プログラムの枠組み

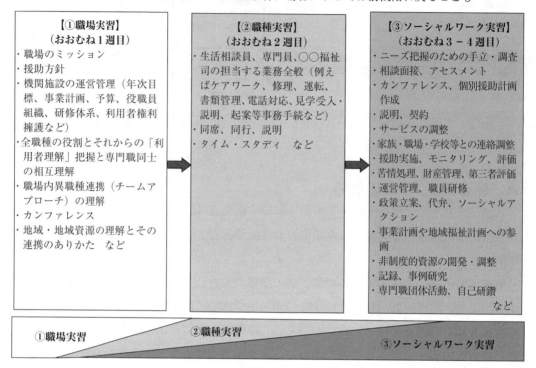

出所：社団法人日本社会福祉士会『社会福祉士実習指導者テキスト』中央法規出版、2008、p.144

参考文献

1. 社団法人日本社会福祉士会施設実習指導者研修委員会フォローアップ研究作業部会「新制度のもとでの相談援助実習の質の向上に関する研究：報告書」2010
2. 社団法人日本社会福祉士会編『社会福祉士実習指導者テキスト』中央法規出版、2008

memo

第2節　養護老人ホーム

1．実習先の概要

　養護老人ホームとは、老人福祉法第20条の4に規定された老人福祉施設である。

　65歳以上で、環境上の理由や経済的な理由により居宅での生活が困難な者が入所し、その者の社会復帰促進や自立した日常生活を送ることができるように、支援する施設である。この養護老人ホームの設置主体は、地方公共団体または社会福祉法人であり、施設への入所は市町村の措置決定に基づき行われる。したがって、入所申し込みの窓口は市町村である。

　2006（平成18）年4月から、養護老人ホームは介護保険法に規定する居宅サービスの1つである特定施設入居者生活介護のうち、外部サービス利用型特定施設入居者生活介護の指定を受けることが可能となった。これにより要介護認定等を受けた利用者は、介護サービスを契約し、利用できるようになった。

　養護老人ホームの職員体制は、ソーシャルワークの機能を中心的に担う生活相談員のほかに、施設長を始め、事務員、看護師、支援員、栄養士等により構成されている。

2．実習プログラム作成の意図

（1）事前学習

①養護老人ホームの特色を理解しておく

②社会福祉法・老人福祉法・介護保険法を理解しておく

③日本社会福祉士会の倫理綱領を読み理解しておく

④守秘義務について理解しておく

⑤高齢者の病気・心理を理解しておく

⑥実習先施設のパンフレットを熟読しておく

（2）職場実習

①養護老人ホームの法人の概要を理解する

②養護老人ホームの概要を理解する

③養護老人ホームの業務の内容を理解する

④養護老人ホームの日課を理解する

⑤養護老人ホームの各職種の業務の理解を深める

⑥各職種の連携やチームワークの理解を深める

⑦利用者に対する現状のサービス理解を深める

⑧利用者についての記録方法の理解を深める

⑨利用者や家族に対してのかかわり方が大切であることを理解する

⑩利用者の心身の変化に対する観察力を持つことが大切であることを理解する

⑪利用者の生活ニーズを把握することが大切であることを理解する

(3) 職種実習

①記録やケース会議に参加し援助方針、援助過程を理解する

②利用者の人権を擁護することの大切さを理解する

③利用者や家族についての守秘義務が不可欠であることを理解する

④専門職としての自己覚知および自己洞察力を深める

⑤他職種・他機関との連携について理解を深める

⑥地域の社会資源の活用と地域関係者との協力関係を理解する

(4) ソーシャルワーク実習

　生活相談員は施設内の多様な職員とのパイプ役として、利用者との相談業務および市町村との連絡、調整、報告や身元引受人との連絡、外部サービス利用のための介護支援専門員との調整等、その業務は広範囲である。具体的にソーシャルワーク学習としては以下の業務項目が挙げられる。

①入退所にかかわる手続きを学ぶ

②利用者や家族に対する面接を通じての具体的援助を学ぶ

③利用者の財産管理を学ぶ

④苦情の対応、記録を学ぶ

⑤緊急時の対応、事故防止、発生状況、その対応の記録（リスクマネジメント）を学ぶ

⑥利用者の個別支援計画の立案それにかかわる調査、指導、記録と管理を学ぶ

⑦ボランティア（地域、法人関係、学校関係等）の受け入れ調整を学ぶ

3．実習先理解のための基本文献

①神奈川県高齢者福祉施設協議会編『高齢者福祉サービス 生活相談援助・業務マニュアル』中央法規出版、2007

②渡部律子『高齢者援助における相談面接の理論と実際』医歯薬出版、2006

③白澤政和『生活支援のための施設ケアプラン－いかにケアプランを作成するか』中央法規出版、2003

④長寿社会開発センター『老人福祉の手びき』各年版

4．実習プログラム例＊養護老人ホーム

段階	月日	実習課題（ねらい）	具体的実習内容（実習経験）
事前学習	実習前	①養護老人ホームの特色を理解しておく ②社会福祉法・老人福祉法・介護保険法を理解しておく ③日本社会福祉士会の倫理綱領の概要を理解しておく ④高齢者の病気・心理を理解しておく ⑤守秘義務について理解しておく ⑥社会人としてのマナーを習得しておく	①大学での講義や自主学習において実習先施設やその関連法律について学ぶ ②日本社会福祉士会の倫理綱領を自主学習する ③高齢者の病気や心理を学ぶ ④訪問先施設のパンフレットを読む
職場実習	第一週目	①法人の概要を理解する ②施設の概要を理解する ③施設の業務内容を理解する ④施設の日課を理解する ⑤職員の業務を理解する ⑥他職種との連携が大切であることを理解する ⑦介護職員につきながらその業務を観察し理解する ⑧利用者に対してのサービスの現状を理解する ⑨利用者についての記録の方法を理解する ⑩利用者や家族に対しての関わり方を理解する ⑪利用者の変化を観察する ⑫利用者の生活に関するニーズを把握する	①自己紹介 ②実習オリエンテーション ③法人の概要の理解 ④施設の業務の理解 ⑤業務の日課の理解 ⑥職員の業務の理解 ⑦他職種との連携の大切さの理解 ⑧介護職員につきながらその業務を観察する ⑨利用者を観察し、利用者と交流する ⑩利用者のケース記録を読む ⑪一日の業務の流れを観察して記録する
職種実習	第二週目	①記録を閲覧したり、ケース会議に参加し、援助方針、援助過程を理解する ②利用者の人権を擁護することの大切さを理解する ③利用者・家族についての守秘義務が不可欠であることを理解する ④専門職としての自己覚知及び自己洞察力を深める ⑤他職種・他機関との連携について理解を深める ⑥地域の社会資源の活用と地域関係者との協力関係を理解する	①記録の閲覧、ケース会議参加による援助方針、援助過程の理解 ②利用者の人権擁護の理解 ③利用者・家族の守秘義務の重要性の理解 ④他職種・他機関との連携の理解 ⑤地域の社会資源の活用と地域関係者との協力関係の理解
ソーシャルワーク実習	第三〜四週目	①生活指導員が施設を構成している多様な職員とのパイプ役として、利用者との相談業務及び市町村との連絡、調整、報告や身元引受人との連絡、外部サービス利用のための介護支援専門員との調整等の業務をしていることを理解する ②入退所に関わる事務手続きや具体的な援助のあり方、面接の方法を理解する ③利用者の財産管理 ④苦情の対応、記録 ⑤緊急時の対応 ⑥事故防止、発生状況、その対応の記録（リスクマネジメント） ⑦入所者の個別支援計画の立案とそれに関わる調査、指導、記録と管理 ⑧ボランティア（地域、法人関係、学校関係等）の受け入れ調整 ⑨実習の統括	①生活指導員が施設を構成している多様な職員とのパイプ役として、利用者との相談業務及び市町村との連絡、調整、報告や身元引受人との連絡、外部サービス利用のための介護支援専門員との調整等の業務をしていることを観察する ②入退所に関わる事務手続きや具体的な援助のあり方、面接の方法を観察する ③利用者の財産管理の記録を閲覧する ④苦情の対応、記録を閲覧する ⑤緊急時の対応 ⑥事故防止、発生状況、その対応記録（リスクマネジメント）の閲覧 ⑦入所者の個別支援計画の立案、それにかかわる調査、指導、記録と管理 ⑧ボランティア（地域、法人関係、学校関係等）の受け入れ調整 ⑨実習の振り返り

第2節：養護老人ホーム

必要な価値・知識・技術	指導方法・指導上の留意点	教材	チェック欄
①知識：社会福祉法・老人福祉法・介護保険法、その他の法律の基礎知識／個人情報保護法・守秘義務の知識／高齢者医学・高齢者心理の知識／日本社会福祉士会の倫理綱領の知識 ②技術：社会人としてのマナー	①実習についての心構え ②守秘義務についての説明と誓約書の提出指導 ③服装、言葉づかいなど社会人としての最低限のマナー	①社会福祉法 ②老人福祉法 ③介護保険法 ④日本社会福祉士会の倫理綱領	
①価値：ノーマライゼーション、ソーシャルインクルージョン／連携、協力、平等、人権 ②知識：社会人としてのマナー／社会福祉士倫理綱領、行動規範／個人情報の保護、守秘義務／介護保険制度 ③技術：スタッフとの関係形成能力／コミュニケーションの技術、観察力、記録／自己覚知	①法人の概要の説明 ②施設の業務の説明 ③業務の日課を説明 ④職員の業務の説明 ⑤他職種との連携を説明 ⑥介護職員に付き添い、その業務を観察させる ⑦業務の補助をさせ指導を行う ⑧利用者の観察及び利用者との交流 ⑨利用者のケース記録を読む	①施設・法人の事業計画書、組織図 ②日課表 ③利用者のケース記録 ④業務日誌	
①価値：個人情報保護、守秘義務／個人の尊厳／QOLの向上／説明と同意／自己決定／権利擁護／自立支援／自己覚知 ②知識：社会人としてのマナー／社会福祉士倫理綱領、行動規範／個人情報保護、守秘義務／介護保険制度／高齢者の疾患、心身の機能、心理／チームアプローチの理解／他職種・他機関の理解 ③技術：傾聴、受容／ニーズ把握／アセスメント／モニタリング／フィードバック／コミュニケーション技術／関係機関とのネットワークと調整	①記録やケース会議に参加し援助方針、援助過程の説明 ②利用者の人権の擁護に関して説明 ③利用者・家族についての守秘義務の説明 ④他職種に関して説明	①行事計画書 ②業務日誌 ③ケース記録 ④支援計画	
①価値：個人情報保護、守秘義務／個人の尊厳／QOLの向上／個別化／説明と同意／自己決定／権利擁護／自立支援／自己覚知 ②知識：社会人としてのマナー／社会福祉士倫理綱領、行動規範／個人情報保護、守秘義務／介護保険制度／成年後見制度／権利擁護全般の基礎知識／チームアプローチの理解／他職種・他機関の理解 ③技術：傾聴、受容／ニーズ把握／アセスメント／モニタリング／フィードバック／コミュニケーション技術／関係機関とのネットワークと調整	①生活相談員が施設を構成している多様な職員とのパイプ役として、利用者との相談業務及び役所との連絡、調整、報告や身元引受人との連絡、外部サービス利用のため介護支援専門員との調整等の業務を担っていることを説明 ②入退所にかかわる事務手続きの説明 ③可能であれば施設見学者の案内に同席 ④苦情への対応の過程を説明 ⑤緊急時の対応の過程を説明 ⑥事故防止、発生状況、その対応の記録の説明 ⑦入所者の個別支援計画の立案、作成の方法を説明 ⑧具体的な援助のあり方と面接方法を説明 ⑨実習の振り返りを行う	①利用契約書一式 ②入退所関係書類 ③苦情対応記録 ④事故報告書 ⑤会議録 ⑥研修報告書 ⑦日本社会福祉士会倫理綱領	

第3節 特別養護老人ホーム

1．実習先の概要

　特別養護老人ホームは、老人福祉法第20条の5を根拠法として設置され、また、介護保険法第8条第24項の指定を受けた施設である。その目的は、65歳以上の者であって、身体上又は精神上著しい欠陥があるために常時の介護を必要とし、かつ居宅においてこれを受けることが困難な者又は介護保険法の規定による介護福祉施設サービス費の支給に係る者その他の政令で定める者を入所させ、養護する施設となっている。

　2014（平成26）年度介護サービス施設・事業所調査結果（厚生労働省）によると、施設総数は7,249、定員数は498,327人で一施設あたりの定員は68.7人となっている。定員規模でみると「50～59人」が34.2％と最も多くなっている。最近の傾向として、平成18年度の介護保険法改正に伴い創設された地域密着型介護老人福祉施設が、保険者の下で指定を受ける仕組みで数を増やしている。

　施設に従事する職員の配置は、施設長、（嘱託）医師、生活相談員、介護職員、栄養士、機能訓練指導員、計画担当介護支援専門員、事務員、調理員などが挙げられる。

　介護保険制度導入後は、要介護状態と認定された要介護1～5の被保険者が利用の対象となった。制度的には法が定める特定疾患を持つ40歳以上の要介護者も対象となるが、世代の問題もあり若年者の利用は心理的にも避けられており、障害者施設の数的問題と併せて社会問題化している。

　現在、全国の入所者の平均要介護度は3.90（平成22年度特別養護老人ホーム等経営実態調査）となっている。そのため、医療ニーズの高い入所者も多く、医師・看護職員が担う健康管理、予防的医療サービスの充実が求められている。また、介護職員による入浴、排せつ、食事などの介護全般のみならず、吸引・吸痰、経管栄養など安全で安心な医療的ケアの実践も期待される役割となっている。更には、計画担当介護支援専門員が特別養護老人ホームに必置となり、入所者の処遇に関する介護サービス計画書の立案、実践、再評価などを関連職種と協働して行うことが求められている。

2．実習プログラム作成の意図

（1）事前学習

　特別養護老人ホームにおける実習では、入所施設事業のみならず、ショートステイ事業、デイサービス事業、ホームヘルプ事業をはじめ、多くの在宅事業を併設している環境の中で実施されることが多い。そのため、利用者の生活を中心におきながら、地域、在宅支援、包括的サービスといわれる施設の位置関係を、一連の流れから意識づけさせておく。

（2）職場実習

現場では、各在宅事業サービスの機能と役割を知ることで、施設の機能と役割をより明確に理解させることが可能となる。施設の事業構成にもよるが、実習の内容を大きく2つに分け、前半では施設における相談業務、後半では在宅事業サービスにおける相談業務を学ばせることが可能となる。そのねらいとして、施設は定員という限定された数の利用者が生活を送っている点やその支援に当たる専門職も固定されている点など、実習そのものが持つリスクに対し、実習指導者がマネジメントしやすい環境であることが挙げられる。そのつど、実習生への指導が可能であり、実習指導の効果を最大限に引き上げることもできる。その実践を評価した後に、在宅事業サービスを活用する利用者と出会わせることで、ソーシャルワーク実践の展開がより充実したものとなり、実習目標の達成に近づくものと期待できる。

（3）職種実習

施設には、医療・保健・福祉分野などの多数の専門職が配置されている。それぞれの専門性と専門職のあり方、その機能と役割の違いや成り立ちについて実習を通して学ぶとともに、専門職種間の連携のあり方について基本姿勢を学ばせることができる。

（4）ソーシャルワーク実習

施設では、介護業務（ケアワーク）と相談業務（ソーシャルワーク）が職種で明確に分離しているため、相談業務（ソーシャルワーク）に特化した実習の展開がしやすい。また、利用者の背景に介護問題が影響しているため、潜在する介護ニーズの発見とその課題解決に向けた取組みなどを具体的にイメージ化させやすい。

現在、重度化に伴う医療的ケアや看取りのケアの導入などが進められる中、嚥下機能の低下した利用者への食の提供に象徴されるように、入居者の安全と安心をめぐり福祉の価値と医療の価値は時として相容れない場合がある。それぞれの専門的視点を学び、心身機能の低下した利用者支援のあり方について学ばせる機会となる。

3．実習先理解のための基本文献

①神奈川県高齢者福祉施設協議会編『高齢者福祉サービス 生活相談援助・業務マニュアル』中央法規出版、2007
②渡部律子『高齢者援助における相談面接の理論と実際』医歯薬出版、2006
③東京都社会福祉協議会『高齢者福祉施設 生活相談員業務指針 '12』東京都社会福祉協議会、2012
④髙山直樹・川村隆彦・大石剛一郎編著『福祉キーワードシリーズ 権利擁護』中央法規出版、2002
⑤結城康博『介護－現場からの検証』岩波書店、2008

4．実習プログラム例＊特別養護老人ホーム

段階	月日	実習課題（ねらい）	具体的実習内容（実習経験）
事前学習	実習前	①実習を積極的にすすめ、内容を理解するために必要な知識と態度を養う	①実習施設の制度上の位置づけを知る ②実習施設の概要（併設事業など）を理解する ③実習施設の地域状況や成立ち（歴史）を調べる ④実習目標・課題をまとめる ⑤施設見学、実習指導者との事前協議
職場実習	第一週目	①施設の概要（組織、システム、予算、人員など）を知る ②施設運営の仕組みを知る ③利用者の概要（男女の構成、年齢、入所年数、介護度、既往症、障害、認知度など）を知る ④施設の日課を知り、利用者との交流を通して、個人を理解する ⑤施設内の職種とその機能を知る ⑥併設の事業を知る ⑦施設周辺の地域状況を知る ⑧地域と施設の関係を知る ⑨地域の主要な社会資源を知る ⑩実習の方向性を確認する	①事前に調べた施設概要のレポートを報告、概要に関する講義 ②運営の仕組みに関する講義／施設を巡回し、利用者と接し、施設全体を観察する ③利用者の全体を観察する ④1日の流れの説明を受け、利用者と交流する ⑤各職種の業務内容の説明、見学 ⑥ショートステイ事業の概要説明と送迎同行、インテーク面接立会観察／デイサービス事業の概要説明と送迎同行、運営全体の観察／ホームヘルパー事業の概要説明／地域包括支援センターの概要説明／訪問同行、相談面接観察／居宅介護支援事業の概要説明と同行訪問、相談面接観察 ⑦実際に地域を歩き、その状況を調べる ⑧地域と施設の関係の説明 ⑨地域の関係機関に訪問する／行政機関、社協、協力医療機関、民生委員、自治会など ⑩実習指導者と協議
職種実習	第二週目	①相談員の業務概要を知る ②施設内部における相談員の業務を知る ③外部関係機関とのなかで相談員の果たしている役割を知る ④地域との関係のなかで相談員の果たしている役割を知る	①相談員の年間・月間・1週間・1日の業務概要を聞く ②施設内での相談員の業務に同行する ③施設外での相談員の業務に同行し、業務日誌をみる ④民児協や自治会議など地域関係者との協議に同席する

必要な価値・知識・技術	指導方法・指導上の留意点 (指導担当者)	教材	チェック欄
①価値：人権、社会正義、ノーマライゼーション、ソーシャルインクルージョン ②知識：一般的な福祉関連法、関連福祉制度、地域福祉、高齢者福祉事業の状況、社会的マナー、個人情報の保護 ③技術：資料収集の方法、情報分析技術、面接技術、コミュニケーション技術、読解法	①事前訪問させる ②地域状況や成立ち（歴史）と施設概要の要点を説明し、その後の実習生の学習に方向性を与える ③予定される実習の工程と実習生の目標や課題が大きくずれないよう担当教員の指導を受けて考えるように指導する ④実習に必要となる資料を読ませる ⑤個人情報の保護について施設側の考えを伝え、自覚させる	①市町村が地域の福祉事情についてまとめた資料、市町村の福祉計画、施設の事業報告書、事業計画書、重要事項説明書、個人情報保護規定 ②養成校の実習手引き、施設の実習マニュアル、実習工程表 ③介護報酬の手引き	
①価値：ノーマライゼーション、ソーシャルインクルージョン、人権、尊厳、自己決定、自立支援、連携、協力、社会正義、平等 ②知識：老人福祉法、介護保険法、社会福祉法、障害者自立支援法、労働関係法、地域の特性、地域の活動、地域の組織 ③技術：資料収集の方法、情報分析技術、面接技術、コミュニケーション／技術、読解法、礼節	①レポートを報告させ、どの程度理解しているかを確認し、補足する ②組織図、事業計画を活用し説明する ③④各部署に実習生の受け入れを周知し、観察と質問への応答の協力を要請する ⑤各職種が立案した計画書を使い、機能と役割について説明を依頼する／特に、相談員（社会福祉士）の担う役割との違いを確認させる ⑥在宅要介護高齢者等の生活を支援する併設事業の役割を意識させる／施設が果たす役割について改めて考えさせる ⑦⑧⑨実際に地域を歩き、施設周辺の環境を落し込んだマップを作成させる ⑧社会資源が果たす利用者への効果という視点を提示 ⑨地域の状況や抱える課題に対して施設が果たす役割という視点を提示 ⑩実習目的・実習課題の再整理をさせ、実習生が想定していた実習内容となるかを協議する	①施設の事業報告書、事業計画書、重要事項説明書、市町村の福祉計画 ②組織図、事業計画書、業務日誌、業務予定表 ③利用者概況に関する資料 ④日課表、１週間行事予定表、ケースファイル、医療情報に関する資料 ⑤各業務マニュアル、各専門職種倫理要綱 ⑥ショートステイ事業、デイサービス事業、ホームヘルパー事業、地域包括支援センター事業、居宅介護支援事業の概要資料 ⑦地域の歴史書、市町村のガイドブック、まちづくり協議会関連資料、社協の活動報告書 ⑧施設が地域と協働した活動内容についてまとめた報告書 ⑨社会資源マップ ⑩実習計画書、実習プログラム	
①価値：権利擁護、秘密の保持、プライバシー保護、利用者の利益最優先、誠実、非審判的態度 ②知識：施設設置基準に基づく相談員の役割、情報公開・苦情解決・権利擁護、成年後見制度、年金制度、医療制度など利用者の権利を守る仕組み ③技術：面接技術、記録技術、観察技術／分析技術、評価技術	①実践計画や表を活用して説明 ②相談員の業務内容と対応方法について具体的に観察させる ③④同行前に訪問の趣旨を説明し、同行中の対応や態度について指導する	①事業計画、実践計画、行事計画 ②相談記録用紙、業務日誌 ③相談記録用紙、業務日誌 ④関連機関・対象団体に関する資料	

ソーシャルワーク実習	第三〜四週目	①相談援助機能を知る ②情報収集と整理、分析の実際を知る ③研究機能を知る ④個別支援計画作成〜評価の機能を知る ⑤サービスの展開とリスクマネジメントの関係を知る ⑥施設評価機能と改革機能を知る ⑦プレゼンテーション機能の必要性を知る ⑧関係機関との連携過程を通して施設外との調整機能を知る ⑨地域との連携過程を通して資源開発機能を知る ⑩権利擁護過程を通して施設内調整機能を知る ⑪ソーシャルワーク専門職を知る ⑫利用者にとっての生活施設を総括する ⑬ソーシャルワークの視点から実習を総括する ⑭社会福祉士養成実習への取り組みを総括する	①施設内ミーティングに参加する ②ミーティングで得られた情報を基に利用者と個別面談し、利用者の実態把握を行う ③個別面談で把握した情報を整理する／整理した情報を分析した結果、得られたニーズを実習指導者へ報告する／ニーズの背景を更に深めるための相談を継続し、ニーズ解決に向けた対応策を検討する（後に担当ケース）／利用者のケース記録を確認する ④ケースカンファレンスに参加し、担当ケースに関する情報を集める／継続的に担当ケースを面談する／担当ケースをアセスメントし、課題を整理する／担当ケースの現在の支援計画の評価を行う／実施したアセスメントから新たな個別支援計画案を策定し、各関連部署と実施可能性について協議を行う／個別支援計画案を提案する ⑤ヒヤリ・ハットと事故報告書の閲覧、及び利用者のケース記録から関連状況を検証 ⑥サービス評価結果と改善に向けた取り組みと効果について検証 ⑦⑤⑥で検証した結果得られた情報を整理し、施設運営上明らかになった課題を解決するための実践計画・研修計画案を提案する ⑧病院（地域連携室）、行政機関との調整会議に同席 ⑨民生委員、認知症高齢者家族の会、自治会などの地域団体が主催する会議に同席 ⑩施設や地域包括支援センターに寄せられる介護相談の中で、経済搾取、介護放棄などの虐待が考えられるケースの報告書を閲覧、事例の検証 ⑪実習指導者の社会福祉士としての実践を聞く／毎日の実習目標と実践について1日の実習後に評価を受ける ⑫施設実習の全体を振り返ってレポートを作成する ⑬ソーシャルワークの観点から実習を振り返って述べる ⑭理想とする社会福祉士のあり方について述べる

第3節：特別養護老人ホーム

①②③価値：人間の尊厳、個別化、プライバシーの尊重、秘密の保持、非審判的態度、共感的態度 知識：ソーシャルワーク理論、高齢者の生活に関する知識、高齢者の心身機能に関する知識、家族心理に関する知識、社会病理に関する知識、医学的知識 技術：面接技術、観察技法、記録技術、エンパワメント、ストレングス、調整技術、コミュニケーション技術 ④価値：個別化、利用者の利益最優先／尊厳の保持、自立支援 知識：高齢者の生活の知識、高齢者の心身機能に関する知識、地域の社会資源に関する知識、制度政策に関する知識、医学的知識 技術：ケアマネジメント、エコマップ、ジェノグラム、課題分析 ⑤⑥価値：権利、尊厳の保持、アドボカシー、自立支援 知識：リスクマネジメント、成年後見制度、損害賠償制度、評価 技術：分析力、調査法、危険予測 ⑦価値：利用者の利益最優先、尊厳の保持、資質の向上、秘密の保持 知識：評価方法、評価基準、 技術：分析力、研究方法、調査技術／調整技術、構成力、プレゼン力 ⑧価値：利用者の利益最優先 知識：医療機関・行政機関の仕組み 技術：コミュニケーション技術、記録の技術、情報整理 ⑨価値：ノーマライゼーション、ソーシャルインクルージョン、コミュニティワーク 知識：地域の状況、ボランティア・NPOなどの活動状況 技術：コミュニケーション技術、地域福祉援助技術 ⑩価値：尊厳の保持、利用者理解、秘密の保持、アドボカシー 知識：個人情報保護法、倫理綱領 技術：情報管理、調整能力 ⑪価値：人権、社会正義 知識：ソーシャルワークの定義と倫理、倫理綱領、社会福祉士法 技術：聞く力、まとめる力、振り返る力、文章力 ⑫⑬⑭価値：人権、社会正義、利用者の利益最優先、尊厳の保持、専門性 知識：ソーシャルワークの定義と倫理、倫理綱領 技術：グループワーク、プレゼンテーション技術	①利用者の日常生活における心身の変化について、ミーティングを通して関心を向けさせる ②利用者の記録を読みこませた後、面談を行わせ、利用者の個別化を進める／利用者との向き合いを通して表出する態度や姿勢の根拠について振り返りながらその内容を指導する ③他職種の問題の捉え方、解決方法の選択についてまとめさせ、社会福祉士との違いの背景を理解させる／利用者を中心とした連携の在り方について考えさせる／ケースカンファレンスの意味を伝える ④ケースカンファレンスの要点を事前事後に説明する／利用者や家族との面談を行い情報を収集することを指示する／アセスメントの仕方を指導する／担当ケースの支援計画と実施状況を説明する／個別支援計画の立案について指導する ⑤利用者のケース記録と提出されているヒヤリ・ハット報告書を突合させながら、施設内事故の発生のメカニズムとその対策について説明する ⑥サービス評価の概要を説明し、改善の過程を調べさせる ⑦課題の整理に必要な情報収集の方法や分析、そのまとめ方について指導する ⑧連携の過程、方法、効果を説明する／同行前に関係機関との関係や会議の目的について説明する ⑨連携の過程、方法、効果を説明する／同行前に関係機関との関係や会議の目的について説明する ⑩プライバシー保護、個人情報保護に関する制度上求められるルールを説明する／施設への入退所、併設事業所の利用・終結時の手続きと重要点と過程を説明する ⑪実習指導者のソーシャルワーク実践と専門職団体等での活動や専門職像について説明する ⑫実習の感想をまとめるのではなく、実習を通して収集した資料や実習生が自ら分析・評価した内容を根拠にまとめるよう指示する ⑬ソーシャルワーク理論の観点から施設機能や支援のあり方について捉えるように指示する ⑭自ら作成した実習目標・実習課題の達成度を確認させる／倫理綱領との関連に留意させる	①業務日誌・夜勤記録・看護記録／相談記録 ②ケース記録・フェースシート・カンファレンス記録・介護サービス計画書 ③②と同／医師意見表 ④②と同／アセスメント用紙・介護サービス計画書 ⑤ケース記録・IAC報告書／ヒヤリ・ハット、分析結果報告書 ⑥第三者評価結果報告書、情報の公表関連資料 ⑦事業計画、研修計画書、実習受入れ一覧、実習指導マニュアル ⑧関連機関パンフレット、リーフレット、過去の会議記録 ⑨自治会組織、ふれまち組織、民児協組織、セルフヘルプグループなどの関連資料と関係する過去の会議記録 ⑩個人情報保護規定、重要事項説明／個人情報保護法、成年後見制度パンフレット、手引き、関連事例 ⑪社会福祉士会関係資料 ⑫実習期間の全資料、振り返りシート ⑬⑭養成校実習手引き、実習生作成分の実習目標・実習課題／社会福祉士倫理綱領	

第4節　軽費老人ホーム

1．実習先の概要

　軽費老人ホームは、家庭環境や住宅環境等を理由に家族と同居ができず、自宅での生活が困難な方が対象である。年齢は60歳以上（夫婦の場合はどちらか一方）の高齢者。低額な料金で住居を提供する老人福祉施設であり、個室化されているのが特徴である。

　軽費老人ホームは大きく以下の3つに分けられる。①軽費老人ホームA型：給食サービスがある、②軽費老人ホームB型：基本的には自炊、③ケアハウス：軽費老人ホームA型と同じく給食サービスがあり、バリアフリー等利用者に配慮した施設整備がなされている。また介護が必要になった場合、介護保険サービスを利用することができる。

　上記3つに分けられた中でケアハウスの数が大多数を占めており、以下ケアハウスについて述べることとする。

　ケアハウスには一般型（自立型）と介護型の2つに分類することができる。まず一般型は原則として自炊できない程度の心身状況であり、それ以外については自立した生活ができる方が対象で、介護が必要になった場合、介護保険サービスである居宅サービス（ホームヘルパーやデイサービス等）を利用することができる。次に介護型は介護が必要になった場合、特定施設入居者生活介護[注1]（ケアハウスの職員が24時間体制で直接介護を提供）契約を結び介護サービスの提供を行う。

　職員は主として、施設長、生活相談員、看護職員、介護職員、栄養士、調理員、事務員等が配置されている。それぞれの専門職種において連携しながら入居者を支援する。入居者の支援については、日常生活支援が中心である。他にボランティアによる余暇活動や行事等、様々な企画も行っている。日常生活において入居者本人の尊厳を維持しながら、生活ニーズに対する柔軟な支援を行って行くことが基本と言える。

　　注1）特定施設に入居している要介護者について、当該特定施設が提供するサービスの内容、これを担当する者その他厚生労働省令で定める事項を定めた計画に基づき行われる入浴、排せつ、食事等の介護その他の日常生活上の世話であって厚生労働省令で定めるもの、機能訓練及び療養上の世話をいう。（介護保険法第8条第11項）

2．実習プログラム作成の意図

（1）事前学習

　関連する制度（特に老人福祉法・介護保険法）の理解、地域の特徴を知ること、実習生に求められる態度を学習しておく必要がある。特に高齢者に対する言葉遣いや礼儀作法等を身につけておかなければならない。

（2）職場実習

　軽費老人ホームの種別を学んだ上で、全体の概要を理解する。この場面において、入居者を特定せずより多くの方と接していくことが大切である。

（3）職種実習

　相談員と同行して、業務内容の理解を得る段階である。その中で相談員が行う入居者面接は、次のソーシャルワーク実習で実習生自身が行っていくため、この職場実習ではいわば相談員としての土台作りと言えるだろう。そのため積極的に観察し、理解しなければならない。また相談員の業務内容は施設内外と多岐に及ぶため、その業務ごとに相談員が随時説明を行うので情報を確認しながら追っていく必要がある。

　業務上同行ができない場合も、提示された資料を閲覧し、レポートにまとめることや入居者との交流を図るための実習を行う。

（4）ソーシャルワーク実習

　この段階においてはほとんど毎日施設内を巡回し、生活場面面接を行っていく。最初は相談員と同行し面接指導を受けるが、徐々に1人で巡回し、生活場面面接を行っていく。実習生自身は相談員としての自覚を持つ必要がある。面接後は相談員に必ず報告を行う。これについては自己評価にもつながり、自身を客観視してもらうためでもある。

　最後に実習の仕上げとして個別支援計画作成から評価まで行う。特定の入居者に絞り、計画作成を行う。作成において家族や協力者・地域における社会資源等の活用を意識して計画を立てていく。

　実習生には計画作成・発表・評価の一連の過程に主体的に取り組む姿勢が求められる。

3．実習先理解のための基本文献

　①東京都社会福祉協議会高齢者施設福祉部会職員研修委員会編『高齢者福祉施設　生活相談員業務指針に－業務標準化のためのガイドライン』東京都社会福祉協議会、2012
　②神奈川県高齢者福祉施設協議会編『高齢者福祉サービス　生活相談援助・業務マニュアル』中央法規出版、2007
　③ソーシャルワーク機能研究会編『生活支援で尊厳ある暮らし』筒井書房、2008
　④真下美由起『軽費老人ホームってどんなところ？』原交会出版部、2010
　⑤全国軽費老人ホーム協議会編『軽費老人ホーム・ケアハウス白書』全国軽費老人ホーム協議会事務局、2009

4. 実習プログラム例＊軽費老人ホーム

段階	月日	実習課題（ねらい）	具体的実習内容（実習経験）
事前学習	実習前	①実習を積極的にすすめ、内容を理解するために必要な知識と態度を養う	①実習施設の地域状況と施設概要と施設の制度上の位置づけを調べる ②実習課題をレポートにする ③実習生に求められる態度を調べる ④施設見学・実習指導者との協議
職場実習	第一週目	働く場所である軽費老人ホームを理解する ①軽費老人ホーム全般を知る ②施設概要（組織・システム・予算・人員）を知る ③利用者概要（男女比・年齢・過去の生活歴・障害の有無・介護度）を知る ④関係職種を知る ⑤入居者の生活状況を知る ⑥入居者と交流する	①軽費老人ホームの法的根拠や種別の説明を受ける ②施設概要の説明を受ける ③利用者概要の説明を受ける ④施設長・介護・看護職員・栄養士・事務員等の各職種を理解するための説明を受ける ⑤入居者の日課を説明／施設で行っている、ボランティア活動や行事等の説明をうけ、同行・同席する／資料を閲覧する ⑥ロールプレイを行う／相談員に同行／居室やホール等で、入居者と交流を図る／実際に交流を図り、感じたことの記録を行う
職種実習	第二週目	生活相談員の業務を知る ①相談員の施設内での業務を知る ②関係機関との連絡調整業務を知る ③面談の実際を知る ④相談員の施設外での業務を知る	①業務日誌等必要資料を閲覧する／相談員の業務に同行する ②ボランティア団体や行政等同行訪問する ③入居者の居室やホール等面接場面に同行する ④施設外業務に同行する
ソーシャルワーク実習	第三～四週目	生活相談員の業務の実際を理解する ①相談援助機能を知る ②施設運営の実際を知る ③教育機能を知る ④任意後見制度や成年後見制度活用における施設での実際を知る ⑤個別支援計画を知る～個別支援計画を立案・発表・評価機能を理解する ⑥実習の統括	①入居者との面談に同席させる／施設内を一人で巡回し、面談を実施し報告する／過去のケース記録の閲覧 ②入居者・職員間の会議（運営懇談会）に同席／委員会や行事企画の会議に同席／過去の会議録等閲覧→模擬会議を行う ③研修計画書の閲覧・施設内研修に参加 ④任意後見制度や成年後見制度の活用事例／関連資料の閲覧 ⑤担当ケースを決め、個別支援計画書を閲覧しながら説明／担当するケースの記録閲覧／担当職員から聞き取り／担当ケースと面談／必要に応じて家族とも面談／個別支援計画の原案作成／個別支援計画の発表・関連職種に助言をもらう ⑥実習の振り返り

第4節：軽費老人ホーム

必要な価値・知識・技術	指導方法・指導上の留意点	教材	チェック欄
①価値：権利擁護／生活支援／自己決定 ②知識：実習生としての態度の理解／社会人としてのマナー／関連福祉制度／礼儀作法 ③技術：記録技術／提供された資料や情報を読み取る力／情報収集力	①施設の概要とその地域の特色を説明し、職場実習までの学習する上での方向性を与える ②関連する資料等を見せ、読ませる	①施設のパンフレット ②老人福祉法令通知集 ③地域の地図	
①価値：個人の尊厳／プライバシー保護／連携・協働 ②知識：老人福祉法／介護保険法／礼儀作法 ③技術：コミュニケーション力／分析技術／情報収集力／観察技術／文章力／面接技術	①法的根拠となる教材を読ませる／種別の説明をし、違いを理解させる ②組織図・行政に提出する書類・人員配置図等を見せ理解させる ③年間事業報告書や業務日誌、個人ファイルなどを読ませる ④各職種から説明する機会を設け、業務にも同行させる ⑤同行させ、活動内容や行事の雰囲気を味わってもらう／日課の重要性を理解させる ⑥ロールプレイを行いコミュニケーションの方法を理解させる／交流を図る時に、より多くの入居者と関わりが持てるよう配慮させる	①施設の事業計画書・報告書 ②老人福祉法令通知集 ③施設のパンフレット ④行事・ボランティア予定表 ⑤地域の地図 ⑥日課表 ⑦個人ファイル ⑧業務日誌	
①価値：プライバシー保護／生活支援／権利擁護 ②知識：地域における社会資源の知識／社会福祉士倫理綱領・行動規範 ③技術：コミュニケーション力／観察技術／連絡調整技術／面接技術	①同行させ施設内における業務の内容を理解させる ②関係機関において出来る限り同行・同席させ、理解を深めさせる ③面談を行う上での注意点を説明させる	①業務日誌 ②施設の事業計画書・報告書 ③業務分担表 ④関連機関の資料	
①価値：プライバシー保護／生活支援／エンパワメント／利用者利益／権利擁護 ②知識：礼儀作法／社会福祉士倫理綱領・行動規範／任意後見制度／成年後見制度 ③技術：観察技術／面接技術／連絡調整技術／個別援助技術／援助計画作成技術／文章力／情報分析力／会議運営／コミュニケーション力	①巡回した際に、面談した内容や感想等を文章でまとめ、発表させる ②会議の目的・進め方について説明／会議に出来るだけ出席するよう配慮する／模擬会議を行わせ、助言 ③施設内の研修する意義を説明する ④教材を用いて、制度の概要についての説明する／活用したケースがあれば事例を交え説明する ⑤実習生の希望を聞きながら担当するケースを決める／担当職員の個別支援計画を閲覧させる／情報を整理する方法を説明／面談に行うに当たっての注意点を説明／個別支援計画の立て方を説明／個別支援計画を発表させ、関連職種に助言をもらい合わせて実習生が感想を述べる ⑥実習の振り返りを行う	①業務日誌 ②個人ファイル ③運営懇談会議録 ④委員会・行事企画の会議録 ⑤研修計画書 ⑥施設内研修資料 ⑦任意後見制度・成年後見制度パンフレット・手引き	

第5節 老人デイサービスセンター

1．実習先の概要

　老人デイサービス（以下、「デイサービス」という）の対象者は市町村等の行政措置に係る者又は介護保険法におけるサービス適用者、その他の政令で定める者であり、サービス目的はこれらの者につき入浴、排せつ、食事等の介護、機能訓練、介護方法の指導その他の厚生労働省令で定める便宜を供与することである。

　根拠法令は老人福祉法であるが、実際の運用は介護保険法に基づき行われており、介護保険法によるサービスを受けることが著しく困難であると認められる者のみ、老人福祉法によるサービスの対象となる。

　設置主体は社会福祉法人、医療法人、民間事業者等、NPO等多岐にわたり、種別としては、（介護予防）通所介護、（介護予防）認知症対応型通所介護が展開されている。また上記に加え、市町村が実施している介護予防型デイサービス等もあり、地域で在宅生活を送る高齢者にとって、デイサービスは介護サービスの入り口的役割を果たしていると言える。

　期待される具体的な目的は主に、外出の機会を持つこと、他者との交流を持つこと、機能訓練等をすることによる筋力低下の予防、利用者自身の気分転換、食の確保、安全な入浴機会の確保、介護者の自由時間の確保等が挙げられる。それぞれの利用者のニーズや居宅介護サービス計画書（介護予防サービス計画書）に沿って、通所介護計画（予防介護通所介護計画）を策定する必要がある。これらの計画は適宜、評価・見直しを行う。

　また、利用者のニーズキャッチや状況把握を常に行い、状態・状況に変化があれば、担当ケアマネジャーや家族等に報告・連絡・相談を行う等、連絡調整機能も果たしている。

　設置基準では、管理者、生活相談員、看護職員、介護職員、機能訓練指導員を配置することが定められており、規模等によって人数配置等は異なる。なお、他職種との連絡調整や、利用者・家族からの相談支援、個別支援計画の立案等、ソーシャルワーク機能は生活相談員が中心となって果たしている。

2．実習プログラム作成の意図

（1）事前学習

　デイサービスの実習では、利用者に対して失礼のない言葉遣いや礼儀作法を身につけておかなければならない。また、一口にデイサービスといっても、その特色は各施設によってさまざまであるので、配属先施設個別の情報等はホームページや施設パンフレット等でしっかり確認しておく必要がある。

（2）職場実習

デイサービスの事業全体を内外から知ってもらう段階である。デイサービスは利用者にとってのプログラムが1日で完結する場合が多いことから、業務が1日で完結していると錯覚することもあるが、1日1日の積み重ねであるということを理解しておかなければならない。

（3）職種実習

生活相談員に同行して、その業務の観察を行うが、生活相談員の業務は利用者や利用者家族との面談、他事業所との連絡調整、事業所内職員間の連絡調整、行事企画、行事準備等多岐にわたるため、その業務の中にあるソーシャルワーク機能について、常に意識して取り組む必要がある。

利用者・利用者家族との面談など内容上、同行が難しい場合は、資料等を閲覧しそこから情報を読み取り、まとめるよう指示する可能性もある。

（4）ソーシャルワーク実習

この期間の主な目的は、個別支援計画（通所介護計画・介護予防通所介護計画）を立てることである。計画を立てるには利用者自身の情報や、デイサービスでできること、機能の理解等が必要であり、また計画を実行するためには、職員への周知や利用者から信頼を得る必要がある。それらの情報収集や、土台づくりを学ぶ。

また、実習の最終段階であることから、実習の振り返りを行い、実際に行われている業務とソーシャルワーク理論等との結び付けをしていく。

3．実習先理解のための基本文献

①日本デイケア学会編『高齢者デイサービス・デイケアＱ＆Ａ』中央法規出版、2007
②龍澤サダ『九十五歳デイサービス日記』新風舎、2003
③東京都社会福祉協議会センター部会編『高齢者デイサービスにおける支援効果と支援技術』東京都社会福祉協議会、2007
④大田区通所介護事業者連絡会編集『平成27年度介護報酬改定対応版　デイサービス生活相談員業務必携』日総研、2015
⑤東社協センター部会編『高齢者デイサービス通所介護計画（個別援助計画）ハンドブック』社会福祉法人 東京都社会福祉協議会、2009

4．実習プログラム例＊老人デイサービスセンター

段階	月日	実習課題（ねらい）	具体的実習内容（実習経験）
事前学習	実習前	①老人デイサービスセンターの機能と役割、実習施設の地域状況などを知る ②施設の立地環境・雰囲気等を知る ③実習スケジュールのすり合わせを行う	①実習施設の地域状況やセンター概況および制度上の位置づけを調べる ②事前オリエンテーションとして実習先施設を訪問する ③学生持参の計画書と、センターで準備しているプログラムとを確認し、実習スケジュールの調整を行う
職場実習	第一週目	①法人概要を知る ②法人内他事業を知る ③デイサービスセンターの概要と利用者の概要を知る ④デイサービスの各種職員の業務と日課を知る ⑤同センターの機能を知る ⑥対象者を理解する ⑦地域の中で果たしている役割を理解する ⑧実習の方向性を再調整する	①法人全体の設置意義、地域に果たす目的等の説明を受ける ②法人内他事業を見学、説明（各部署／管理者・生活相談員など）が必要であれば、訪問同行 ③事前に調べたセンター業務のレポートを報告し、補足を受ける ④各職種職員について、それぞれの立場での一日の流れを体験し、特徴を学ぶ ⑤センター機能についての説明を受ける ⑥利用者の観察及び利用者との交流 ⑦相談員と地域内散策を行い、デイサービスが果たしている役割の説明を受ける ⑧実習指導者と協議
職種実習	第二週目	①生活相談員の業務を知る ②他機関との連携を知る	①生活相談員の業務を観察し、同行し、補佐的業務を行う／利用までの業務について見学又は説明を受ける ②担当者会議・地域ケア会議等に参加する
ソーシャルワーク実習	第三〜四週目	①施設内外の調整機能を知る ②リスクマネジメント機能を知る ③インフォーマルな社会資源開発機能を知る ④情報の集約・分析の重要性を知る ⑤個別支援計画・評価機能を知る ⑥教育機能を知る 　・職員研修 　・介護者教室 　・地域への啓発活動 ⑦ソーシャルワーク機能を知る ⑧実習を統括する 　・センターの社会的役割 　・ソーシャルワーク実践の理解 　・専門職意識の覚知	①苦情解決過程の説明を受ける／個人情報保護状況の説明／職員会議・ミーティング等へ参加 ②ヒヤリハットや事故報告書を閲覧／マニュアルや要綱を閲覧 ③ボランティア団体導入の経過・経緯説明 ④各種ファイルを閲覧し、利用者と家族のニーズを分析／苦情内容から傾向を分析／事故報告書から事故の傾向の分析を行う ⑤利用者を担当する／アセスメント〜通所介護計画を立案する／以前の通所介護計画と利用者の実情を照合し、評価を行う ⑥概要説明と見学／広報誌閲覧 ⑦これまでの実習体験におけるソーシャルワーク機能を振り返る ⑧実習発表会を行う／センターの社会的役割を報告する／ソーシャルワークの業務整理／専門職としての生活相談員業務についてまとめる

第5節：老人デイサービスセンター

必要な価値・知識・技術	指導方法・指導上の留意点	教材	チェック欄
①知識：関連福祉制度、地域福祉、高齢者福祉サービスの状況、社会人としてのマナー ②技術：資料収集の方法、情報分析力	①学生が調べた内容の確認および補足説明を行う ②実習への心構えの確認・説明を行う ③実習中の指導方法等についての説明・計約を行う	①実習個人票 ②実習計画書 ③介護保険概要（区役所等で取得） ④市区町村の福祉計画 ⑤施設ホームページ ⑥養成校実習の手引き ⑦施設パンフレット	
①価値：地域福祉、人権、個人の尊重 ②知識：関係法制度、関連福祉制度、組織への理解、社会的マナー ③技術：聴く態度、情報分析力、コミュニケーション技術、記録の技術、観察力	①学生が調べた部分の補足を行う ②併設事業を知ることによって、デイサービスが果たす役割を周辺から理解させるよう補足説明を行う ③レポートの確認を行い、理解度の確認・補足を行う／デイサービスの全体像をイメージさせ、実習理解の下地作りを行う／また実習における留意事項の説明を行う ④業務分掌を示し、各職種配置の意味を理解させる ⑤デイサービスが果たしている社会的役割を意識させる ⑥多くの利用者と交流させる ⑦地域特性、デイサービスと家族との関係、地域におけるデイサービスの位置づけなどを説明 ⑧事前オリエンテーションで作成した実習スケジュールで良いかどうかの確認、方向性の修正を行う ※可能であれば、養成校教員の訪問とタイミングを合わせる	①施設・法人の事業計画書、組織図、利用者概況など ②日課表 ③業務分掌表 ④利用者記録、連絡票 ⑤利用者状況一覧 ⑥実習生実習計画書・実習プログラム、事前オリエンテーション時に作成した実習スケジュール	
①価値：プライバシーの保護／権利擁護 ②知識：制度、組織、人員 ③技術：コミュニケーション技術、観察力、情報収集力	①日常業務全般を観察・同行することによってデイサービスにおけるソーシャルワーク機能・役割を理解させる ②情報交換・情報共有の重要性を理解させる／またデイサービスの地域での役割や、地域の社会資源を知る	①職務分掌表、アセスメントシート、契約書類等 ②地域ケア会議記録・資料等	
①価値：誠実さ、個人の尊厳、プライバシーの保護、人権、アドボカシー、非審判的態度、社会正義 ②知識：ソーシャルワークの定義と理論、倫理綱領、社会福祉法、個人情報の保護、成年後見制度、苦情解決の仕組み、介護保険法、制度、介護保険施設、専門職制度 ③技術：説明力、面接技術、コミュニケーション技術、観察力、分析能力、評価能力、情報管理技術、まとめる力、文章力、プレゼンテーション技術	①苦情への対応の過程を説明する／センター内の情報共有の必要性を説明する ②事故が起きる状況の説明、情報収集と情報分析の必要性の説明を行う ③ボランティア受け入れのメリット・デメリットの説明を行う ④データに基づく判断の大切さを説明する ⑤ニーズ分析の結果を活用して、利用者とサービスの結び付け方を学ばせる／居宅介護サービス計画書との整合性の必要を説明する ⑥教育機能の必要性を理解させる ⑦ソーシャルワーク機能は日常業務にちりばめられていることを理解させる／したがって、日常業務を行う中にも倫理綱領に則ることの必要性を説明する ⑧現場からはずし、必要な資料を提供し、まとめさせる／関係者等へ参加の呼びかけを行う	①苦情対応記録、会議録等 ②事故報告書、ヒヤリハット報告書 ③ボランティア一覧 ④各種資料・ファイル ⑤通所介護計画書、アセスメントシート、利用者記録等、居宅介護サービス計画書 ⑥研修計画書、広報誌 ⑦社会福祉士倫理綱領、社会福祉士会関連資料 ⑧会場の用意	

第6節　介護老人保健施設

1. 実習先の概要

　介護老人保健施設は1986（昭和61）年に「老人保健法等の一部を改正する法律」により「老人保健施設」として創設され、1987（昭和62）年度におけるモデル事業を経て、1988（昭和63）年度から本格実施された。その後2000（平成12）年4月に施行された介護保険法において「介護老人保健施設」として位置づけられた介護保険施設の1つである。開設しようとする者は都道府県知事の許可を受けなければならない。

（1）介護老人保健施設の目的

　介護老人保健施設は、施設サービス計画に基づいた、看護医学的管理下における介護および機能訓練、その他必要な医療並びに日常生活上の医療を行うことを目的とする。

　なお、提供された医療行為の多くは介護保険財源からの包括給付となっている。

（2）介護老人保健施設の機能と役割

　介護老人保健施設は当初、病院と施設の間に位置し、医療サービスと福祉サービスの両者の機能を併せもった「中間施設」として創設された。その後2005（平成17）年1月に全国老人保健施設協会が発表した「介護老人保健施設の理念と役割」の中で「包括的ケアサービス施設」「リハビリテーション施設」「在宅復帰施設」「在宅支援施設」「地域に根ざした施設」の5つの役割を掲げている。

　これは、医療・看護・リハビリテーションなどを提供し在宅復帰を目指すという本来の機能に加え、在宅生活を支援する機能として、施設の持つショートステイ、通所リハビリテーション（デイケア）のサービスだけでなく、訪問看護や訪問リハビリ、グループホーム、居宅介護支援事業所等、複数のサービス事業所を併せ持つ施設が多いことや、設置主体の多くは医療法人等であり、病院や診療所が母体となっていることから、地域包括ケアシステムの拠点としても位置づけられる。

（3）介護老人保健施設の理念

> 　介護老人保健施設は、利用者の尊厳を守り、安全に配慮しながら、生活機能の維持・向上をめざし総合的に援助します。また、家族や地域の人びと・機関と協力し、安心して自立した在宅生活が続けられるよう支援します。

出所：公益社団法人全国老人保健施設協会

2. 実習プログラム作成の意図

（1）事前学習

　実習にスムーズに臨めるよう次の点について、予備知識をつけておく。

①法人が提供する介護サービス施設や事業所についての知識
②日常的な医療は施設内で提供されるので、高齢者に多い疾患や症状についての知識
③在宅復帰の視点から、地域の社会資源についての知識
④介護保険制度についての知識と利用対象者についての知識

（2）職場実習
①法人の沿革や役割等の理解、および法人が提供する他のサービスの実際と連携について理解する
②地域における老人保健施設の役割を理解する
③老人保健施設のサービスは医師をはじめ、看護師その他多くの専門職で提供されるチームアプローチであることを理解する

（3）職種実習
①利用できる対象者について理解する
②介護老人保健施設における支援相談員の位置づけと役割について理解する
③援助をする上で他職種との連携について理解する
④地域における他サービス事業所との連携について理解する
⑤相談から利用に至るまでのプロセスを理解する

（4）ソーシャルワーク実習
①入所（利用）相談における面談の実際を学ぶ
②入所（利用）中の利用者および家族への理解、およびコミュニケーションのとり方について学ぶ
③様々なアクシデントや問題が発生した場合の理解と対処方法を学ぶ
④権利擁護の視点から必要な手続き等について理解する
⑤退所（在宅復帰）に向けてのアプローチの方法について学ぶ

3．実習先理解のための基本文献

①『介護老人保健施設関係法令通知集』中央法規出版、2014
②全国老人保健施設協会編『介護白書（平成27年版）』TAC出版、2015
③全国老人保健施設協会編『より良きケアを提供するための老健施設ハンドブック』全国老人保健施設協会、2012
④全国老人保健施設協会編『介護老人保健施設相談業務マニュアル（改訂版）』厚生科学研究所、2000

4. 実習プログラム例＊介護老人保健施設

段階	月日	実習課題（ねらい）	具体的実習内容（実習経験）
事前学習	実習前	①介護保険制度の概要を知る ②老人保健施設に対する予備知識をつける ③高齢者の医療ニーズを知る ④法人の概要を調べる ⑤地域の社会資源を調べる	①実習にあたっての諸注意を受ける ②事前課題の説明を受ける ③実習計画の説明を受ける ④実習日程の確認をする ⑤実習先のパンフレットを入手する
職場実習	第一週目	①法人の沿革と役割を理解する ②母体組織について理解する ③母体の病院（診療所）老健、在宅部門がどのように連携し補完しあっているかを学ぶ ④老人保健施設に勤務する専門について理解する ⑤介護保険制度について理解する－制度と施設利用者の関係	①法人について説明を受ける ②老人保健施設の見学と各部署の紹介と講義および説明を受ける ③病院の見学と地域連携室についての講義と説明を受ける ④併設するサービス事業所等の見学と説明を受ける ⑤対象者と提供できるサービス（医療含む）等について説明を受ける ⑥提供する医療について説明を受ける ⑦地域の特性等について説明を受ける ⑧意見交換等
職種実習	第二週目	①支援相談員の業務について把握する ②入所相談の経路について学ぶ（病院・ケアマネジャー・家族・利用者本人・その他） ③利用対象者について理解する ④ケアプラン（施設サービス計画）について学ぶ ⑤他の専門職との連携、協働の方法について学ぶ（チームアプローチ） ⑥老人保健施設の動向を知る ⑦行事やレクリエーションの計画と実施（連絡・調整） ⑧要介護認定申請の支援について知る	業務の全体を把握する ①初回相談の場に同席する ②電話相談の様子を観察する ③入所検討および継続検討会議に同席する ④各種のカンファレンスに同席する ⑤ケアプランについて説明を受け理解する ⑥各種の統計資料や専門雑誌等から理解する ⑦リハビリやレクリエーション場面の見学と利用者の観察 ⑧行事の実施に向けての役割を知る ⑨介護保険制度における事務について理解する
ソーシャルワーク実習	第三〜四週目	①利用者および家族との面接技術を学ぶ ②権利擁護の立場から支援相談員の姿勢（アドボカシーとしての動き）を学ぶ ③ソーシャルワークの視点からアクシデントに対する説明と処理の姿勢を学ぶ ④入所中の利用者との面接技術を学ぶ ⑤家族とのコンタクトのとり方を学ぶ ⑥在宅復帰に向けてのアプローチや連携の方法について学ぶ ⑦サービス事業所等とのコンタクトのとり方について学ぶ ⑧支援相談の記録の方法について学ぶ	①支援相談員に同行し、説明の方法やニーズの引き出し方を観察する ②利用者、家族の意向を汲み取る姿勢を感じとる ③継続検討会議での支援相談員の姿勢を学ぶ ④アクシデント等に対する対処の実際を知る ⑤日常生活自立支援事業や成年後見制度活用の支援について学ぶ ⑥在宅復帰に必要な情報の把握とサービス事業者等との連携の必要性を知る ⑦記録の必要性、重要性について学ぶ

第6節：介護老人保健施設

必要な価値・知識・技術	指導方法・指導上の留意点（指導担当者）	教材	チェック欄
①実習生としての心構え ②介護保険制度の基礎的な知識と理解力 ③地域の特性と社会的背景	①実習についての心構え ②健康面への配慮 ③介護の社会的問題を説明 ④実習ノートの書き方についての注意	①施設のパンフレット ②関連書籍 ③地域資源マップ	
①実習生としての姿勢 ②社会的マナー ③介護保険制度の知識 ④医療保険制度の知識 ⑤基礎的医療知識 ⑥倫理観 ⑦観察と洞察力 ⑧アドボカシー	①併設する施設、事業所、他部門に事前に周知し協力を要請する（単なる見学のみに終わらず許される範囲での質問やできれば面接の場面に同席をする） ②資料を用意し説明する ③1日の振り返りとスーパービジョン（不明点、疑問点は必ず質問をさせる）	①法人発行の社報や冊子、研究誌など ②介護保険の説明冊子など ③新入職員の冊子など ④施設のパンフレット ⑤法人の組織図 ⑥法人発行の記念誌、年報	
①自宅を訪問する際の挨拶や言葉遣いなど礼儀についての注意点を確認 ②高齢者の疾病についての基礎知識 ③介護についての基礎知識 ④コミュニケーション技術 ⑤アセスメント力 ⑥情報の解析力 ⑦訴えに対する洞察力 ⑧ICFの理解 ⑨アドボカシー ⑩ファシリテーション力 ⑪プレゼンテーション力 ⑫企画立案する力と実行力 ⑬事務処理能力	①利用申し込み書類について説明 ②利用の可否の判断基準の説明 ③アセスメントの方法について説明 ④提供するサービスと各専門職について説明 ⑤施設サービスがケアプランに基づいて提供されていることを説明 ⑥ケアプランは利用者主体で作成されたものであることを説明 ⑦会議の運び方や要点の絞り方などについて説明 ⑧行事の目的と意義について説明する ⑨行事に向けての準備について説明 ⑩地域力の活用方法について説明 ⑪要介護認定申請の手続きを説明 ⑫1日の振り返りとスーパービジョン（不明点、疑問点は必ず質問をさせる） ＊必要な場合は軌道修正を行う	①相談員業務マニュアル ②相談から入所までのフローチャート ③インテーク面接記録 ④入所検討資料 ⑤アセスメントツール ⑥ケアプラン ⑦カルテ（個人票・経過録・各種記録等） ⑧行事予定表 ⑨地域資源マップ ⑩施設のパンフレット ⑪施設利用のしおり ⑫各種統計資料 ⑬介護保険に関する冊子	
①面接技法 ②アドボカシー ③ファシリテーション力 ④プレゼンテーション力 ⑤危機管理と処理能力 ⑥コミュニケーション技法 ⑦観察と洞察力 ⑧情報を収集し分析する力 ⑨ネットワーク ⑩記録の技術 ⑪倫理観 ⑫守秘義務と個人情報保護 ⑬制度の知識と活用方法	①収集すべき情報や資料を説明 ②関係機関との連絡方法を教える ③各種の会議の目的と進め方について説明する ④日常生活自立支援事業利用に関する説明と利用方法の説明 ⑤利用者、家族、他スタッフとのコミュニケーションのとり方について教示 ⑥継続検討会議の意義を説明 ⑦ケアマネジャーや地域のサービス事業者との連携のとり方を教示 ⑧記録の意義と必要性、重要性について講義 ⑨利用者にインタビューを行い、その逐語録を作成させる ⑩ロールプレイをする ⑪1日の振り返りとスーパービジョン不明点（疑問点は必ず質問をさせる） ＊必要な場合は軌道修正を行う	①インテーク面接記録 ②入所検討資料 ③アセスメント票 ④ケアプラン ⑤カルテ（個人票・経過録・各種記録等） ⑥ケース記録 ⑦各種のパンフレット ⑧地域の資源一覧（マップ） ⑨医療用語集 ⑩今日の治療薬等 ⑪研修会等資料 ⑫専門雑誌 ⑬相談業務マニュアル ⑭倫理綱領 ⑮実習生の記した逐語録	

167

第7節　児童養護施設

1．実習先の概要

　児童養護施設とは、「保護者のない児童（乳児を除く。ただし、安定した生活環境の確保その他の理由により特に必要のある場合には、乳児を含む）、虐待されている児童、その他環境上養護を要する児童を入所させて、これを養護し、あわせて退所した者に対する相談その他の自立のための援助を行うことを目的とする施設」（児童福祉法第41条）である。つまり、親の離婚や病気、不適切な養育を受けているなど様々な家庭の事情により、家族と暮らせない2歳から概ね18歳の児童が暮らす施設である。児童の入所理由は、「父または母の虐待・酷使」14.4％、「父または母の放任・怠だ」13.8％となっており、一般的に「虐待」とされる「放任・怠だ」「虐待・酷使」「棄児」「養育拒否」を合計すると、33.1％である（平成20年2月1日現在）。

　全国約560施設に約3万人の児童が生活している。子どもたちは施設から、地域の幼稚園、小中学校、高校、専門学校などに通い、それ以外にスポーツや趣味を楽しんだり、四季の行事や子ども会など地域の様々な活動に参加したりしている。職員は、主に児童指導員（児童の生活指導を行う職員）や保育士が、寝食を共にしながら、子どもたちが安心・安全に暮らせるように援助している。その他にも、栄養士、調理師、心理療法担当職員、ファミリーソーシャルワーカー（家庭支援専門相談員・FSW）、事務職員などがおり、それぞれの専門性を活かして、子どもたちの援助にあたっている。児童の衣食住の保障はもちろん、学校行事への参加や、進学・就職の相談など自立へ向けた援助を行い、心身の健全な成長と発達を保障していく役割を担っている。施設形態は、20人以上の児童がひとつの建物で生活する大舎制施設が主流であるが、1舎につき、13人～19人程度の中舎制、12人以下の小舎制、6名以下のユニットケア（小規模グループケア）、また、本体施設とは別の住宅に、6名以下で生活するグループホーム（地域小規模児童養護施設）などもある。また、児童の年齢や性別によって、生活集団を分けている。「横割り」、「縦割り」と呼ばれる分け方があり、「横割り」とは、幼児、小学生など年齢の近い児童で集団を構成する方法で、「縦割り」とは、幼児から中高生まで広い年齢幅で集団を構成する方法である。

　以上のように、児童養護施設は、近年、複雑・深刻化する要保護児童を社会的に養護する大きな役割を担っている。

2．実習プログラム作成の意図
（1）事前学習

　基礎知識として児童福祉法により位置づけられた施設の役割とともに、措置が決定し入所

となるまでの流れを知っておく。また、施設入所児童にむけた子どもの権利ノート等を通して、施設処遇における子どもの安心・安全を守るための具体的な権利保障の視点を理解する。

その他、虐待や発達障害等についても基本的な理解がある方が良い。

(2) 職場実習

施設の組織機構の概要全体、すなわち理念や基本方針、事業計画、組織概要、業務分掌等の説明から、どのような運営管理体制下で権利擁護の視点から子どもの生活の安心・安全が守られているのかをとらえる。また現場において、観察やコミュニケーション、生活支援等を通して具体的な児童理解に努め、支援に携わる各職種の役割と視点を理解する。

この段階を通して、子どもの権利擁護や自立支援を軸に、職員がチームとして円滑に支援できるよう、連携や調整を図る力が社会福祉士に求められることを知る。

(3) 職種実習

ソーシャルワーク業務を担いながら直接処遇に携わる児童指導員の業務を中心に、様々に重複する課題の解決に、どのようにしてソーシャルワーク実践が組み込まれているかを学ぶ。具体的場面から子どもをとらえる視点とともに、アプローチの方法や援助技術について理解を深める。同時に、このようなアプローチがチームで合議しながら意図的に展開されていることやチーム内での連携や役割分担をミーティング等への参加を通して学ぶことも必要である。

児童相談所ほか学校等を含む地域社会とのつながりを知り、連携以前の基本的な関係構築のために日常的にどのような関係性を維持しているかを知る。

(4) ソーシャルワーク実習

生活場面での実習と並行しながら、具体的な面接・援助技術のほか、ケースの情報管理、記録や各種の申請書類の管理作成、これらの情報を統合・管理・分析し、ケースの見立てから展開方法、関係機関との連携について学ぶ。自立支援計画の作成に取り組み、計画の作成を通して見えてくるニーズ、家庭・家族支援の視点の重要性については、ケース記録の閲覧やカンファレンス等への参加といった方法もとりながら理解を深める。

3．実習先理解のための基本文献

①長谷川真人・堀場純矢編著『児童養護施設と子どもの生活問題』三学出版、2005
②内山元夫『子どもたちの福祉施設－人間的成長と自立をめざして』学苑社、1999
③村井美紀・小林英義編著『虐待を受けた子どもへの自立支援』中央法規出版、2002
④「子どもが語る施設の暮らし2」編集委員会編『子どもが語る施設の暮らし』明石書店、2003

4. 実習プログラム例＊児童養護施設

段階	月日	実習課題（ねらい）	具体的実習内容（実習経験）
事前学習	実習前	当該施設の概要を知り、課題意識を持つ ①子どもの状況（入所理由・心理行動面の課題等） ②職員配置・業務等 ③当該施設、法人の沿革 ④児童福祉法の規定	①実習オリエンテーション （運営理念・援助方針・施設紹介と見学・実習の心構え・諸注意等） ②資料・参考文献の提示 ③実習プログラムの提示及び説明と実習計画との調整
職場実習	第一〜二週目	初回面談（実習概要の確認） 事前学習の補完／ 　　　組織機構の概要全般の理解 ①理念・基本方針 ②組織概要・業務分掌 ③施設の事業及びその方針実績等 ④権利擁護に関する組織的な取り組み ⑤収入や支出等の財務 ⑥各職種についての理解 ⑦子どもとの関係形成・子どもの理解 スーパービジョン	①実習目標・日程・プログラムの確認／必要書類の確認 ②施設の運営管理 　ⓐ（目標／事業計画／予算／組織概要／業務分掌等） 　ⓑ（研修体系／会議体系） 　ⓒ（権利擁護／個人情報保護及び守秘義務） ③各職種の役割と視点を学ぶ 　指導員・保育士 　ⓐ（生活指導・環境管理等） 　　（学習支援等） 　　（保護者対応等） 　ⓑ FSW 　ⓒ 心理士 　ⓓ 看護師 　ⓔ 栄養士 ①職場実習の振り返りと理解度の確認

第7節：児童養護施設

必要な価値・知識・技術	指導方法・指導上の留意点	教材	チェック欄
価値：人権・生存権・生活権 知識：児童福祉関連法律・施策 　　　一般常識・社会的マナー 技術：基本的社会性／コミュニケーション能力 　　　資料・情報分析能力	・具体的な実習のイメージを持って目標を設定し、安心して実習に臨めるよう支持する ・当該施設の状況に合わせた実習計画の調整を行う	・オリエンテーション資料 ・福祉六法 ・参考文献	
価値：権利擁護／秘密の保持 　　　プライバシーの尊重 　　　価値・知識・技術習得の必要性 知識：職業倫理／個人情報保護法 技術：情報の統合・分析能力 　　　コミュニケーションスキル	・実習目標が現場の実像に沿っているかの確認 ・施設の理念・援助方針に基づき、どのような組織機構で施設運営がなされているか全体像が理解できるように伝える ・処遇を円滑に行うための情報共有・検討・決定等がどのように行われているかを説明する ・権利ノートの内容を入所時に子どもにどのように伝えているかを具体的に示し、通読する	・必要書類・実習日誌 ・参考資料 ・権利ノート	
価値：権利擁護／個別化／受容 　　　非審判的態度 知識：子どもの養育に必要な基礎知識 　　　（小児保健・看護・衛生・栄養学等） 　　　職種の専門性の理解 　　　子どもの権利ノート／発達の理解 技術：観察・記録・分析力／信頼関係構築力 　　　コミュニケーションスキル 　　　基本的家事・育児能力・学習指導能力 　　　自己覚知	・日常生活を支えるための具体的な支援とその意味について、子どもとの具体的なかかわりを通して理解を促していく ・様々な子どもの特性や発達に合わせた援助のあり方について気付きがもてるよう助言していく ・施設において、保護者と協働で養育していく基本姿勢を伝える ・各専門職の視点と役割、それらに基づく援助について担当者より直接レクチャーを行う ・初歩的な段階で継続困難な状況が起こっていないか、実習の進捗状況について振り返りと確認を行う	・参考文献（発達関連） ・説明資料 ・実習日誌	

第7章：実習の実際と実習プログラム

職種実習	第二週目	①社会福祉士（児童指導員・FSW 等）、ソーシャルワークを担う職員の職務体験及び業務の理解	①業務の具体的把握（タイムスタディ他） ②児童との関係形成・行動観察 ③日常生活の基本かつ具体的ケアを通して関係形成し、子どもへの理解を深める ④生活場面での職員のかかわり方の観察 ⑤会議、ミーティングへの（期間中にあれば）参加 ⑥チームアプローチについて
			⑦学校等とのつながりを知る 　（登校・登園の送迎、学校行事、幼稚園行事への参加） ⑧関係機関（児相・その他、医療・療育系の通所等）の概要を知る
		スーパービジョン	①職種実習の振り返り（自己評価） ②ソーシャルワーク実習の具体的目標設定の確認
ソーシャルワーク実習	第三〜四週目	児童指導員が展開するソーシャルワーク業務の集約的な体験 ①子どもとの関係形成の方法 ②ニーズ把握の情報収集 ③面接技法の習得 ④SW としての自己課題の内省 ⑤ニーズ把握の方法 ⑥自立支援計画の立案方法 ⑦チームアプローチの実際 ⑧子どもの権利擁護の方策 ⑨職場環境の調整等、運営 ⑩関係機関団体との連携 ⑪地域住民ボランティア	①業務の具体的把握 　（ケアワーク以外の業務全般） ②書類管理・事務等 ③ケースワークの視点（事例） ④自立支援計画書の閲覧 ⑤計画作成に必要な視点とニーズの把握 ⑥様々な個別ニーズへの対応 　（個別・障害児・家庭支援・家族療法等） ⑦個別記録の作成 　（ケース選定し個別記録開始） ⑧自立支援計画の作成 ⑨施設におけるケースワーク 　事例検討 ⑩子どもの権利擁護（苦情処理システム）への取り組み ⑪地域とのつながり 　児童家庭支援センター　業務説明・見学 　地域子育て支援事業　見学 　その他　地域の各協議会等・児童館・PTA ⑫関係機関との連携 　子ども家庭センター 　子育て支援関連　その他
		スーパービジョン	①SW 実習の振り返り（全て点検） ②実習全体の振り返り

価値：権利擁護／プライバシー 　　　保護 　　　個別化 知識：子どもの発達段階の理解 　　　発達障害の理解 技術：観察・記録・分析技術 　　　対人関係形成能力 　　　コミュニケーションスキル	①ポイントとなる子どもの言動をとらえられるよう助言する ②記録の取り方、子どもの言動をとらえる視点について、日誌を通して助言指導する ③子どもの生活や支援に積極的にかかわることを通して、養護技術の習得をはかる ④職員が子どもにかかわる場面をとらえ、どのようなアプローチをしているか、観察の視点を伝え記録を通して指導する ⑤連携と役割分担が理解できるよう、具体的に説明する		
価値：ノーマライゼーション 知識：社会資源・サービスに関する知識 技術：チームワーク／仕事管理 　　　協働（地域家族）の技術 　　　自己覚知	⑥学校等との関係、施設をとりまく地域の特性やつながりを知ってもらう ⑦子どもが地域の中で育つことへの理解を促す ⑧子ども家庭センターのほか、子どものニーズに応じて、どのような機関を利用しているのかを知ってもらう		
	⑨日常の生活場面の記録から、子どもとのコミュニケーションを中心に振り返りを行う ⑩実習の進捗状況について振り返りと確認を行う ⑪実習の目標とその達成度について実習生と指導者側でとらえ方が一致しているか、双方確認する（自己評価と他者評価との比較） ⑫ソーシャルワーク実習の調整	①実習日誌 ②実習評価表	
価値：権利擁護・自立・個別化 　　　受容・非審判的態度 知識：SW理論 　　　苦情解決 技術：観察・記録・分析技術 　　　アセスメント技術 　　　援助計画立案の技術 　　　情報管理・仕事管理 　　　協働の技術	①児童養護の特性から、FSWの業務及び、施設での位置付けと動きを具体的に理解できるよう提示する ②児童養護におけるソーシャルワークの特性と基本スタンスについて説明する ③多様なニーズを把握するために必要な経験・基礎知識 ④子どもの自立にむけた段階的な発達課題をとらえる ⑤必要な視点と記録の取り方について、実際に個別記録を取ることを通して指導する ⑥自立支援計画を通して、基本となる児童のアセスメントを行う力をつける ⑦ケース把握の視点、支援の方向性を検討していく過程を理解させる ⑧実際の苦情処理事例を通して、子ども会議の意義を知る	①FSW業務ガイドライン ②自立支援計画 ③家庭復帰支援計画	
	⑨児童家庭支援センターの役割と位置付けを説明する ⑩施設が地域の中で共存することへの具体的理解をはかる ⑪ケースを通して具体的な連携のある他機関の存在と役割を説明する	①センター資料	
	⑫実習における達成度と今後の課題の確認 ⑬自己評価と指導者評価との照らし合わせによる達成度の確認を行い、助言指導する	①実習日誌・実習評価表	

第8節　母子生活支援施設

1．実習先の概要

　児童福祉法第38条に基づいた母子生活支援施設は、18歳未満の子どもを養育している母子家庭か、その他の理由により、母子家庭に準じる家庭の女性が、子どもと一緒に利用できる児童福祉施設である（特別な事情がある場合は、子どもが満20歳まで在所することも可能）。施設を利用することで、利用者は安全で安心して生活できる生活拠点を確保できるだけでなく、1人ひとりの意見が尊重される中で自立への歩みを支援してもらうことが可能になる。また、退所者への相談やその他の援助も行うことができる施設である。

（1）施設の状況

　戦災時の夫の死亡による死別母子家庭の保護に始まり、現在ではDV被害者・母の心身の不安定・外国人母子等へのさまざまなケース対応に追われており、時代の変遷とともに入所理由も大きく変化している。全国に261の施設があり、定員5,404世帯、現員3,850世帯（児童6,015人）の母子が利用している[注1]。利用される母子の入所理由（新規入所世帯）の統計は、夫の暴力54.5％、住宅事情20.4％、経済的理由9.2％、入所前の家庭内環境の不適切7.6％、その他（無回答含む）3.3％、児童虐待2.5％、母親の心身の不安定2.1％、職業上の理由0.2％という現状である。DVによる入所が増加傾向にある。障がいのある母親（養育者）の入所状況は30.0％になっており、一施設当たり5.5人が入所している。障害の内訳は、精神障害者保健福祉手帳なし（精神科等の受診歴あり）47.9％、精神障害者保健福祉手帳保有16.4％、療育手帳あり16.0％、療育手帳なし（取得可能性あり）11.2％、身体障害者手帳を保有5.5％、その他障害（その他含む）2.6％、身体障害者手帳なし（取得可能性あり）0.4％となっている[注2]。上記の理由以外にも、夫婦の不和による経済的問題、離婚後の住宅確保、家族機能の衰え、精神的に問題を抱える母親と児童との生活支援、児童を虐待する母親、若年母子等の問題が複雑に絡み合っている。実際に利用に至るためには、福祉事務所の「母子保護実施の依頼」により利用となる（児童福祉法第23条）。

　　注1）施設数：平成23年10月家庭福祉課調べ。定員・現員：平成23年3月末福祉行政報告例
　　注2）平成26年度　全国母子生活支援施設実態調査　報告書

2．実習プログラム作成の意図

（1）事前学習

　①実習前に自分で施設周辺等のフィールドワークを行う（立地条件、学校、交通、公

共施設等について自分で調べる）。自分で歩くことにより利用者の生活の場の理解を深めることができる。

②事前訪問時に、実習生の関心や課題を聞き、実習プログラムをアレンジしていく。

③施設の法的根拠や機能・その他の関係施策について学習する。

④事前訪問時の配布資料等を参考にして理解を深める。

（2）職場実習

①施設の理念・基本方針について説明し、後日に質問する時間を持つ。

②施設内の職種について理解するために、説明だけでなく職員を観察させ、実習生自身で考えるよう促す。

③職場実習終了時、各職種の職員と話す機会を作り、具体的な計画の見直しの機会をつくる。

（3）職種実習

①少年指導員や母子指導員の業務・役割を、職員に付き添うことにより具体的に理解する。

②子どもを中心にかかわり、活用できる機関・施策を具体的に理解する。

（4）ソーシャルワーク実習

①関心のあるケースを選び、ケース記録・援助目標等について職員に質問する。場合により書類等の閲覧をする。

②就労支援、経済的支援、DV、虐待、困難ケース等の講義等を受ける。

③利用者との日常的なかかわりの中から、受容・共感・自己決定等の援助技術の理解を深める。

④ソーシャルワークの実践や展開の理解を深める。

⑤利用者への支援を総合的に把握し理解を深める。

3．実習先理解のための基本文献

①『母子生活支援施設の現状と課題』東京都社会福祉協議会、2013

②須藤八千代著『母子寮と母子生活支援施設のあいだ［増補］』明石書店、2010

③松原康雄編著『母子生活支援施設』エイデル研究所、1999

④『平成26年度 全国母子生活支援施設実態調査報告書』社会福祉法人全国社会福祉協議会全国母子生活支援施設協議会、2014

4．実習プログラム例＊母子生活支援施設

段階	月日	実習課題（ねらい）	具体的実習内容（実習経験）
事前学習	実習前	①実習先の場所確認・地域性と環境を理解する ②実習のテーマ、目標を決める ③実習計画を組み立てる ④実習先のプログラムを理解する、調整する、イメージする ⑤実習直前準備	①実習先の「事前訪問」 ②実習計画書を作成 ③オリエンテーション ④実習計画書のすり合わせ ⑤体調管理・規則正しい生活を心がける
職場実習	第一週	①施設の役割を理解する ②「施設になれる」 ③一日の流れを理解する ④職員の業務の理解と観察 ⑤子どもとの関係形成を図る	日々の基本業務 ①環境整備や掃除等 ②挨拶を通して、積極的にかかわりをもつ ③利用者の施設での生活状況の把握 ④施設での規則の理解
職種実習	第二週目	①支援のニーズと機能を理解する ②施設職員の職種・役割・勤務形態の理解と把握 ③関係機関と社会資源の理解 【少年指導員・保育士】 ①子どもとの関係性を深めていく ②チームアプローチの実際を学ぶ ③職員との関係性構築 【母子指導員】 ①体験＋観察＋助言	日々の基本業務 ①環境整備や掃除 【少年指導員・保育士の業務に同行する】 ①引き継ぎ時に、昨日の様子を把握する ②子どもの通園・登校状況の把握 ③施設内保育の補助等 ④児童の帰宅の確認 ⑤下校後の学習指導 ⑥季節に応じた制作作業 ⑦保育士の補助を行いながら、子どもとの関係作りの深め方について学ぶ（集団・個人） 【母子指導員の業務に同行する】 ①入退所の準備や事務業務の補助をしながら、母子指導員と母親の関係性を観察する ②自立支援プロセスについて学ぶ ③他機関との連携を学ぶ ④子どものとのコミュニケーションの過程で、母親と直接関係する場面を作り、コミュニケーションについて学ぶ ⑤実習記録の書き方や、観察の視点を整理し、援助技術についての理解を深める
ソーシャルワーク実習	第三〜四週目	①ソーシャルワークの実践や展開の理解を深める ②利用者への支援を総合的に把握し理解を深める ③ケース理解を深める。ニーズ問題の明確化 ④アフターケアの理解を深める	日々の基本業務 ①環境整備や掃除 ②記録を閲覧する ③就労支援、経済的支援、ＤＶ、虐待、困難ケース等の講義 ④関係機関への見学 ⑤福祉事務所とハローワークに出向く ⑥多国籍母子支援の実態理解を深める ⑦緊急一時保護事業　子育て支援事業等の理解を深める ⑧実習生と具体的な課題を設定して取り組む ⑨アフターケアについて学ぶ ⑩支援業務をまとめる ⑪就学児等と終了の挨拶を行う ⑫実習振り返り
実習期間中		①多様な勤務形態を経験する ②さまざまな事に関し疑問をもち、積極的に職員に質問する ③利用者にとっては生活の場ということを理解する	

必要な価値・知識・技術	指導方法・指導上の留意点	教材	チェック欄
①実習の心得 ②基本的人権 ③プライバシー保護 ④基本的な対人マナー	①実習計画書の提示を受けて、実習生が何を学びたいかを理解して、実習プログラムのすり合わせをする	①施設パンフレット ②施設の基本方針等の冊子	
①施設の理念や基本方針の理解 ②各職種の業務を理解する ③利用者の要因を観察、分析する ④コミュニケーションスキル	①日々の基本業務等をしながらも指導員の動きに気を配り、客観的に現場を観察させる ②利用母子の状況を理解し、全体から把握させる	①施設利用についての冊子（入所者用） ②実習日誌	
①支援の専門性 ②コミュニケーションスキル ③チームワーク ④エンパワメント	①各職種から、日常の業務や支援を通して施設に求められる機能を説明する 【少年指導員・保育士】 ①対人援助技術について、職員の動きから学ばせる ②学習指導や遊びや制作を等を通して対人援助の理解を深めさせる 【母子指導員】 ①利用者と職員とのコミュニケーション場面に他の業務等をしながら間接的に観察させる ②他機関との連携時に、他の業務等をしながら間接的に観察させる ③母親と直接かかわりができるような場面をつくる	①実習日誌	
①ネットワーク ②アセスメント ③個別性 ④主体性 ⑤パートナーシップ ⑥エンパワメント ⑦自己決定	①ハローワークに出向き、利用者を想定しての求人票を選んでくる ②問題解決に向けた社会的資源の理解 ③福祉事務所で、施設担当者からDVに関する講義を受け、現状の把握と役割を知る ④日常生活支援、子育て支援、就労支援等を、社会資源を活用しながら自立の支援の理解を深めさせる ⑤アフターケアの支援実態を知り課題を考えさせる	①実習日誌	

第9節　障害者支援施設（知的）

1．実習先の概要

　障害者支援施設とは、障害者総合支援法に基づいて生活介護、機能訓練、就労移行といったサービスを提供する施設である。ここでは、知的障害者を主な対象者とする入所型の施設に限定して記しておく。

（1）全国の施設数と利用者数

　2012（平成24）年現在、全国の障害者支援施設は、2,461施設、在所者数は147,888人である。

　行政のねらいとは逆に、利用者は増加しており、入所待ち状態も解消されてはいない。むしろ、多くの施設では利用者の高齢化が進み、新たな課題を抱えている。

（2）相談援助業務の現状

　職員構成は管理者（施設長）、サービス管理責任者、生活支援員、看護師、事務員などとなっており、24時間365日、利用者が健康で幸せを感じながら生きていくためのあらゆる支援を行っている。そのため、ケアワークが中心であり、多くの場合、生活場面面接を通して相談援助を行っているといえよう。

　しかし、脳に重い障害がある利用者とのコミュニケーションは難しい。社会福祉士の仕事の1つは、「日常生活を営むのに支障がある者の福祉に関する相談に応じ」ることだとされているが、場合によっては、「支障がある」と思っているのかどうかさえ確かめられない。支障があると思っているようなので「相談に応じ」たいが、適切なコミュニケーション方法がわからない。ある程度コミュニケーションがとれた場合でも、相談内容が相手や場面で変わり、本意がわからない。本意はこれだろうと想定して援助を始めても、それが幸せにつながっているのかどうかわからない。このような状況の中、職員は悩み、本当にこれでよいのかと問い続けている。

2．実習プログラム作成の意図

（1）事前学習

①知的障害者は不当な扱いを受けても声を上げることができない場合が多い。しっかりした倫理観、人権意識を学ぶ。

②知的障害者の免疫力は総体的に弱い。また、施設では集団行動が多く感染症が蔓延しやすい。感染症対策を学び、実習生自身が感染源にならないようにする。

③たとえ障害が重度であっても、利用者は支援者を選ぶ。その際、社会人としてのマナーが判断材料とされる場合がある。自己点検して実習に臨む。

（2）職場実習
①「価値・知識・技術」は事前学習で必要とされたものの上に積み重ねて学ぶ。
②障害者支援施設はケアワークが中心であることを学ぶ。
③日中活動支援業務（ケアワーク）の補助に入り、障害理解を深め、面接の備えをする。

（3）職種実習
①「価値・知識・技術」は職場実習までで必要とされたものの上に積み重ねて学ぶ。
②それぞれの施設で、具体的支援の考え方やできることできないことが異なる。実習先の特徴や限界を把握し、個別支援計画作成の備えをする。

（4）ソーシャルワーク実習
①職場実習や職種実習で学んだことをいかして、面接やその他の情報収集を行い、個別支援計画を作成する。ここで、ケアマネジメントの視点が必要となる。つまり、その利用者に必要な支援と、その施設でできること（地域の社会資源との連携を含む）とのバランスを考え、実効性のある計画を作成する。
②書面としての完成を第一にするのではなく、計画作成の過程で実習指導者と共に悩み学んだことを大切にする。

3．実習先理解のための基本文献
①日本知的障害者福祉協会編『はじめて働くあなたへ（改訂版)』日本知的障害者福祉協会、2011
②日本知的障害者福祉協会編『行動障害の基礎知識』日本知的障害者福祉協会、2007
③日本知的障害者福祉協会編『障害福祉の基礎用語』日本知的障害者福祉協会、2004
④今村理一監修『新版 高齢知的障害者の援助・介護マニュアル』日本知的障害者福祉協会、2007
⑤日本知的障害者福祉協会 調査・研究委員会編『知的障害者のためのアセスメントと個別支援計画の手引き』日本知的障害者福祉協会、2013
⑥小澤温編『よくわかる障害者福祉［第5版］』ミネルヴァ書房、2013

4．実習プログラム例＊障害者支援施設（知的）

段階	月日	実習課題（ねらい）	具体的実習内容（実習経験）
事前学習	実習前	①実習プログラムを組み立てる（基本プログラムから個別プログラムへ） ②実習の心得を確認する	①オリエンテーション ②協議
職場実習	第一週目	当該施設が、 ①どのような地域に ②どのような人々を対象として ③何を目的に設置され ④どのような外部資源と連携をとり ⑤どのような体制で援助が行われているか 　を理解する	①講義・見学 ②日中活動支援業務補助 ③記録 ④スーパービジョン
職種実習	第二週目	①生活支援員 ②サービス管理責任者 ③地域自立支援協議会の加盟団体として、それぞれの業務実践現場の実態を知る	①講義・見学 ②日中活動支援業務補助 ③夜間支援業務補助 ④会議に参加 ⑤地域啓蒙活動に参加 ⑥記録 ⑦スーパービジョン
ソーシャルワーク実習	第三〜四週目	上記業務に関するソーシャルワークを体験（試行）して具体的に学ぶ	①講義 ②面接および個別支援計画作成 ③記録 ④スーパービジョン

第9節：障害者支援施設（知的）

必要な価値・知識・技術	指導方法・指導上の留意点	教材	チェック欄
①価値：職業倫理 ②知識：倫理綱領／社会人としてのマナー／感染症対策／当該施設の職場ルール	①実習生の興味や事前学習レベルを確認しながら実習プログラムをカスタマイズしていく	①施設パンフレット ②日本社会福祉士会の倫理綱領	
①価値：ニーズ充足／チームアプローチ ②知識：障害者自立支援法／地域の障害福祉施策／成年後見制度の概要／精神遅滞その他の心理的発達障害やてんかんの医学知識／チームアプローチ論	①実際に見て体験することと学校で学んできたこととを結びつける ②個別支援計画作成にかかわる利用者理解とニーズ把握を意識させる	①法令集 ②地域の障害福祉施策情報 ③事業報告書 ④事業計画書 ⑤管理運営規定 ⑥利用契約関係書類 ⑦業務分掌表 ⑧専門書抜粋	
①価値：利用者主体、ニーズ優先／自己覚知／社会変革 ②知識：直接援助技術論／ケアマネジメント論／地域援助技術論／リスクマネジメント／会議の運営や進め方	①個別支援計画作成にかかわる実践上の難しさを伝える	①社会福祉士テキスト ②サービス管理責任者研修のテキスト ③リスクマネジメント関係書類	
①価値：利用者満足度（CS）向上／生活の質（QOL）向上 ②知識：第三者評価／虐待防止法案 ③技術：コミュニケーション／情報の収集、整理、分析／プレゼンテーション	①個別支援計画作成の体験では、話し合い（疑似ケース会議）をくり返し、その過程での学びを大切にする	①ケース記録 ②個別支援計画書	

第10節　障害者支援施設（身体）

1．実習先の概要

（1）障害者支援施設の目的

　障害者支援施設とは、障害者につき、施設入所支援を行うとともに、施設入所支援以外の施設障害福祉サービスを行う施設（のぞみの園及び第一項の厚生労働省令で定める施設を除く。）をいい（障害者総合支援法第5条第12項）、利用者の意向、適性、障害の特性その他の事情を踏まえた計画（以下、「個別支援計画」という）を作成し、これに基づき利用者に対して施設障害福祉サービスを提供するとともに、その効果について継続的な評価を実施すること、その他の措置を講ずることにより利用者に対して適切かつ効果的に施設障害福祉サービスを提供することを目的とする（障害者総合支援法に基づく障害者支援施設の設備及び運営に関する基準第3条第1項）。

（2）障害者支援施設の事業内容

　すべてのサービスは、個別支援計画に基づいて行われる。この個別支援計画は、利用者の自立生活を支援し、様々な課題の解決を目的としてサービス管理責任者が作成し、サービス担当者会議で確認された後、利用者の同意を得るものである。

　①介護：適切な技術をもって、利用者の心身の状況に応じて自立支援・日常生活の充実のための介護等を提供する。排泄の自立に必要な援助や、おむつの交換を行い、離床・着替え・整容、その他日常生活上必要な支援を適切に行う。

　②食事の提供：利用者の心身の状況や嗜好を考慮し、年齢と障害の特性に応じた栄養及び内容の食事を、適切な時間に提供する。

　③健康管理：常に利用者の健康状況に注意し、協力医療機関を通じて健康保持のための適切な支援を行う。服薬管理は当事業所の看護師と相談のうえ行い、利用者の病状急変等の緊急時は、速やかに医療機関への連絡等を行い援助する。

　④相談及び援助：常に利用者の心身の状況や、生活環境等の的確な把握に努める。また、利用者や家族に対し、適切な相談対応、助言、援助等を行い、常に連携を図る。

　⑤個別的なリハビリテーション：理学療法士により、利用者の希望や必要に応じて作成する計画に基づいた個別的なリハビリテーションを提供する。

　⑥その他：年間を通じ、季節への対応及び個人の希望に応じた各種サービスを提供する。また、加算の算定状況に応じたサービスも提供する。

2．実習プログラム作成の意図

　実習生のための実習であることを考慮・認識し、実習プログラムに関しては、おおよ

その流れで作成する。実習の目標、実習生の目指すべき人物（職員）像等、実習生の意識や希望を考慮する。つまり、実習生個々と指導者が一緒に実習プログラムを作成し、実習生のための実習にしたいという意図を持つ。

　実習での経験をどのような宝物にするかは、実習生本人次第であり、実習指導者が伝えられることは限られている。実習先が持つ役割や機能をよく理解したうえで、ソーシャルワーカーとしての資質を自ら感じてもらい、ソーシャルワーク実践がどのような業務なのかを理解してもらうよう配慮する。

（1）事前学習
①施設機能と役割、責務について理解する。
②障害者自立支援法等の関係法令についての理解を深める。
③個人情報保護、守秘義務、社会人としてのマナーを理解する。

（2）職場実習
①実習中の心構えや諸注意を理解する。
②法人の組織、施設の組織関係機関について学ぶ。
③障害者総合支援法について理解する。
④施設内の各課（事業）職種とその役割、各種関係機関を知る。
⑤施設日課を理解し、利用者ニーズを把握する。
⑥利用者の概要（障害、年齢、家族構成、障害程度区分等）を知学ぶ。

（3）職種実習
①施設入所者、通所者の方と接し、生活全般のニーズを知る。
②利用者に携わる職員の業務全般、各事業所の役割を知る。

（4）ソーシャルワーク実習
①利用者理解、アセスメントを学ぶ。
②関係部署、機関との連携調整方法を学ぶ。
③カンファレンス、施設行事への参加し、その目的を理解する。
④苦情解決の実際を学ぶ。
⑤運営管理、倫理綱領が施設でどのように活かされているのかを知る。

3．実習先理解のための基本文献

①高橋茂樹監／成田すみれ監／コンデックス情報研究所編著『障害者総合支援法がわかる本』成美堂出版、2013
②小澤温編『よくわかる障害者福祉［第5版］』ミネルヴァ書房、2013
③白澤政和監修、全国身体障害者施設協議会編『障害者自立支援法対応版　障害者支援施設のケアプラン』全国社会福祉協議会出版部、2008

4．実習プログラム例＊障害者支援施設（身体）

段階	月日	実習課題（ねらい）	具体的実習内容（実習経験）
事前学習	実習前	①施設機能と役割、責務について理解する ②障害者自立支援法等の関係法令についての理解を深める ③個人情報保護、守秘義務について理解する ④社会人としてのマナーを理解する	①養成校での講義や事前学習において、受け入れ先や法律について学ぶ ②守秘義務について説明を受ける ③社会人マナーについて考察する
職場実習	第一週	①実習中の心構えや諸注意を理解する ②法人の組織、施設の組織関係機関について学ぶ ③障害者自立支援法について理解する ④施設内の各課（事業）職種とその役割を知る ⑤施設日課を理解し、利用者ニーズを知る ⑥利用者の概要（障害、年齢、家族構成、障害程度区分等）を知る ⑦各種関係機関を知る	①自己紹介 ②実習オリエンテーション 　ⅰ．法人・施設概要の説明 　ⅱ．障害者自立支援法の講義 　ⅲ．実習課題の発表 　ⅳ．施設日課の説明 　ⅴ．各課（事業）の役割説明 　ⅵ．施設（各課事業所）見学 ③ケース記録、アセスメントシート、生活支援計画書の閲覧 ④各種関係機関へ訪問
職種実習	第二週目	①施設入所者、通所者の方と接し、生活全般のニーズを知る ②利用者に携わる職員の業務全般を知る ③各事業所の役割を知る	①対象者の確定 ②生活支援計画書の作成 ③現場体験
ソーシャルワーク実習	第三〜四週目	①利用者理解を学ぶ ②関係部署、機関との連携調整方法 ③アセスメントを学ぶ ④カンファレンスへの参加 ⑤苦情解決 ⑥運営管理、倫理綱領が施設でどのように活かされているのかを知る ⑦施設行事への参加	①事例を通し検討する ②地域との関係性を知る

第10節:障害者支援施設(身体)

必要な価値・知識・技術	指導方法・指導上の留意点(指導担当者)	教材	チェック欄
①知識:障害者基本法、障害者自立支援法、その他法律・制度の基礎知識／個人情報保護法、守秘義務の知識 ②技術:社会人マナー	①実習についての心構え ②守秘義務についての説明 ③社会人としてのマナーの説明	①施設パンフレット ②福祉六法 ③倫理綱領	
①価値:社会福祉・地域福祉の価値／ノーマライゼーション・ソーシャルインクルージョン／権利擁護／自己覚知／守秘義務 ②知識:社会人マナー／各種法令 ③技術:窓口での応対技術／コミュニケーション技術／記録の閲覧から背景や実情を読み取る技術	①実習目標の把握 ②法人の組織、施設の組織関係機関について説明 ③障害者自立支援法の概要説明 ④各課(事業)日課の説明 ⑤施設日課の説明 ⑥利用者の概要説明	①障害者自立支援法 ②施設日課表	
①価値:個人情報保護、守秘義務／QOLの向上／自己決定、自己覚知／権利擁護 ②知識:社会資源の把握／各種法令 ③技術:傾聴、受容／コミュニケーション技法／アセスメント(ニーズの抽出)／プランニング／モニタリング／中間評価／終了時評価／フィードバック	①コミュニケーション技法の説明、アセスメント方法の説明 ②職員の業務体制の説明 ③各事業所の役割説明 ④生活支援計画書作成方法の説明	①施設日課表 ②障害者支援施設のケアプラン	
①価値:基本的人権、生存権／バイスティックの8つの原則／チームアプローチ／アセスメント ②知識:評価方法、基準／苦情解決／ソーシャルワークの定義、理論／倫理綱領 ③技術:エコマップ、ジェノグラム／アセスメント技術、地域援助技術／社会福祉士倫理綱領	①施設利用者概要の説明 ②関係部署、機関との連携調整方法の説明 ③個人調査方法の説明 ④カンファレンスの意図を説明 ⑤苦情解決体制、苦情処理の説明 ⑥運営管理、倫理綱領の説明 ⑦地域福祉との関連を説明	①倫理綱領	

第11節　救護施設

1．実習先の概要
（1）法的根拠と救護施設の機能・役割
　生活保護法は、憲法第25条の理念である生存権の保障と自立助長をおもな目的としている。救護施設は、生活保護法第38条に規定される施設である。救護施設の目的は「身体上又は精神上著しい障害があるために日常生活を営むことが困難な要保護者を入所させて、生活扶助を行う（生活保護法第38条の2）」ことであり、制度の谷間にいる人をはじめとして、様々な障害や生活上の課題を持っている人を受け入れて、必要なサービスを総合的に提供できる機能を持っている。

　救護施設は、全国に187か所設置されている。利用者数は約16,950人である（平成25年10月1日現在）。入所は措置制度によって行われている。

（2）職員の業務・役割
　救護施設には様々な職種（介護員・生活指導員・看護師・嘱託医・栄養士等）が置かれている。施設では各職種が連携して日々の相談や支援を行っている。救護施設で相談援助業務に従事するのは、一般的に生活指導員である。

2．実習プログラム作成の意図
　相談援助実習の中心的内容は、面接や個別支援計画の策定、実施に関することである。しかし、救護施設において学ぶことができる知識・技術は、ミクロからソーシャル・アドミニストレーション（限定的に施設運営に関すること）までの広い範囲に渡っている。この実習プログラムは、そうした現場の機能を踏まえ、社会福祉士に求められる専門的知識・技術について、大学や養成校等で学習した内容を、相談援助の価値・知識・技術を中心として救護施設で実践的に実習することを意図して作成している。

（1）事前学習
①社会福祉士の価値、知識、技術の概要、倫理綱領と行動規範を理解する。
②実習施設に関する知識を得る（法的位置づけ、関連する法律、支援内容、対象利用者、地域の特徴、関係機関の業務等）。
③実習施設の中で相談援助を担う職種の機能と役割について特に理解を深める。
④守秘義務について理解する。
⑤実習の意義、目標、方法を明確化し、実習計画を立案する。
⑥社会人としてのマナーを習得する。

（2）職場実習

①実習施設の役割、支援内容、対象者、地域の状況を理解する。

②実習施設の各職種とそれぞれの機能、連携について理解する。

③関連機関との関係について理解する。

④実習の方向性を確認し、必要に応じて調整する。

（3）職種実習

①実習施設における利用者支援全般について理解する。

②実習施設の生活指導員等相談援助を行う職種（支援者）の業務と役割を理解する。

③支援者への同行同席を通じて、支援者と利用者の関係を観察する。

④観察をとおして、利用者の本当の気持ち、相談の内容、支援者の対応などを理解する。

⑤面接記録やケース記録を読むことにより、利用者の生活背景と福祉サービスの利用目的を把握する。

⑥施設内の他職種、外部の関連機関や地域との連携における支援者の役割を理解する。

⑦実習の方向性を確認し、必要に応じて調整する。

（4）ソーシャルワーク実習

①社会福祉サービスが行うべき人権への配慮について学ぶ。

②日常生活支援サービス、生活環境の整備について着眼点を学ぶ。

③個別支援プログラムの立案を通じて、相談援助の標準的な手順と相談援助技術、面接技術等について実習する。

④他法、他施策の活用方法、他機関、地域との連携や調整について実習する。

⑤ケースカンファレンスを通じて、利用者との相互理解やチームアプローチの方法を実習する。

⑥スーパービジョンや支援者間のピアカウンセリングについて実習する。

⑦職員研修等、資質向上のための方法や緊急時の対応について学ぶ。

3．実習先理解のための基本文献

①『救護施設個別支援計画書　改訂版』全国救護施設協議会

②『救護施設サービス評価基準 ver. 2』全国救護施設協議会

③『救護施設のあり方に関する検討委員会最終報告書』全国救護施設協議会

④『救護施設職員ハンドブック　改訂新版』全国救護施設協議会

⑤会報「全救協」：救護施設の全国団体である全国救護施設研究協議会の機関誌。年4回発行されておりバックナンバーを全救協のサイトで読むことができる。

4．実習プログラム例＊救護施設

段階	月日	実習課題（ねらい）	具体的実習内容（実習経験）
事前学習	実習前	①社会福祉士の価値、知識、技術の概要を理解する ②実習施設に関する知識を得る（法的位置づけ、支援内容、対象利用者、地域の特徴など） ③実習計画を立案する ④実習の意義、目標、方法を明確化する	①社会福祉士の倫理綱領、社会福祉士の行動規範を理解する ②実習施設の法的根拠、支援内容、役割、施設の概要、地域状況などを調べる ③過去の実習報告を調べる ④実習生に求められる課題と姿勢を調べる ⑤実習計画を立案する ⑥施設見学、実習施設の事前訪問、実習指導者との協議を行う
職場実習	第一週目	①社会福祉施設の役割の理解 ②実習先施設の理解 ③地域の理解 ④関連機関の理解 ⑤実習の方向性の確認と調整	①社会福祉施設全般および実習先施設の役割を理解する ②施設の概要と運営について説明を受ける／生活日課を理解する ③利用者の状況について説明を受ける／利用者とコミュニケーションし、生活歴、現状、ニーズを理解する／利用者の転帰について調べる ④施設内の各職種の名称と業務内容、職種間の連携について調べる／各職種職員にインタビューする ⑤施設運営の現状とあるべき形について調べる ⑥地域の状況と課題を理解する ⑦実習先施設の関連機関について説明を受ける／関係機関の訪問に同行する ⑧実習の方向性の確認と調整を行う
職種実習	第二週目	①生活指導員の業務と役割の理解 ②生活指導員と他職種の連携の理解 ③関連機関との連携における生活指導員の役割の理解 ④地域との関係における生活指導員の役割理解 ⑤実習の方向性の確認と調整	①生活指導員業務について説明を受ける ②施設内での生活指導員の業務に同席する ③業務日誌やケース記録を閲覧する ④利用者との相談に同席し、面接を観察する ⑤生活指導員と他職種の連携について説明を受ける ⑥関連機関との連携における生活指導員の役割について説明を受ける。可能であれば実施機関などの訪問に同行する ⑦地域との関係における生活指導員の役割について説明を受ける。可能であれば訪問に同行する ⑧実習の方向性の確認と調整を行う

必要な価値・知識・技術	指導方法・指導上の留意点（指導担当者）	教材	チェック欄
①価値：自己決定権の尊重／参加の権利の促進／個々の人間を全体として捉えること ②知識：社会福祉士の倫理綱領・行動規範／憲法、生活保護法と関係法令の知識／地域の状況と社会資源に関する知識／救護施設が行っている福祉サービスの知識／個別支援計画に関する知識／実習先施設の利用者の傾向に応じた医療等の知識／相談援助における観察、面接、記録、調査、分析、評価に関する知識／社会人としてのマナー	①社会福祉士の倫理綱領、社会福祉士の行動規範について説明する／実習施設の法的根拠、支援内容、役割、施設の概要、地域状況などをレポートにまとめる／地域状況と施設概要の要点を説明し、その後の実習生の学習に方向性を与える／過去の実習報告を調べさせる／実習生に求められる課題と姿勢について説明する／実習計画を立案させる。立案した計画は教員が確認し、配属先実習施設における相談援助実習の趣旨・目的・内容と乖離しないよう指導する／施設見学、実習施設の事前訪問を行わせる。その際、事前に、実習先指導者との確認事項、質問事項、訪問時のマナー等について指導する／直前期には体調とモチベーションのコントロールが十分に行えるよう指導する	①社会福祉士の倫理綱領、社会福祉士の行動規範 ②福祉六法 ③社会保障の手引き ④市町村が地域の概況および福祉の事情についてまとめた資料 ⑤市町村の福祉計画、施設の事業報告書、事業計画書 ⑥過去の実習生の実習報告書 ⑦養成校の実習手引き書、施設の実習手引き等の資料 ⑧実習計画書様式	
①価値：権利擁護／秘密の保持／プライバシーの尊重／共感／ノーマライゼーション／ソーシャルインクルージョン／連携、協力 ②知識：生活指導員の役割／利用者の権利を守る仕組みの概要／社会福祉法、生活保護法その他関連法令／地域の特性、地域の組織、地域の活動、制度上の施設の役割／社会人としてのマナー ③技術：面接技術／観察技術／記録技術／分析技術／評価技術／コミュニケーション技術	①実習施設の概要と役割、運営について説明する ②利用者の状況について説明する／利用者とのコミュニケーションのねらいと技法および調査課題について説明する／利用者の転帰について説明する／施設統計資料を閲覧させる ③施設内の各職種の名称と業務内容、職種間の連携について説明する／各職種に実習生の受け入れを周知し、業務観察と質問への対応を要請する／各職種職員へのインタビューのポイントと方法について説明する ④施設運営の現状とあるべき形について説明する ⑤地域の状況と課題について説明する ⑥実習先施設の関連機関について説明を受ける／関係機関の訪問に同行する ⑦実習の方向性の確認と調整を行う	①社会保障の手引き ②施設事業報告書、事業計画書 ③業務日誌 ④業務分掌、各業務のマニュアル、各専門職種の倫理綱領 ⑤ボランティア受け入れ表 ⑥利用者の状況に関する資料 ⑦利用者とのコミュニケーションのきっかけとなる本など ⑧実習計画書、実習日誌等	
①価値：権利擁護／秘密の保持／プライバシーの尊重／共感／ノーマライゼーション／ソーシャルインクルージョン／連携、協力 ②知識：情報公開・苦情解決・権利擁護・成年後見制度など利用者の権利を守る仕組み ③技術：面接技術／観察技術／記録技術／分析技術／評価技術／コミュニケーション技術	①施設における生活指導員の役割について説明する ②生活指導員業務について説明し、施設内の業務に同席させたり、業務日誌、ケース記録等を閲覧させる ③利用者との相談に同席させ、面接を観察させる。可能であれば面接記録を取らせ、事後、それを確認して指導する ④生活指導員と他職種の連携について説明する ⑤関連機関との連携における生活指導員の役割について説明する。可能であれば実施機関などの訪問に同行させる ⑥実習の方向性の確認と調整を行う ＊施設内外を問わず、生活指導員業務への同席機会を提供する場合は、社会人としてのマナーを守れるよう事前に指導する	①社会保障の手引き ②施設事業報告書、事業計画書 ③業務日誌 ④業務分掌、各業務のマニュアル、各専門職種の倫理綱領 ⑤ボランティア受け入れ表 ⑥ケース記録等利用者の詳細な状況がわかる資料 ⑦実習計画書、実習日誌等 ⑧国際生活機能分類（ICF） ⑨救護施設個別支援計画書 ⑩救護施設サービス評価表	

第7章：実習の実際と実習プログラム

ソーシャルワーク実習	第三〜四週目	①人権への配慮	①人権の尊重：サービス提供の理念や基本方針／それらの事業計画等への具体化／利用者の希望や意見の施設運営への反映／利用者の尊厳を守る接し方／市民として基本的な権利行使への配慮と支援／施設外との通信・連絡手段の確保 ②プライバシーの保護：プライバシーに配慮した施設運営 ③人権の擁護と主体性の尊重：虐待等（暴言、暴力、無視、放置等）の人権侵害の防止策、及び万一に備えた対応方法／身体拘束（抑制）を行わない、あるいは廃止に向けた取り組み／コミュニケーション手段を確保するための支援や工夫／利用者の主体的な活動の尊重／利用者が自力で行う日常生活上の行為に対する見守りと支援の体制
		②利用者に応じた個別支援プログラム	④施設利用の相談と選択：利用者や家族等に対する施設サービスの内容の説明と利用支援の状況／利用者とのコミュニケーションと意向の把握、利用者の意向を把握するための体制 ⑤個別支援計画の策定：利用者の状況把握／策定や見直しのための会議等の開催／内容の具体性と利用者（及び必要に応じて家族等）との合意／個別支援計画に基づいたサービスの実施／サービス内容の適否見きわめと必要に応じた改善
		③日常生活支援サービス	⑥地域生活への移行：地域生活を身近なものに感じさせる機会や情報の提供／必要に応じた地域生活への個別移行計画の策定と内容の適切性検討 ⑦退所後の支援：退所者に対する必要な支援の実施 ⑧エンパワメントの視点：エンパワメントの理念に基づくプログラム／支援が画一的とならないような配慮／利用者同士の共助関係への支援 ⑨家族等との連携：家族等に対する日常的な情報の提供と連絡体制の構築／帰省（外泊等）中の利用者と家族等の支援 ⑩死亡退所の支援：利用者の死亡退所に対する体制 ⑪食事：個別支援計画に基づいた食事サービス／利用者の嗜好を考慮した献立（美味しく、楽しく食べられるような工夫）／喫食環境（食事時間を含む）への配慮 ⑫入浴：利用者の希望に沿った実施／個人的事情への配慮／浴室・脱衣場等の環境整備 ⑬排泄：適切な介助の実施／安全・清潔への配慮 ⑭衣服：利用者の個性や好みの尊重／衣服の選択の支援／汚れや破損に気づいた時の対応 ⑮理容・美容：利用者の個性や好みの尊重／選択の支援／理髪店や美容院の利用に対する支援 ⑯睡眠：安眠への配慮 ⑰健康管理：日常の健康管理／必要に応じた迅速かつ適切な医療対応／内服薬・外用薬等の扱いの確実性／感染症に対する対策 ⑱余暇・レクリエーション：各個人の状況や希望に沿った自由な活動の実現 ⑲作業：各個人の状況や希望に応じた自由な参加の実現／適切な運営・管理体制の整備 ⑳外出・外泊：利用者の希望に応じた実施 ㉑所持金・預かり金の管理等：金銭などの自己管理ができる配慮／預かり金に対する適切な管理体制 ㉒生活内容の自由な選択：新聞・雑誌の購読、テレビ等の利用への配慮／嗜好品に対する健康への配慮と個人の自由の配慮

第11節：救護施設

①価値：自己決定権の尊重／参加の権利の促進／個々の人間を全体として捉える／ノーマライゼーション／ソーシャルインクルージョン／秘密保持／プライバシーの尊重 ②知識：社会福祉士の倫理綱領・行動規範／日本国憲法、民法、社会福祉法、生活保護法、労働基準法その他救護施設における相談援助および運営に関する関係法令の知識／社会保障全般に関する知識／地域特性、地域の社会資源と組織に関する知識／救護施設が行う社会福祉サービス全般の知識／個別支援計画策定に関する知識／面接技法に関する知識／その他、実習先施設の利用者の傾向に応じた医療・保健・福祉全般についての知識 ③技術：社会福祉相談援助における観察、面接、記録、調査、分析、評価の技術	①人権への配慮：社会福祉士の倫理綱領・行動規範の理解を確認し、それを土台として実習先救護施設の理念や基本方針の取り扱いについて示す（利用者主体の考え方に基づいた明文化、法人役員と全ての職員への配布、利用者や家族等への明示、事業計画や職員の倫理綱領等への反映、必要に応じた見直し）／利用者から、サービスの内容や利用方法について意見を得る機会に同席させる／利用者の意見を管理者に伝える仕組みがあることを示す／利用者の意見によって改善されたサービスについて具体例を挙げて説明する／利用者の権利を尊重した支援方法について示す（選挙権等の行使、地域の社会資源を利用した支援、電話や手紙等の利用等通信の秘密の保持、個人情報やプライバシーの保護、虐待防止、身体拘束等）／サービス検討会等への同席／相談・苦情の申し立てについて説明する／外部の権利擁護機関や市町村の相談窓口の存在と役割について説明する／意思伝達に制限のある利用者に対するコミュニケーション手段やサインの発見と確認（同意）方法について説明する／必要性や要望に基づいたコミュニケーションの取れる知人、代弁者、手話通訳者等を受け入れ事例があれば説明する／利用者の主体的な活動について、本人の意向を尊重しながら側面的な支援を行う意義について具体例を挙げて説明する／その他、施設外の知人等との交流、利用者自治会活動等について施設の理念と実際の活動について関連づけて説明する。 ②利用者に応じた個別支援プログラム：個別支援計画の策定にあたり行っている手続きを説明する（利用者に対する施設の基本方針・利用条件・サービス内容等の説明、施設の案内とサービスの体験会、複数の職員との面談、利用者の基本情報、希望・要望、アセスメントの実施、ニーズ整理方法と計画立案、利用者に対する計画内容の説明と同意、事故・病気防止のために行っている利用者の行動の特徴や健康上の留意事項の把握等）／個別支援計画策定会議等の記録閲覧と同席／個別支援計画策定演習（所定の様式による個別支援計画の策定に関する説明と演習）／実施されているサービスが個別支援計画に基づいていることを説明する（例外的取り扱いについても説明）／地域生活に関する利用者の相談に同席させる／近隣の住民に対する利用者への理解と協力を求める機会に同席させる／緊急事態等の場合の相談窓口について説明する／退所者を支える組織について説明する／社会生活力を高めるためのプログラムについて説明し、機会があれば同行同席させる（自己表現の技能や話し方、人権意識を高められるような情報や資料の提供、障害の理解や調理・洗濯・買い物・交通機関利用等についての学習・訓練等）／その他、利用者個人を尊重した支援について具体例を挙げて説明する（本人の力を衰えさせるような援助や先走りの支援、QOLと自立支援の両面に配慮した支援、利用者同士のトラブル解決体制、家族等への情報提供と交流）／死亡退所時の手続きについて説明する。 ③日常生活支援サービス：食事、入浴介助、排泄介助（安全、プライバシー、便意・尿意・失禁への対応を含む）、清掃、採光・照明、冷暖房設備、衣類、整容、夜間就寝時の支援、健康管理、レクリエーション、作業、職場実習、外出等の支援および事故時の対応について、理念や運営方針および職場・職種実習時の経験と関連づけて説明する／預かり金等、利用者の金銭管理について説明する／その他、新聞、雑誌などの購入、テレビ等の視聴、煙草やアルコール等嗜好品の取り扱いについて説明する。	①社会福祉士の倫理綱領、社会福祉士の行動規範 ②福祉六法 ③社会保障の手引き ④市町村が地域の概況および福祉の事情についてまとめた資料 ⑤市町村の福祉計画 ⑥施設事業報告書、事業計画書 ⑦業務日誌 ⑧業務分掌、各業務のマニュアル ⑨ボランティア受け入れ表 ⑩利用者の状況に関する資料 ⑪国際生活機能分類（ICF） ⑫救護施設個別支援計画書 ⑬救護施設サービス評価表	

ソーシャルワーク実習	第三〜四週目	④生活環境の整備	㉓生活環境の整備：施設の建物ならびに施設周辺の定期的な点検・整備／利用者が一人になれる場所や部屋、又は少人数でくつろげる場所や部屋の準備状況／心地よく生活するための環境への取り組み／施設周辺の環境への配慮 ㉔衛生面の配慮：施設及び周辺の衛生への適切な維持
		⑤地域との連携	㉕地域との交流：地域への施設に対する理解促進と地域への施設開放／利用者の地域の行事への参加／他施設を含む地域との交流の促進／地域への施設の情報の伝達 ㉖地域生活支援サービスの実施：施設・法人の地域生活支援サービスの実施状況を知る ボランティアの受け入れと育成について理解する 地域において社会的支援を要する人々への対応について理解する 事業運営やサービスの向上への取り組み 施設内研修の計画的な実施／専門的サービスのための施設内外の研修の実施について理解する ㉗サービスの評価と改善：サービスの自己評価とその後の改善を実施するための体制について理解する
		⑥職員の研修・資質向上	㉘業務体制や業務内容の管理方向や職員の資質向上へ・職員の意識改革・自己啓発のための取り組みを理解する
		⑦危機管理および緊急時への対応	㉙危機管理（リスクマネジメント）体制や取り組みを理解する。 火災や震災、事故や急病等への対応、緊急時の協力体制、医療機関との連携について理解する。

	④生活環境の整備：生活環境に関する点検・整備のマニュアルを示し、次の必要性について説明する（実施計画、担当者・責任者、対応、文書化、関連部署への報告等）／利用者が一人になりたいときに利用できる自由な場所・設備の紹介と意義の説明／利用者の心情に配慮した身の回りの生活環境改善への取り組みについて説明する／清掃及び衛生管理について説明する。
	⑤地域との連携：地域に対する施設の資源提供について説明する（施設開放、備品等の貸し出し、講習会・研修会等の開催、ボランティアの受け入れ、行事の実施、福祉サービスに関する情報提供等）／広報誌、パンフレット、インターネット等を通じた情報提供について説明する／他の福祉施設との交流について説明する／地域のニーズに対応して自治体独自又は法人独自の地域生活支援サービスが行われている場合は説明する／実習生・研修生の受け入れについて、実態と課題を説明する／関係機関（実施機関、知的障害・身体障害者の更生相談所、保健所、職業安定所、学校等）や地域内の諸施設との連携について説明する／社協、NPO、障害者団体、その他の地域のインフォーマルな機関等との連絡について説明する／その他、関係機関（実施機関、更生相談所、保健所、警察、職業安定所等）や地域内諸施設との連携について説明する。
	⑥職員の研修・資質向上：職員等を対象とした研修について、施設長や担当職員から趣旨、実施計画、各研修の内容、実施状況と課題等について説明する（内部研修の場合は、必要に応じて研修マニュアル等の資料も示す）。事例検討会を職員の研修として実施している場合は、これについても説明する／研修参加者による伝達講習に同席させる／施設運営・サービスの改善について内外の評価を行っている場合は、その意義、組織、方法、外部への公表等について説明する。
	⑦危機管理および緊急時への対応：危機管理や予防、事故対応について、考え方、組織、マニュアル、具体的事例等を説明する／火災等の災害、事故への対応について説明する／その他、実施機関等との情報交換、連絡・協力体制について説明する。 ＊文中、説明するとある事項について実際例がある場合は体験機会を設けることが望ましい。

第12節　福祉事務所

1．実習先の概要

（1）福祉事務所の目的

　福祉事務所は、社会福祉法第三章「福祉に関する事務所」として規定されている。福祉事務所は都道府県及び市については必置（社会福祉法第14条第1項）であり、町村は任意設置（第14条第3項）である。都道府県の設置する福祉事務所は、生活保護法、児童福祉法、母子及び寡婦福祉法に定める援護又は育成の措置に関する事務のうち都道府県が処理することとされているものをつかさどる（第14条第5項）。市町村（特別区を含む）の設置する福祉事務所は、生活保護法、児童福祉法、母子及び寡婦福祉法、老人福祉法、身体障害者福祉法及び知的障害者福祉法に定める援護、育成又は更生の措置に関する事務のうち市町村が処理することとされているものをつかさどる（第14条第6項）。

　つまり、市の設置する福祉事務所にあたっては、福祉六法をつかさどり、市民の地域福祉向上のための第一線機関として、その援護、育成又は更生の措置を行い、市民が自己決定のもと自分らしい生活ができるように調整、支援する目的をもっているといえる。

（2）福祉事務所の業務内容

　福祉事務所は福祉六法をつかさどる事務所であるため、その業務は多岐にわたっている。そのうち生活保護分野に関していえば、査察指導員の指導監督のもと、現業員（ケースワーカー）が下記のような業務を行っている。

①要援護者への相談業務

　生活のしづらさを感じている市民が来所したり、連絡を受け訪問したりして、相談業務を行っている。生活保護の申請をしてもらうことはもちろんのこと、直接生活保護に関係ない場合や、申請する必要のない場合についても、福祉だけではなく市政全般、つまり年金や保険制度、市営住宅や税金に至るまで相談にのり、関係機関と調整することによって、少しでも不安を解消してもらうように努めている。

②被保護者への社会福祉援助業務（ケースワーク）

　市の福祉事務所については、1ケースワーカーにつき80世帯以下の利用者を担当し、日々、被保護者の生活のしづらさを解消し、自分らしい生活ができるように、寄り添い支援している。電話や訪問などを適宜行い、生活状況や病状を把握し、画一的ではなく、その人にあった支援の方法を常に模索する毎日である。

③その他医療、介護、統計、経理事務

　医療券や介護券の交付事務、国や県に対しての統計調査の回答や補助金の申請、そして保護費の支給事務などを毎月行っている。

2．実習プログラム作成の意図

（1）事前学習
①実習先である市の概要を知る。②市の社会資源をできる範囲で調査しておく。③福祉事務所の機能と役割について知識をもつ。④福祉六法だけではなく、精神保健福祉法や介護保険法などを含めた市が行う業務の基となる法律についての理解を深める。⑤社会人としてのマナーを習得しておく。⑥守秘義務について理解する。

（2）職場実習
①市の概要や行政の組織、業務内容を広く知る。②福祉事務所の機能と役割について特に理解を深める。③関係する部署、外部機関の業務についても幅広く理解を深める。

（3）職種実習
①福祉事務所における各種相談業務について理解する。②相談業務に同席することにより、利用者と援助者の関係を観察する。③観察をとおして、利用者の本当の気持ちや相談の内容、援助者の対応などを理解する。④面接記録やケース記録を読むことにより、利用者の背景を把握する。

（4）ソーシャルワーク実習
①バイスティックの7原則を含めた相談援助技術を、相談業務を通じて援助者の対応から学ぶ。②訪問前にケース記録を読むことによって、利用者の生育歴や困窮に陥った背景などを理解する。③訪問に同行し、利用者と面接することにより、ケースワーカーの社会福祉援助技術について学ぶ。④利用者の生活のしづらさ（ニーズ）を聴き取り、寄り添いながら、ともに解決していく道筋を立て、自己決定のもとに自分らしい生活がおくれるように支援する姿勢をケースワークを通じて学ぶ。⑤他法、他施策の活用方法や他部署、他機関との連携や調整機能の実際を学ぶ。⑥ケースカンファレンスを通して、利用者への相互理解やチームアプローチの方法、そしてケースワーカー同士のピアスーパービジョンの必要性を学ぶ。⑦査察指導員（スーパーバイザー）によるスーパービジョンについて学ぶ。

3．実習先理解のための基本文献
①『福祉事務所ソーシャルワーカー必携［新版］』全国社会福祉協議会出版部、2014
②結城康博編著／嘉山隆司編著／佐藤純子編著『新・よくわかる福祉事務所のしごと』ぎょうせい、2013
③『生活保護手帳 2015年版』中央法規出版、2015
④『生活保護手帳 別冊問答集2015』中央法規出版、2015

4．実習プログラム例＊福祉事務所

段階	月日	実習課題（ねらい）	具体的実習内容（実習経験）
事前学習	実習前	①福祉事務所の機能と役割について知識をもつ ②福祉六法ならびに関係法令についての知識を深める ③守秘義務について理解する ④社会人としてのマナーを身につける	①大学での講義や自主学習において受け入れ先や法律について学ぶ ②守秘義務について説明をうける ③社会人としてのマナーについて自分なりに考える
職場実習	第一週目	①実習中の心構えや諸注意を理解する ②行政の組織、福祉事務所の組織、関係機関について学ぶ ③福祉六法に基づく制度について理解する ④実習課題について理解する	①自己紹介 ②実習オリエンテーション ③実習先、関係機関にあいさつまわり
		【生活保護担当】 ①ケースワーカーの一日を知る ②生活保護利用者の実情を知る ③民生委員制度について知る	①ケースワーカーに同行する ②ケース記録・相談記録を読む ③民生委員の仕事を担当よりきく
		【障害者福祉担当】 ①障害者福祉制度について知る ②手帳の交付やほ装具の支給などの窓口業務を学ぶ ③障害者の実情を学ぶ	①窓口業務に付き添う ②3障害の担当より制度説明を受ける
		【母子・寡婦担当】 ①母子福祉制度について知る ②母子家庭の実情を学ぶ ③DV被害について知る	①窓口業務に付き添う ②母子相談、DV相談記録を読む
		【児童福祉担当】 ①児童福祉制度について知る ②児童虐待について知る ③児童療育について知る	①窓口業務に付き添う ②児童虐待相談記録を読む ③児童療育相談記録を読む
		【老人福祉担当】 ①老人福祉制度について知る ②高齢者虐待について知る ③地域支援について知る	①窓口業務に付き添う ②高齢者虐待相談記録を読む ③地域支援事業について学ぶ
職種実習	第二週目	【生活保護担当】 ①生活保護利用者の方と接し、生活のしづらさとニーズを理解する ②ケースワーカーの対応より、相談援助技術について学ぶ ③利用者の援助方針を理解する	①面接相談に同席する ②訪問相談に同行する ③ケースカンファレンスに同席する
		【身体障害者福祉担当】 ①身体障害者の方と接し、生活のしづらさとニーズを理解する ②身体障害者福祉相談員の対応より、相談援助技術について学ぶ	①面接相談に同席する ②訪問相談や、認定調査に同行する ③認定審査会に同席する ④相談支援センターや地域の社会資源である障害者施設、障害者支援NPOなどを訪問し、実際に障害者の方と接する
		【知的障害者福祉担当】 ①知的障害者の方と接し、生活のしづらさとニーズを理解する ②知的障害者福祉相談員の対応より、相談援助技術について学ぶ	
		【精神障害者福祉担当】 ①精神障害者の方と接し、生活のしづらさとニーズを理解する ②精神障害者福祉相談員の対応より、相談援助技術について学ぶ	
		【母子・寡婦担当】 ①母子家庭の相談にのり、生活のしづらさとニーズを理解する ②母子相談員の対応より、相談援助技術について学ぶ	①母子・DV相談に同席する ②児童扶養手当の支給や母子福祉資金の貸付の実際を学ぶ ③女性家庭センターとの連携について学ぶ

第12節：福祉事務所

必要な価値・知識・技術	指導方法・指導上の留意点（指導担当者）	教材	チェック欄
①知識：社会福祉法、福祉六法、その他法律の基礎知識／個人情報保護法、守秘義務の知識 ②技術：社会人としてのマナー	①実習についての心構え ②守秘義務についての説明と誓約書の提出依頼 ③服務規律など社会人としての最低限のマナーの説明	①社会福祉法、福祉六法、関係法令	
①価値：社会福祉・地域福祉の価値／ノーマライゼーション、ソーシャルインクルージョン／権利擁護／自己覚知／守秘義務 ②知識：社会人としてのマナー／さまざまな施策、その背後にある法律知識 ③技術：窓口での応対技術／コミュニケーション技術／記録の閲覧から背景や実情を読み取る技術	①実習中の心構えや諸注意について説明 ②毎日の振り返りを実習指導者が行う ③各担当が制度説明を行う ④実習課題を提起する	①各種行政パンフレット	
	【生活保護担当】 ①まずは訪問等に付き添わせる ②ケース記録・相談記録を閲覧させる ③民生委員の仕事について説明する	①各種行政パンフレット ②生活保護法・民生委員法	
	【障害者福祉担当】 ①窓口業務に付き添わせる ②3障害の担当が制度について説明を行う	①各種行政パンフレット ②身体障害者福祉法・知的障害者福祉法・精神障害者保健福祉法・障害者自立支援法	
	【母子・寡婦担当】 ①窓口業務に付き添わせる ②母子相談・DV相談記録を閲覧させる	①各種行政パンフレット ②母子および寡婦福祉法・母子保健法	
	【児童福祉担当】 ①窓口業務に付き添わせる ②児童虐待相談・児童療育相談記録を閲覧させる	①各種行政パンフレット ②児童福祉法・児童虐待防止法	
	【老人福祉担当】 ①窓口業務に付き添わせる ②高齢者虐待相談記録を閲覧させる	①各種行政パンフレット ②老人福祉法・介護保険法	
①価値：個人情報保護、守秘義務／個人の尊厳／QOLの向上／説明と同意／自己決定／権利擁護／自立支援／自己覚知 ②知識：社会資源の把握／各種法令、他施策 ③技術：傾聴、受容／ニーズ把握／アセスメント／モニタリング／フィードバック／コミュニケーション技術／関係機関とのネットワークと調整／代弁機能／相談援助技術／カンファレンス運営／援助方針策定	①面接相談に相談者の許可を得て同席させる ②訪問相談に利用者の許可を得て同席させる ③ケースカンファレンスに同席し、利用者の援助方針について考えてもらう	①相談記録 ②ケース記録 ③各法令 ④各種計画関係	
	①実際に面接、訪問相談や認定調査に相談者の許可を得た上で、同席させることによって、障害者の方の生活のしづらさやニーズを把握してもらう ②認定審査会に参加し、その生活のしづらさがどのように判定され、サービスに結びついていくかの過程を知ってもらう ③市が委託している相談支援センターや支援している障害者施設、NPO団体などを訪れ、実際に障害者の方と接することで、3障害の特性や違いについて学んでもらう		
	①相談者の同意のうえで、母子、DV相談に同席させ、母子家庭やDV被害者の方の生活のしづらさや実情、背景について把握してもらう ②児童扶養手当の支給や母子福祉資金の貸付、女性家庭センターとの連携について説明を行う		

197

		【児童福祉担当】 ①不登校や非行に悩む親からの相談をうけ、その原因を探る ②児童虐待の通報に基づいての対処方法を学ぶ ③子どもの発達健診から療育につながる過程を学ぶ	①子どもの不登校や非行、発達についての相談に同席する ②児童虐待の通報から一連した福祉事務所の対処方法を理解し、こども家庭センターや教育機関との連携についての実際を学ぶ ③乳幼児健診、1歳半健診や児童療育事業に同席することにより、子どもの発達過程における切れ目ない支援について学ぶ
		【老人福祉担当】 ①地域支援事業の中身(介護予防や権利擁護事業、緊急通報装置や配食サービスなど)について学ぶ ②老人措置への過程について学ぶ	①高齢者の一人暮らしや老老介護など生活のしづらさを感じておられる世帯の相談に同席する ②地域支援事業について説明をうける
		【介護保険担当】 ①地域包括支援センターでの社会福祉士の役割を知る ②介護保険制度について学ぶ	①地域包括支援センターの社会福祉士の業務に同行する ②高齢者虐待に対する一連の対処方法について学ぶ ③介護保険認定調査に同行し、認定審査会に同席する
		①実習前半のふりかえり ②課題に対しての中間報告	④スーパービジョンを受け、実習後半の専門性について選択する
ソーシャルワーク実習	第三〜四週目	【生活保護担当】 ①相談援助技術を学ぶ (例)生活相談に同席し、面接記録	①生活相談に同席し、ケースワーカーの相談援助技術を学ぶ ②相談者の生活のしづらさを把握し、支援方法を検討する ③面接記録を作成する
		【生活保護担当】 ①相談援助技術を学ぶ (例)相談から新規申請への流れ	①相談から新規申請への流れを把握する ②申請に至らないケースでも他法他施策の提案と関係機関との調整の実際を学ぶ ③申請時の説明と同意の実際を学ぶ
		【生活保護担当】 ①相談援助技術を学ぶ (例)資産調査(ミーンズテスト)や他法他施策の活用	①申請を受け付けてからの資産調査や扶養義務調査、他法他施策の活用など保護の補足性の原理にもとづく調査の流れの実際を学ぶ
		【生活保護担当】 ①相談援助技術を学ぶ (例)ケースカンファレンス、保護の決定、説明と同意	①ケースカンファレンスを開催し、査察指導員や他のケースワーカーとともにその方にあったベストな支援の話し合いに参加する ②保護決定後、利用者に対し、制度や利用者の権利と義務についての説明に同席する
		【生活保護担当】 ①相談援助技術を学ぶ (例)生育歴等の聴き取りとケース記録	①利用者の生育歴や病状等、そして経済的に安定したのちの生活のしづらさについて聞き取り、今後の援助方針を定め、ケース記録を作成する
		【生活保護担当】 ①相談援助技術を学ぶ (例)在宅利用者の訪問、面接	①ケースワーカーの担当する在宅利用者の定期訪問に同行する ②その利用者が自分らしい生活を営んでおられるかの聞き取りを会話の中から把握する

	①相談者の了解をえて、子どもの相談に同席させる ②児童虐待の通報からの一連の対処方法について説明し、各関係機関との連携方法について学んでもらう ③子どもの健診や児童療育事業に同席することにより、子どもの発達の切れ目ない支援や親の思いを学んでもらう		
	①相談者の了解をえて、生活のしづらさを感じている高齢者の相談に同席し、そのニーズを把握させる ②地域支援事業の実際を現場にて学ばせる		
	①地域包括支援センターの社会福祉士に付き添わせる ②高齢者虐待の対処方法、老人措置までの流れについて学ばせる ③介護保険認定調査、認定審査会に同席し、利用者のニーズがどのように要介護度やサービスに反映されるかを見届けさせる		
①価値：自分の専門性についての自己覚知	①スーパービジョンを行い、実習後半の専門性について六法制度より選択させる	①実習記録	
①価値：個人情報保護、守秘義務／個人の尊厳／QOLの向上／個別化／説明と同意／自己決定／権利擁護／自立支援／自己覚知 ②知識：社会資源の把握／各種法令、他施策 ③技術：傾聴、受容、非審判的態度／ニーズ把握／アセスメント／モニタリング／フィードバック／面接技術／コミュニケーション技術／インタビュー技法／記録技術、文章能力／エコマップ、ジェノグラム／関係機関とのネットワークと調整／チームアプローチ／ピアカウンセリング／スーパービジョン／代弁機能／相談援助技術／カンファレンス運営／援助方針策定	①生活相談に同席させる ②面接記録を作成させる	①ケース記録 ②相談記録 ③生活保護手帳 ④生活保護のてびき ⑤生活保護関係法令集	
	①相談から新規申請への流れを把握させる ②申請に至らないケースであってもどのように対処しているか学ばせる ③申請時の説明と同意の実際を学ばせる		
	①申請受付後の調査など保護の補足性の原理にともなう事務処理を学ばせる		
	①ケースカンファレンスに参加し、相互理解とチームアプローチの方法を学ばせる ②保護決定後の利用者との面接に同行させる		
	①利用者の生育歴や病歴などの聴き取りを行わせ、開始記録を書く ②援助方針を検討させる		
	①在宅で安定した暮らしをされている利用者を訪問し、その方の自分らしい生活について会話を通じで学ぶ		

		【生活保護担当】 ①相談援助技術を学ぶ （例）施設、病院への入所入院利用者への訪問、面接	①ケースワーカーの担当する施設入所者、入院患者の定期訪問に同行する ②その利用者の施設、病院での生活や希望を本人やSWから聴き取ることにより、今後の支援方針を更新していく
		【生活保護担当】 ①相談援助技術を学ぶ （例）ケースワークの姿勢の理解①	①ニーズを把握し、アセスメントを行い、チームで方針を決定し、説明と利用者の自己決定を促し、利用者をエンパワメントしながら寄り添い支援していくというケースワーカーの姿勢を理解する
		【生活保護担当】 ①相談援助技術を学ぶ （例）ケースワークの姿勢の理解②	①ケースワーカーは利用者の伴走者であり、権利擁護者であり、代弁者であり、支援者であり、指導者であり、調整役であり、そして何より利用者の立場に立って常に物事を考える一番の理解者であることによって、信頼されなければならないという姿勢を学ぶ
		【生活保護担当】 ①実習課題の回答 ②実習のふりかえり	①スーパービジョンをうける ②自分にとっての自立と社会的弱者と言われる方の自立の違いと、福祉事務所におけるその方々に対する役割、支援の方法、姿勢について自分なりの回答を見つける

	①長期に入院、入所されている利用者を訪問し、その方の思いを会話を通して汲み取り、またSWなど関係者と連携することによってその方の自己決定を促していく		
	①これまでの現場経験を踏まえて、相談援助の実際とケースワークの姿勢をまとめる		
	①これまでの現場経験を踏まえて、相談援助の実際とケースワークの姿勢をまとめる		
①価値：自立／自己覚知 ②知識：福祉事務所の役割 ③技術：相談援助技術	①スーパービジョンをおこなう ②実習課題の提出 ③実習のふりかえりをおこなう	①実習記録	

第13節　児童相談所

1．実習先の概要

(1) 児童相談所とは

児童相談所は、児童福祉法第12条に基づき、各都道府県に設けられた児童福祉の専門機関である。児相とも略称され、こども家庭センターとの名称をつける相談所も多い。すべての都道府県および政令指定都市、2006（平成18）年4月から中核市にも設置できるようになり、最低1か所以上の児童相談所が設置され、都道府県によってはその規模や地理的状況に応じて複数の児童相談所およびその支所を設置しており、現在、全国で208か所（2015（平成27）年4月現在）存在している。

また、児童相談所には、精神保健の知識のある医師、大学で心理学を学んだ児童心理司、児童福祉司（社会福祉士資格取得者、社会福祉主事として2年以上、児童福祉事業に従事した者）、一時保護所には、児童指導員、保育士、看護師、調理師など複数の専門職員がいる。

(2) 児童相談所の業務内容

児童相談所は、児童、すなわち0歳から18歳未満の者（児童福祉法第4条）を対象に以下のような業務を行っている（児童福祉法第11条の2）。

①相談業務：広く一般家庭や学校その他から児童の福祉に関するあらゆる相談を受け、必要に応じて児童の家庭、地域状況、生活歴や発達、性格、行動等について専門的な角度から総合的に調査、診断、判定（総合診断）し、それに基づいて援助方針を定め、自ら又は関係機関等を活用し一貫した児童の処遇を行う。

②判定業務：児童及びその家庭につき、必要な調査並びに医学的、心理的、教育学的、社会学的及び精神保健上の判定を行う。

③措置業務：児童及びその保護者につき、児童福祉司、児童委員、児童家庭支援センター等に指導させ、又は児童を児童福祉施設、指定国立療養所等に入所させ又は里親、保護受託者に委託するなど、必要な措置を行うこと。

④一時保護：必要に応じて児童を家庭から分離して一時保護する機能。

また、相談の種別は、4つに大別される。

①養護相談：父母の家出、死亡、離婚、入院などによる養育困難、および児童虐待など。

②障害相談：障害児、発達障害、重度の心身障害など。

③非行相談：虚言、家出、万引き、喫煙、金品持ち出し、窃盗、性的な逸脱などの虞犯や触法行為など。

④育成相談：性格や行動、不登校、家庭内暴力など。

2．実習プログラム作成の意図

（1）事前学習
①児童相談所の機能や児童福祉法、児童虐待防止等の法令など、参考図書や社会福祉六法等を通じて、基本的な理解をしておく。
②テレビや新聞、雑誌等を通じて、児童虐待や里親、子どもの権利擁護など、日ごろから児童福祉に関する社会問題に関心を持ち、記事等を整理しておく。
③自分に関心のある児童福祉に関するテーマ（児童虐待、里親制度、非行問題、障害児、不登校、家庭内暴力等）を絞り、参考図書や参考文献等を入手し、概要をつかんでおく。

（2）職場実習
①児童相談所の沿革や相談状況、組織体制、事業内容等について、ガイダンスや参考資料等を基に十分に理解しておきたい。
②自分のテーマや関心について絞るとともに、児童相談所の機能について幅広く学ぶ。

（3）職種実習
①児童福祉司が担当する業務全般（インテーク、面接場面や介入場面、または施設措置や里親委託等）について、同席面接、同行訪問等において、理解を深める。
②ケース記録等を読むことにより、ケースワークの展開過程を理解する。
③児童養護施設や児童自立支援施設、一時保護所、市町村の福祉関係機関、学校、警察等の関係機関との役割分担や社会資源について理解を深める。

（4）ソーシャルワーク実習
①面接場面やケース記録等を通じて、ニーズ把握、アセスメント、カンファレンス、個別援助計画、サービス調整、家族や関係機関との調整、モニタリングまでの一連のケースワークの流れを理解する。
②児童相談所における他職種（児童心理司、児童精神科医、保育士、児童指導員等）との連携方法について理解する。
③学校、児童福祉施設、福祉事務所、警察等との連携方法について理解する。
④ケース記録のとり方について学ぶとともに、ケース記録等から事例研究を深める。

3．実習先理解のための基本文献
①日本弁護士連合会『子どもの虐待防止・法的実務マニュアル（第4版）』明石書店、2008
②川崎二三彦『児童虐待－現場からの提言』岩波書店、2006
③ヘネシー・澄子『気になる子　理解できる　ケアできる』学習研究社、2006
④汐見稔幸『里親を知っていますか？』岩波書店、2001
⑤斉藤幸芳編著／藤井常文編著『児童相談所はいま』ミネルヴァ書房、2012

第7章：実習の実際と実習プログラム

4．実習プログラム例＊児童相談所

段階	月日	実習課題（ねらい）	具体的実習内容（実習経験）
事前学習	実習前	①児童相談所の機能と役割について知識をもつ ②児童福祉法、児童虐待防止法や関係法令について理解する ③守秘義務について理解する ④市町村の概要について理解する	①養成校での講義や自主学習において、実習先や根拠法について学ぶ ②守秘義務の誓約（文書提出） ③市町村の福祉指標についてまとめる
職場実習	第一週目	①実習マナーの再確認 ②児童相談所の組織について学ぶ ③児童相談所の相談状況について学ぶ	①職員や関係先への自己紹介 ②実習オリエンテーション 　・相談係 　・心理判定係 　・一時保護所
		【児童相談所の理解】 ①児童相談所の法的根拠を理解する ②児童相談所の機能と役割を理解する	①児童相談所の設置状況、沿革、職員配置等の法的根拠について、インタビューや説明を通じて理解する ②相談、措置、一時保護という機能について、業務の流れについて観察する
職種実習	第二週目	【相談部門】 ①児童福祉司（ケースワーカー）の業務について学ぶ ②相談事例について学ぶ	①受理会議・援助方針会議への参加 ②面接相談に同席 ③訪問相談に同行 ④ケースカンファレンス等、各種会議に同席 ⑤児童福祉司からの説明、見学（同行訪問等） ⑥ケース記録の閲覧
		【心理判定部門】 ①児童心理士の業務について学ぶ	①児童心理士から心理テスト、心理治療等について説明する ②判定会議への参加 ③個別カウンセリング・集団カウンセリング等の事業について説明する
		【一時保護所】 ①一時保護所の業務について学ぶ	①一時保護所の日課や行事への参加 ②学習指導補助 ③子どもの状況を観察する ④保育士、児童指導員等の役割を観察する
		【関係機関】 ①学校や保育所、幼稚園等の役割について学ぶ ②各種子育て支援施策について学ぶ ③児童養護施設や児童自立支援施設等の施設を見学する ④子育て支援センターについて学ぶ	①学校や保育所、幼稚園等に同行訪問 ②各種子育て支援施策について学習 ③児童養護施設や児童自立支援施設等に同行訪問 ④子育て支援センターに同行訪問
		【中間評価】 ①職場実習・職種実習のふりかえり	①スーパービジョンを受け、今後のソーシャルワーク実習の内容について確認する

必要な価値・知識・技術	指導方法・指導上の留意点（指導担当者）	教材	チェック欄
①知識：社会福祉法、児童福祉法、児童虐待防止法、民法等の基礎知識／個人情報保護、守秘義務の知識 ②価値：自己覚知	①事前訪問時資料について教示 ②実習の心構えや諸注意、服装等社会人として最低限のマナーについて説明を行う ③守秘義務の説明と誓約書の提出	①参考図書 ②児童相談所運営指針 ③業務概要 ④新聞や雑誌の記事 ⑤市町村の地図	
①価値：児童福祉の理念／子どもの権利擁護／家族理解 ②知識：社会福祉法、児童福祉法、児童虐待防止法、民法等の知識／児童福祉分野の施策／個人情報保護、守秘義務の知識 ③技術：コミュニケーション技術／職員との関係形成力／資料分析力／観察技法	①各部署の担当が事業の説明を行う ②実習開始にあたって、テーマを決める（養護、児童虐待、非行、育成、障害の相談）	①児童相談所運営指針 ②事業概要 ③児童相談所紹介リーフレット ④新聞や雑誌の記事	
	①法的根拠については、配布資料を事前に準備し、理解しやすいようにする ②テーマに沿った実習を行うため、各部署に協力を依頼するとともに、実習時間の配分を検討する ③市町村の状況と全国的な状況を比較して説明する	①児童相談所運営指針 ②業務概要 ③児童相談所紹介リーフレット	
①価値：個人情報保護、守秘義務／個人の尊厳／QOLの向上／個別化／自己決定／子どもの権利擁護／家族理解 ②知識：社会福祉法、児童福祉法、児童虐待防止法、民法等の知識／児童福祉分野の施策／個人情報保護、守秘義務の知識 ③技術：相談援助技術（傾聴、受容、非審判的態度の基本的理解）／コミュニケーション技術／観察技法／情報収集・情報解析・アセスメント／インタビュー技術	①受理会議・援助方針会議において、それぞれの会議の理解と援助の進行について理解できるように配慮する ②面接相談、訪問相談については、できるだけ同席、同行できるように配慮するとともに、難しい場合は、ケース記録等を通じて理解が深まるようにする	①ケース記録	
	①児童福祉司と児童心理士との連携について理解を深める ②判定会議について理解する ③個別および集団へのカウンセリングによる治療場面について理解する		
	①児童福祉司と一時保護所職員との連携について理解を深める ②一時保護所が果たしている役割について理解する ③一時保護所において子どもの行動や心理面の変化について観察して理解する		
	①学校や保育所、幼稚園等と児童相談所との連携について理解を深める ②各種子育て支援施策を調べ、特に必要なサービスについては、同行訪問等を通じて理解を深める ③児童養護施設や児童自立支援施設の役割と児童相談所との連携について理解を深める ④子育て支援センターの役割と児童相談所との連携について理解を深める		
	①実習初日に提示した実習課題の確認 ②職場実習・職種実習到達度の確認 ③必要に応じて実習プログラムの見直しを行う	①実習記録	

ソーシャルワーク実習	第三〜四週目	【事例研究】 ①テーマに応じて、各部署の相談事例を深く考察し、事例研究を行う	①面接相談に同席 ②訪問相談に同行 ③ケース記録の閲覧 ④児童福祉司へのインタビュー ⑤家族再統合について考察 ⑥関係機関との会議への参加
		【最終評価】 ①ソーシャルワーク実習のふりかえり	①実習記録を通じて、実習報告書を作成し、実習報告を行う ②スーパービジョンをうける

第13節：児童相談所

①価値：個人情報保護、守秘義務／個人の尊厳／QOLの向上／個別化／自己決定／子どもの権利擁護／自立支援／家族理解 ②知識：社会福祉法、児童福祉法、児童虐待防止法、民法等の知識／児童福祉分野の施策／個人情報保護、守秘義務の知識 ③技術：相談援助技術（傾聴、受容、非審判的態度の基本的理解）／コミュニケーション技術／観察技法／情報収集・情報解析・アセスメント／インタビュー技術	①実例を通じて、児童相談所の援助方針や援助方法について理解を深める ②相談内容に応じて援助方法が異なることを理解する ③児童相談所内でのチームアプローチについて理解する ④関係機関とのチームアプローチについて理解する ⑤施設措置や里親委託等から家族再統合のプログラムについて理解する	①ケース記録	
①価値：自己理解 ②技術：プレゼンテーション技術	①スーパービジョンの実施 ②実習記録・実習報告書の提出 ③実習課題の達成度、実習内容の理解度等を評価する	①実習記録 ②実習報告書	

第14節　地域包括支援センター

1．実習先の概要
（1）地域包括支援センターの目的

地域包括支援センターは、「地域住民の心身の健康の保持及び生活の安定のために必要な援助を行うことにより、その保健医療の向上及び福祉の増進を包括的に支援することを目的とする施設」（介護保険法第115条の45）であり、2012（平成24）年4月時点で4,328か所とすべての市町村において設置され、ブランチ等出先機関を含めると7,072か所整備されている。高齢者が住み慣れた地域で安心してその人らしい生活を続けられるように、包括的及び継続的な支援を行う地域包括ケアを実現するための中心的役割を果たすことが地域包括支援センターに求められている。

保健師等、社会福祉士、主任介護支援専門員が配置され、その専門知識や技能をお互いに活かしながらチームで活動し、地域住民とともに地域のネットワークを構築しつつ、個別サービスのコーディネートも行う地域の中核機関として設置されている。

（2）地域包括支援センターの主な事業内容
①介護予防ケアマネジメント事業

特定高齢者、要支援者が要介護状態となることを予防するため、その心身の状況等に応じて、対象者自らの選択に基づき、介護予防事業その他の適切な事業が包括的・効率的に実施されるよう必要な援助を行うものである。

②総合相談・支援事業

地域の高齢者が、住み慣れた地域で安心してその人らしい生活を継続していくことができるようにするため、どのような支援が必要かを把握し、地域における適切なサービス、関係機関および制度の利用につなげる等の支援を行うものである。業務内容としては、総合相談、地域包括支援ネットワーク構築、実態把握等がある。

③権利擁護事業

権利侵害を受けている、または受ける可能性が高いと考えられる高齢者が、地域で安心して尊厳のある生活を行うことができるよう、権利侵害の予防や対応を専門的に行うものである。事業内容としては、高齢者虐待や消費者被害の防止及び対応、判断能力を欠く状況にある人への成年後見制度を活用して行う支援などがある。

④包括的・継続的ケアマネジメント支援事業

地域の高齢者が住み慣れた地域で暮らすことができるよう、個々の高齢者の状況や変化に応じた包括的・継続的なケアマネジメントを地域の介護支援専門員が実践できるように、地域の基盤を整えるとともに、個々の介護支援専門員へのサポートを行っている。

2．実習プログラム作成の意図

（1）事前学習
　地域包括支援センター業務マニュアルや介護保険パンフレットを活用して、運営の基本方針や総合相談・支援事業、権利擁護事業、包括的・継続的ケアマネジメント支援事業、介護予防ケアマネジメント事業、地域包括支援センター業務に必要な事前情報を把握する。

（2）職場実習
①法人、センター、併設各サービス等の概要説明を受けることで、社会福祉士が勤務する職場の実態を理解する。
②実習課題である地区踏査や各資料の閲覧等を通じて、センター圏域内の地域特性・実態を把握するとともに、様々な社会資源の理解を深める。

（3）職種実習
①センター3職種からの説明や同行訪問、各会議の出席、相談受付票等の閲覧を通じて、地域包括支援センターの全般や各職種の機能・役割を学ぶ。
②実習課題を通じて、地域包括センターを地域住民に広く認知させることや、センターの役割の概要を分かりやすく説明・広報できるポイントを学ぶ。

（4）ソーシャルワーク実習
①ケース記録等の閲覧や同行訪問を通じて、実態の把握や社会福祉士の視点を学ぶ。権利擁護事業各制度や社会福祉士の役割並びに各職種や関係機関との連携方法を、対応マニュアルや各パンフレット、事例集等の閲覧や留意点の説明を通じて理解する。
②介護予防マネジメントについて、実際の面談からアセスメント、支援計画の作成を実践を通じて一連の流れを理解する。

3．実習先理解のための基本文献
①長寿社会開発センター『地域包括支援センター業務マニュアル』HP掲載、2010
②日本社会福祉士会編『地域包括支援センターのソーシャルワーク実践（改訂）』中央法規出版、2012
③日本社会福祉士会編『高齢者虐待対応ソーシャルワークモデル実践ガイド』中央法規出版、2010
④日本社会福祉士会編『権利擁護と成年後見実践』民事法研究会、2009
⑤高室成幸『介護予防ケアマネジメント－「質問力」で磨こうアセスメントとプランニング』中央法規出版、2007

4．実習プログラム例＊地域包括支援センター

段階	月日	実習課題（ねらい）	具体的実習内容（実習経験）
事前学習	実習前	①地域包括支援センター創設の背景、機能、役割について知識をもつ ②介護保険制度とその理念について予備知識をもつ ③介護予防についての予備知識をもつ ④実習施設の理解を深める	①事前に実習上の諸連絡（日程、施設までの交通機関や施設利用の諸注意事項） ②誓約書などの書類の確認 ③事前課題の説明 ④実習計画の確認 ⑤実習プログラム説明、すり合わせ、修正
職場実習	第一週目	①施設の全体像、法人設立の理念、役割の理解 ②実習の心構えや諸注意確認 ③介護保険制度の理解	自己紹介・実習オリエンテーション
			地域包括の電話受付、伝達 ※ 以降、通常業務として
		地域包括支援センターが把握している社会資源の理解	①介護保険内外、居宅・施設等 ②各サービス一覧表やパンフレット閲覧 ③簡易レポート
		地域包括支援センターのエリア内における地区の特性や高齢者に関する社会資源の理解と地域ニーズの把握 【実習課題Ⅰ】 センターにおける職場＝「地域」	地区踏査の目的説明
			計画作成
			エリア内の踏査①
			エリア内の踏査②
			民生委員へのインタビュー　2名程度
			地区踏査記録表の完成、提出
		1週間の振り返り、実習内容の整理	スーパービジョン

必要な価値・知識・技術	指導方法・指導上の留意点（指導担当者）	教材	チェック欄
①価値：人権、社会正義／ノーマライゼーション、ソーシャルインクルージョン ②知識：社会人としてのマナー／社会福祉士倫理綱領、行動規範／介護保険制度の基礎知識／市高齢者施策全般の基礎知識／個人情報の保護 ③技術：資料収集、情報分析力	担当：実習指導者 ①実習についての心構え ②資料などを読んでわからない点は実習中に確認するよう指導 ③必要に応じて本人・養成校と相談し、実習関連機関への事前ボランティア体験を検討	①地域包括支援センター業務マニュアル（長寿社会開発センターHP参照） ②渡部律子『高齢者援助における相談面接の理論と実際』医歯薬出版、1999 ③介護保険パンフレット（市） ④法人広報誌	
①価値：ノーマライゼーション、ソーシャルインクルージョン／連携、協力、平等、社会正義、人権 ②知識：社会人としてのマナー／社会福祉士倫理綱領、行動規範／個人情報の保護、守秘義務／介護保険制度（福祉サービスと介護給付）について／地域における社会資源の知識／民生委員の知識 ③技術：スタッフとの関係形成能力／コミュニケーション技術／観察力、記録／地域アセスメント力、記録、評価／自己覚知	担当：実習指導者／管理者・施設長 ①実習中の諸注意などを説明 ②毎日の振り返りは実習担当者が行い、疑問があれば随時確認していく ③実習生も職員の一員であることを確認	①実習用資料 ②施設概要	
	担当：実習指導者 ①各社会資源の特徴を簡単に説明	①各サービスパンフレット、一覧表 例）配食サービス、移送サービス ②自費ヘルパー、有料老人ホーム	
	担当：実習指導者 ①地区踏査の目的、流れを説明 ②民生委員の情報、留意点を伝え、自身でアポイントを取りインタビューを実施できるよう事前に民生委員等へ協力要請しておく ③進捗状況については、随時確認 ④あまりヒントを与え過ぎず、実習生自身で考えて計画・実践できるよう配慮（実習生レベルも考慮）	①社団法人日本社会福祉士会編集『地域包括支援センターのソーシャルワーク実践』中央法規出版、2006 ②住宅地図 ③人口統計（市HP） ④社会資源、圏域マップ	
	担当：実習指導者 ①必要に応じて本人・養成校と相談し、実習プログラムの修正		

職種実習	第二週目	地域包括支援センターの創設の背景と役割、機能、業務の基礎理解 チームアプローチの理解を深める	地域包括支援センターの制度上の位置づけ、機能、役割等（講義）
			地域包括支援センターの予算、市との委託契約（講義）
		地域包括支援センターにおける保健師等の役割と介護予防ケアマネジメント、並びに関連する社会資源の理解	介護予防ケアマネジメントと介護予防事業　介護リフレッシュ教室事業（講義）
			保健師・看護師との同行訪問 例）生きがい対応デイ／基本チェックリスト実施等
		地域包括支援センターにおける主任介護支援専門員の役割と包括的・継続的ケアマネジメントの理解	①包括・継続的ケアマネジメント ②居宅事業所との委託契約（講義）
			主任介護支援専門員との同行訪問 例）ケアマネ支援の訪問等
		エリア内の関連機関、各団体との連携	地域ケア会議出席・会議録の閲覧／簡易レポート
		区役所、区社協、他センターとの連携	区内センター連絡会／出席・会議録の閲覧／簡易レポート
		地域包括支援センターにおける社会福祉士の役割、総合相談の理解	総合相談支援（講義）／相談受付票の閲覧／簡易レポート
		①地域包括支援センターを地域住民に広く認知させる為にどのようにすればよいか ②地域包括支援センターの役割の概要を正しく理解し分かりやすく説明・広報できる 【実習課題Ⅱ】	地域包括支援センター広報誌作り①
			地域包括支援センター広報誌作り②完成・提出
		1週間の振り返り、実習内容の整理	スーパービジョン

第14節：地域包括支援センター

①価値：権利擁護、秘密保持、プライバシーの尊重、利用者の利益最優先／誠実、非審判的態度 ②知識：社会人としてのマナー／社会福祉士倫理綱領、行動規範／個人情報の保護、守秘義務／介護保険法、社会福祉法関連／契約について理解、説明・同意／地域における社会資源の知識／高齢者の疾患／チームアプローチの理解／他職種、他機関の理解／権利擁護全般の基礎知識 ③技術：コミュニケーション、面接技術／地域アセスメント力、記録／アセスメント力、記録、評価／情報収集・分析、評価、記録／想像力、企画力／広報・説明スキル／自己覚知	担当：実習指導者、主任介護支援専門員 ①契約が必要な背景を説明する ②センター業務における各職員連携の実際について実例をあげて説明 ③支援センターの予算、契約内容を説明	①地域包括支援センター業務マニュアル ②あんしんすこやかセンター業務手引き ③介護保険パンフレット ④支援契約書・重要事項説明書 ⑤個人情報使用同意書 ⑥地域包括支援センター委託契約書（市）	
	担当：保健師・看護師 ①保健師等の役割や業務説明 ②介護予防ケアマネジメント、介護リフレッシュ教室の対象者・流れを説明 ③同行訪問の際は、事前に目的を説明する	①地域包括支援センター業務マニュアル ②介護予防ケアマネジメントマニュアル ③介護リフレッシュ教室／計画書・報告書	
	担当：主任介護支援専門員 ①主任ケアマネの役割・業務を説明 ②介護予防支援の居宅ＣＭとの委託関係 ③同行訪問の際は、事前に目的を説明する	①介護予防委託契約書（居宅）	
	担当：実習指導者、各センター職員 ①会議出席の際は、事前に会議の趣旨・目的等を説明する ②あらかじめ議事録等の関係資料に目を通し、予備的にイメージしていく	①地域ケア会議議事録、関係資料 ②センター連絡会議事録、関係資料	
	担当：社会福祉士 ①社会福祉士の役割や業務説明 ②事例を通じて総合相談の説明	①相談受付票	
	担当：実習指導者 ①あまりヒントを与えすぎず、これまでの実習を踏まえて、実習生自身で考えて計画・実践できるよう配慮（実習生レベルも考慮） ②進捗状況は随時確認	①法人広報誌、その他パンフレット等 ②介護予防ガイドブック	
	担当：実習指導者 ①必要に応じて本人・養成校と相談し、実習プログラムの修正		

ソーシャルワーク実習	第三〜四週目	地域包括支援センターの社会福祉士の業務体験（ソーシャルワークと周辺業務の理解）	1か月の業務の流れ、周辺業務とのバランスや進め方理解
		業務マネジメントの理解	業務マネジメントの実際
		高齢者の生活課題、相談面接の技術・方法 訪問面接の理解①	社会福祉士との訪問同行 例）単身世帯の特定高齢者
			社会福祉士との訪問同行 例）単身世帯の要支援者
		高齢者の生活課題、相談面接の技術・方法 訪問面接の理解②	社会福祉士との訪問同行 例）老々世帯である要支援者
		高齢者の生活課題、相談面接の技術・方法 訪問面接の理解③	社会福祉士との訪問同行 例）同居家族のある要支援者
			社会福祉士との訪問同行 例）認知症（軽度）のある要支援者
			社会福祉士との訪問同行 例）住宅改修施行後の要支援者
		権利擁護の制度・過程の理解①	高齢者虐待事例／対応の流れ説明
			社会福祉士との訪問同行・ケース記録閲覧（モニタリング）／簡易レポート
		権利擁護の制度・過程の理解②	成年後見制度／センター職員対応 講義、事例の閲覧／簡易レポート
			福祉サービス利用援助事業 講義、事例の閲覧／簡易レポート
		権利擁護の制度・過程の理解③	消費者被害／センター職員対応 講義、事例の閲覧 簡易レポート
		介護予防ケアマネジメント理解① 【実習課題Ⅲ】	ケアマネジメントに関するオリエンテーション／事例の選定、訪問アポイント／模擬事例にて支援計画作成トレーニング
		介護予防ケアマネジメント理解② 【実習課題Ⅲ】	訪問シュミレーション
			初回訪問、アセスメント
		介護予防ケアマネジメント理解③ 【実習課題Ⅲ】	支援計画表　原案作成
		介護予防ケアマネジメント理解④ 【実習課題Ⅲ】	2回目訪問／支援計画表の本人同意
			支援計画表の修正
		介護予防ケアマネジメント理解⑤ 【実習課題Ⅲ】	プランの評価
		実習のまとめ	スーパービジョン

☆実習プログラムのスケジュールは、随時変動があるものとする
☆センター職員は利用者に対して、事前に電話等で実習目的を説明した上で、訪問時には同意書を依頼する

第14節：地域包括支援センター

①価値：プライバシーの保護、秘密保持 ②知識・技術：社会人としてのマナー／事務処理、パソコンの操作／業務マネジメント、計画性／優先順位の考え方	担当：実習指導者 ①業務が専門職の専門業務とそれ以外の業務で成り立っていることを理解する ②全体の業務からどのように優先順位を立て業務マネジメントを行っているか理解する	①センター月報 ②月間予定表	
①価値：個人の尊厳、利用者の利益最優先、個別化・プライバシーの保護、秘密保持・非審判的態度、社会正義 ②知識：ソーシャルワークの定義と理論／社会人としてのマナー／社会福祉士倫理綱領、行動規範／個人情報の保護・高齢者の疾患、心身の機能、心理 ③技術：コミュニケーション、面接技術／アセスメント力、記録、評価／情報収集・分析、評価、記録／エコマップ、ジェノグラム	①同行訪問による、訪問することの意義と訪問上のポイント注意点の事前確認 ②あらかじめケース記録などに目を通し、予備的にイメージしていく ③担当者が、利用者にあらかじめ協力依頼 ④訪問後、担当者が訪問目的のためにどのような働きかけや話をしたのか振り返って説明する	①介護予防支援経過記録 ②利用者基本情報 ③基本チェックリスト ④介護予防サービス・支援計画表 ⑤介護予防支援・サービス評価表 ⑥地域包括支援センター業務マニュアル ⑦介護予防ケアマネジメントマニュアル	
①価値：個人の尊厳、利用者の利益最優先、個別化、アドボカシー／プライバシーの保護、秘密保持 ②知識：高齢者虐待の対応／成年後見制度、クーリングオフ等	①同行訪問は困難であることが多いので、資料・事例を用いて介入のポイントを留意して説明する	①高齢者虐待対応マニュアル（市） ②高齢者虐待事例集（市）	
①社会人としてのマナー ②社会福祉士倫理綱領、行動規範 ③技術：情報収集・分析、記録	①同行訪問は困難であることが多いので、資料・事例を用いて介入のポイントを留意して説明する	①成年後見制度各パンフレット ②ケース記録	
		①ケース記録、市内での対応事例	
①価値：個人の尊厳、利用者の利益最優先、個別化、アドボカシー／プライバシーの保護、秘密保持／非審判的態度、社会正義 ②知識：ソーシャルワークの定義と理論／社会人としてのマナー／社会福祉士倫理綱領、行動規範／個人情報の保護／高齢者の疾患、心身の機能、心理 ③技術：コミュニケーション、面接技術／アセスメント力、記録、評価／情報収集・分析、評価、記録／ケアマネジメント／エコマップ、ジェノグラム／面接場面の振り返り／文章力／自己覚知	①オリエンテーション、模擬事例で支援計画作成等のケアマネジメントの流れを確認 ②実習生の希望する事例を選定し、実習指導者が利用者にあらかじめ協力依頼する ③ケアマネジメント実習課題あまりヒントを与えすぎず、実習生自身で考えて計画・実践できるよう配慮 ※実習生レベルも考慮しつつ、訪問アポイントから一連の流れを単独で実践させ、2回目訪問、又はプランの評価時に実習指導者の同行訪問を行う ④実習生・利用者との関係を注意深く見守り不適切な、不快な思いをさせそうな場面は介入する（実習生レベルを考慮） ⑤利用者と自分の関係について気づかせていく ⑥面接を通じて必要な知識と技術を振り返る	①ケアマネジメント課題説明シート ②地域包括支援センター業務マニュアル、介護予防ケアマネジメントマニュアル ③利用者基本情報、基本チェックリスト ④介護予防サービス・支援計画表 ⑤介護予防支援・サービス評価表 ⑥介護予防支援経過記録 ⑦アセスメントシート、模擬事例	

第7章：実習の実際と実習プログラム

第15節　市町村社会福祉協議会

1．実習先の概要

　社会福祉協議会（以下、「社協」という）は、地域福祉の推進主体として社会福祉法に規定されており、社会福祉を目的とする事業を経営する者や社会福祉に関する活動を行う者等、公私の社会福祉関係者の幅広い参加により構成されている公共性の高い民間福祉団体である。社会福祉法においては、第109条に市区町村社協、指定都市社協及び区社協、第110条に都道府県社協が定められている。

　社協は、全国すべての都道府県・指定都市・市区町村に原則として設置されており、地域福祉活動を展開している。それぞれの社協は「地域福祉の推進」という使命は共通しているものの、地域により事業規模や事業内容がずいぶん異なる。

　2016（平成28）年2月15日現在、全国の市区町村社協数は1,846（東京23区を含む）、指定都市社協は20、都道府県社協は47となっている。全国社協を合わせ合計1,914ヶ所である。

　社協の役割について、『概説　社会福祉協議会』（全社協出版部、2015）によれば、市区町村社協の事業推進体制を4つの部門の部門に分類しているが、具体的に行っている事業は実に様々である。

　①法人運営部門（理事会の運営や、総務経理を含む「経営」に関すること）
　②地域福祉活動推進部門（地域福祉活動計画の策定、各種福祉団体・施設との連絡調整、ボランティア活動の推進、福祉教育・啓発活動、共同募金への協力など）
　③福祉サービス利用支援部門（福祉サービス利用援助事業、生活福祉資金貸付など）
　④在宅福祉サービス部門（デイサービス、居宅介護支援事業、食事サービスなど）

　なお、2011（平成23）年の東日本大震災や2016（平成28）年の熊本地震においては、多くの被災地社協において災害ボランティアセンターが開設され、全国の社協・行政・NPO・企業・生協等様々な団体と連携・協働し、復旧活動を行った。

2．実習プログラム作成の意図

（1）事前学習

①市町村社協は使命や理念は共通するものの、地域特性や福祉課題等により、事業内容が大きく異なるため、社協によって実習プログラムに大きく相違があることから、実習先社協の特色について十分な理解が必要である。

②実習先の市町村の福祉指標（人口、世帯数、高齢化率等）や、電車等の公共交通機関も把握する。近年に市町村合併があれば、その経緯も学習しておきたい。事前に

市町村の地図、社協の地域福祉活動計画冊子や広報紙を入手・閲覧しておくことが望ましい。

（2）職場実習

①「公共性の高い民間福祉団体」である社協の成り立ちや性格、社協の存在意義を十分に理解しておきたい。また、社協活動・事業を展開していくための財源調達の視点も必要である。

（3）職種実習

①様々な職種の職員の業務の専門性について理解を深める。

②それぞれの職種が社協職員としてニーズをキャッチし、課題の解決に向けて社会資源を活用・創出することが「地域の福祉力」を高めることを理解する。

（4）ソーシャルワーク実習

①個別支援実習と、地域支援実習の両方を含めている。

②一例として、独居の認知症高齢者支援に関するソーシャルワーク実習プログラムを示した。子育て支援分野や障害者支援分野等、各社協においてそれぞれの事業内容に基づいた、実習プログラムが検される。

③実習においては、様々なニーズ対応や相談援助場面等を経験することで、個別の福祉課題に関わることになる。個別の福祉課題については、よりよい支援方策がないか、事例検討や実習指導者との意見交換を通して、検討していくよう促したい。個別の課題が「地域課題」として提起され、既に事業化されていることもある。可能であればそのような事例を具体的に学ぶことが望ましい。

④段階を経た実習を通して、最終的に社協組織の立体的な理解につなげたい。

3．実習先理解のための基本文献

①和田敏明ほか編『概説　社会福祉協議会』全社協出版部、2015

②上野谷加代子ほか編『よくわかる地域福祉（第5版）』ミネルヴァ書房、2012

③藤井博志『社協ワーカーのためのコミュニティワークスキルアップ講座』全社協出版部、2009

④日本地域福祉学会東日本大震災復興支援・研究委員会編『東日本大震災と地域福祉』中央法規出版、2015

⑤平野隆之／原田正樹著『地域福祉の展開［改訂版］』放送大学教育振興会（NHK出版部）、2014

第7章：実習の実際と実習プログラム

4．実習プログラム例＊市町村社会福祉協議会

段階	月日	実習課題（ねらい）	具体的実習内容（実習経験）
事前学習	実習前	①社会福祉協議会の機能と役割について知識をもつ ②関係法令について理解する ③守秘義務について理解する ④市町村の概要について理解する	①養成校での講義や自主学習において、実習先や根拠法について学ぶ ②守秘義務の誓約（文書提出） ③市町村の最新の福祉指標についてまとめる
職場実習	初日	①実習マナーの再確認 ②社会福祉協議会の組織について学ぶ ③地域福祉の財源について学ぶ	①職員や関係先への自己紹介 ②実習オリエンテーション 　{ 法人運営部門 　　地域福祉活動推進部門 　　福祉サービス利用支援部門 　　在宅福祉サービス部門 }
職場実習	第一週目	【地域福祉部門】 ①コミュニティソーシャルワーカー（地域担当ワーカー）の活動について学ぶ ②生活福祉資金の概要について学ぶ	①コミュニティソーシャルワーカー（地域担当ワーカー）からの説明、見学（同行訪問等） ②生活福祉資金担当者からの説明、記録の閲覧
		【ボランティアセンター】 ①ボランティアコーディネーター業務について学ぶ（福祉教育を含む） ②コーディネーションの基礎やニードの特徴について学ぶ ③災害時のボランティアセンターの活動について学ぶ	①ボランティアセンター職員から説明を受ける （ボランティア活動の状況、ボランティアセンターから見える福祉課題、ボランティアと有償福祉サービス等の関係性、ボランティアに関する保険（共済）・助成制度、福祉教育） ②災害時の活動報告書や災害ボランティアセンター設立マニュアルを閲覧
		【権利擁護センター】 ①権利擁護の各種制度と、権利擁護センターの組織や活動について学ぶ ②関係機関の活動について学ぶ	①権利擁護センター職員から説明を受ける ②ケース記録の閲覧
		【児童館・学童保育クラブ】 ①館やクラブの活動について学ぶ ②各種子育て支援について学ぶ ③保護者やこどもの活動を見学する	①児童館等職員から説明を受ける ②児童健全育成、子育て支援等の事業を見学
		【地域包括支援センター】 ①センター見学（併設事業所等を含む）関係機関訪問 ②地域包括支援センターにおける地域への関わりについて学ぶ	①地域包括支援センター職員から説明を受ける ②ケース記録の閲覧
職種実習	第二週目（一か所につき一〜 二日が目安	【コミュニティソーシャルワーカー】 ①コミュニティソーシャルワーカー（地域担当ワーカー）業務の体験的理解	①面接相談に同席 ②訪問相談に同行 ③ケースカンファレンス等、各種会議に同席
		【ボランティアコーディネーター】 ①コーディネーション業務の体験的理解	①ボランティアセンター窓口での相談や保険（共済）等の手続きに同席 ②ニードのマッチングを体験する ③ボランティア活動者の話を聴く

必要な価値・知識・技術	指導方法・指導上の留意点（指導担当者）	教材	チェック欄
①価値：地域福祉の理念／ソーシャルインクルージョン／セーフティネット／ユニバーサルデザイン／権利擁護 ②知識：社会福祉法、民生委員法、介護保険制度、成年後見制度等の基礎知識／個人情報保護、守秘義務の知識	①事前訪問時資料について教示 ②実習の心構えや諸注意、服装等社会人として最低限のマナーについて説明を行う ③守秘義務の説明と誓約書の提出	①社協の概要パンフレット ②事業計画書・予算書 ③事業報告書 （以上、webページを含む） ④市町村の地図・統計 ⑤地域福祉（活動）計画	
①価値：地域福祉の理念／ソーシャルインクルージョン／セーフティネット／ユニバーサルデザイン／権利擁護 ②知識：社会福祉法、民生委員法、介護保険制度、成年後見制度等の知識／「地域福祉」の考え方（地域の組織化など）／児童・高齢・障害の分野別施策／フォーマル・インフォーマルな支援活動／福祉教育の意義と方法に関する知識 ③技術：コミュニケーション技術／アセスメント技法／資料分析力／観察技法	①各担当が事業の説明を行う ②実習開始にあたって、何らかの課題を与える（福祉マップの作成、社協広報の作成、啓発講座の企画書作成・プレゼン等）	①部門別・組織別事業概要 ②社協職員行動原則	
	①生活福祉資金については、セーフティネットとしての活用事例や生活困窮者自立支援制度他制度との関係を説明する	①社協の概要パンフレット ②生活福祉資金の手引き ③災害対応マニュアル ④災害時の記録集 ⑤業務マニュアルなど	
	①他機関（大学、生協、NPO等）が開設するボランティアセンターについても特徴と役割について説明する		
	①権利擁護の概念、センターの活動や、虐待や悪質商法の分類について説明する ②各機関における市民後見を含む成年後見や日常生活自立支援事業の実施状況と課題について説明する		
	①職種実習を前に、危険箇所や事故防止策、救急連絡体制を伝える ②こどもの交流を通じて、こどもとのコミュニケーション技術を学ぶことも有意義		
	①株式会社を含む他法人でなく、社協が運営している意義を伝える ②「地域包括ケア」とは何か説明を求める		
①価値：個人情報保護、守秘義務／個人の尊厳／QOLの向上／説明と同意／自己決定／権利擁護／自立支援／自己理解 ②知識：児童・高齢・障害の分野別施策／フォーマル・インフォーマルな支援活動／ボランティアコーディネーション	①地域の会議やイベントがあれば、その成り立ちや意義を理解した上で参加 ②「テーマ型組織」「エリア型組織」等組織種別の特徴を説明する	①これまでの教材を適宜活用	
	①ボランティアの無償性、自発性等の原則を確認しながら実習を進める ②センターの方針（特にコーディネーションの方針）について伝える ③訪問できる他機関ボランティアセンターがあれば訪問し職員の話を聴くことも有意義		

職種実習	第二週目（一か所につき一〜二日が目安）	【日常生活自立支援事業専門員】 ①支援内容、背景や経緯の理解 ②最適な支援方法や各種社会資源について学ぶ	①調査訪問への同行 ②ケース記録の閲覧 ③ケース会議（カンファレンス）への同席
		【児童厚生員・学童保育指導員】 ①親子クラブ等の見学、プログラムの部分的実践 ②学童保育クラブにおける遊び、宿題等の見守りを通したこどもの状況観察	①各種子育て支援活動について学習 ②保護者及びこどもの状況観察 ③学童保育クラブ活動での生活支援
		【地域包括支援センター社会福祉士】 ①社会福祉士の総合相談や権利擁護業務について学ぶ ②3職種の視点の違いや、役割分担を学ぶ	①面接・訪問・介護リフレッシュ教室等への参加 ②社会福祉士以外の専門職の業務への同行
		①職場実習・職種実習のふりかえり	①スーパービジョンを受け、今後のソーシャルワーク実習の内容について確認する
ソーシャルワーク実習	第三〜四週目	①認知症高齢者を支援する資源についてのマップ作り（または認知症高齢者を支援する社会資源のリストアップ）に挑戦する 【実習生の設定した課題によって、右の具体的実習内容は変化するため、ここでは上記課題を想定したコミュニティソーシャルワーク実習プログラムの一例を記載】	地域の社会資源を学ぶ①：認知症対応型デイサービスセンターを見学／利用者の学習活動等を補助
			地域の社会資源を学ぶ②：認知症高齢者で、日常生活自立支援事業専門員の相談業務や預貯金の出し入れを代行しているケースに同行
			地域の社会資源を学ぶ③：地域の民生委員や友愛訪問ボランティア等へ、認知症の方の対応事例について聴き取り／ひとりぐらし高齢者で、認知症の方のご自宅を訪問する／認知症カフェへの参加
			地域の社会資源を学ぶ④：認知症に限らず、ひとりぐらし高齢者の「見守り」という観点から行われているフォーマル・インフォーマルサービスを調べる
			地域の社会資源を学ぶ⑤：市民や企業などを対象として行われている「認知症サポーター養成講座」について、その全体像を把握する
			地域の社会資源を学ぶ⑥：認知症高齢者が、在宅生活が困難になった場合に利用できる入所施設(病院等を含む)を把握する
			地域の社会資源についてまとめる ①認知症に関する相談機関（都道府県・地方自治体・家族の会等、専門相談機関等）についてまとめる ②調査を行った資源(見学等を実施した資源だけでなく、書籍・インターネットでの調査も含む)についてまとめる ③まとめた社会資源（相談機関等）に加え、認知症の予防事業や早期発見体制、徘徊者の発見のためのネットワークを構想する
	最終日	①作成した認知症高齢者を支援する資源についてのマップ（もしくはリスト）を用いて、地域の状況について報告する ②実習の最終ふりかえりを行う	①プレゼンテーションを実施する（もしくは報告書を作成する） ②スーパービジョンをうける

③技術：傾聴、受容、非審判的態度の基本的理解／観察、記録／ニーズ把握／情報収集・情報解析・アセスメント（ジェノグラム・エコマップ等の作成を含む）／モニタリング／フィードバック／コミュニケーション技術／代弁機能／相談援助技術／カンファレンス運営技術／援助方針策定技術	①訪問相談への同席にあたっては、相談者等の許可を得ておく ②ケース会議に同席し、利用者の支援方針について考察につなげる		
	①行政や保育所等が行う子育て支援との機能分担を理解 ②個別支援、集団的支援方法を実践 ③子育て相談があれば、同意を得て同席 ④発達障害等のあるこどもへの関わりは事前に十分な指導が必要		
	①3職種との同行を通じて、専門職間の役割分担と連携の視点を育成		
	①実習初日に提示した実習課題の確認 ②職場実習・職種実習到達度の確認	①実習記録	
①価値：個人情報保護、守秘義務／個人の尊厳／QOLの向上／個別化／説明と同意／自己決定／権利擁護／自立支援／自己理解 ②知識：地域の社会資源に関する知識（フォーマル・インフォーマル）／対象となる方の理解（例：認知症に関する基礎的医学知識） ③技術：ニーズ把握／アセスメント／モニタリング／面接技術（傾聴、受容、非審判的態度など）／コミュニケーション技術／インタビュー技法／記録技術、文章力／マッピング技法（エコマップ）／チームアプローチ／スーパービジョン	①施設・機関等の見学前には利用者（対象者）の疾患・障害等の理解が望ましい（ここではアルツハイマー型、脳血管性、レビー小体型等原因疾患別の認知症症状の理解） ②見学・同行・自宅訪問については、利用者や関係者の同意が必要	実習内容に応じ適宜調達	
	①フォーマルサービス・インフォーマルサービスの特徴について理解できるよう指導する ②スーパー／生協などの戸別配達や弁当配達サービス、ICTを活用した見守りなど、企業が行う見守りを付加したサービスの調査も有効		
	①啓発の重要性について認識を深める ②研修の参加・見学も有効		
	①施設種別の理解にあたっては医療保険適用施設、介護保険適用施設など、社会保険を意識させると社会保障の学習とリンクし効果的		
	①調査にあたっては、現地調査と同時に文献やインターネット等での検索も併用（インターネットを利用できる環境を用意） ②認知症患者の推計値等のデータも調査 ③いかにネットワークを構築できるか、資源となりうる店舗等の把握に努める		
①価値：自己理解 ②技術：プレゼンテーション	①スーパービジョンの実施 ②実習課題の提出・報告 ③SW実習を中心に実習内容全体のふりかえりを行う（課題の達成度、実習内容の理解度等を確認しておく）	①実習記録	

第16節　病院①特定機能病院

1．実習先の概要

　特定機能病院は1992（平成4）年の第2次医療法改正において制度化され、医療法第4条の2に承認要件が規定されている。機能・役割として①高度の医療を提供できる能力を有する②高度の医療技術の開発及び評価を行う能力を有する③高度の医療に関する研修を行わせる能力を有する④他の病院又は診療所より紹介された患者に対し医療を提供すること（紹介率30％以上の維持）が規定されており、厚生労働大臣が個別に承認している。

　また、施設要件として400床以上の病床を有し、内科や外科など規定された10以上の診療科を持つことが必要である。また、集中治療室、無菌病室、医薬品情報管理室等の構造設備を有することが規定されている。

　さらに、人員配置についても①医師は通常の病院の2倍程度の配置が最低基準②薬剤師は入院患者数÷30が最低基準③看護師等は入院患者数÷2が最低基準④管理栄養士を1名以上配置という承認要件が規定されている。

　特定機能病院として、全国の大学病院や国立がん研究センター中央病院・国立循環器病研究センター・大阪府立成人病センターなど84施設が指定されている（2015（平成27）年11月6日現在）。入院患者数は病床数に比例して1日あたり数百人、外来患者数も1日あたり数千人におよぶ大規模な医療機関である。また、DPC（Diagnosis Procedure Combination：診断群分類）やクリニカル・パスの導入により、入院患者の在院日数は短期間である。さらに、がん・HIV・肝疾患の診療拠点指定や救命救急・災害拠点指定など、高度な医療を提供する医療機関ゆえの特別な機能を持つことが多い。

　特定機能病院では医療専門職として、医師・歯科医師・薬剤師・看護師・助産師・准看護師・管理栄養士・診療放射線技師・臨床検査技師・臨床工学技士・理学療法士・作業療法士・言語聴覚士・視能訓練士・歯科衛生士・歯科技工士などが従事している。患者サービスや組織運営に従事する事務職員等も多い。大学病院では医学教育を担当する教員も多く、医学研究・教育の場としての業務・役割も重要である。

　ソーシャルワーカーとして社会福祉士・精神保健福祉士も複数配置され、相談援助業務だけでなく地域連携や組織運営にも従事し、短期間で質の高い援助を提供することが求められている。医療と福祉の価値・倫理や医療チームにおけるソーシャルワーカーの役割や院内外の連携、危機介入時の地域の多機関連携を学ぶことのできる実践現場である。

2．実習プログラム作成の意図

（1）事前学習
①医療政策や医療保険・社会保障制度の基本的事項を学習する。
②倫理的判断を伴う医療を受ける患者や、様々な価値基準を持つ患者家族の援助を観察・理解するために、倫理綱領や医療ソーシャルワーカー業務指針を読む。
③面接技法・ソーシャルワークの実践モデル・理論など大学で学んだ知識を整理する。

（2）職場実習
①資料説明や施設内見学により、特定機能病院の使命や役割を理解する。
②部門の成り立ちやソーシャルワーカーの病院内での組織的な位置づけを理解する。
③院内各部署とソーシャルワーク部門の連携や地域連携について理解する。

（3）職種実習
①ソーシャルワーカーの多様な業務内容を理解する。
②組織やチーム医療におけるソーシャルワーカーの役割や他職種との連携を理解する。
③ソーシャルワーク部門の運営管理を理解する。
④ソーシャルワーカーの業務に同行・観察して、専門家としての行動規範・態度を学ぶ。

（4）ソーシャルワーク実習
①援助場面を観察し、援助過程や面接技術、アセスメントを理解する。
②専門医療・拠点指定など特色ある分野のソーシャルワークを理解する。
③ジェノグラムやエコマップの作成や記録・日報作成で個別援助を体験する。
④ロールプレイやスーパーバイザー同席によるインテーク面接を体験する。
⑤カンファレンス運営や調整業務を観察し、ソーシャルワーカーのマネジメントを学ぶ。
⑥ミクロからメゾ・マクロ実践へのソーシャルワーカーの援助の広がりを理解する。
⑦実習記録のフィードバックや毎日の振り返りによるスーパービジョンを体験する。

3．実習先理解のための基本文献
①荒川義子編著『医療ソーシャルワーカーの仕事』川島書店、2000
②大本和子他編著『新版 ソーシャルワークの業務マニュアル』川島書店、2005
③日本医療社会事業協会編『新訂 保健医療ソーシャルワーク原論』相川書房、2006
④大谷昭他編著『改訂 医療ソーシャルワーク実践50例』川島書店、2007
⑤池上直己『医療問題〈第4版〉』（日経文庫）日本経済新聞出版社、2010

4．実習プログラム例＊特定機能病院

段階	月日	実習課題（ねらい）	具体的実習内容（実習経験）
事前学習	実習前	①実習に必要な基礎知識を習得する ②特定機能病院の概要を知る ③ソーシャルワーカーの価値・倫理を確認する ④医療ソーシャルワーカーの業務を確認する ⑤実習生としての行動規範について確認する	①医療政策や医療保険・社会保障制度などを学習する ②事例集や国民の衛生の動向などを読み、医学用語や疾患についての知識を得る ③病院パンフレット・ホームページを閲覧する ④ソーシャルワーカー倫理綱領と医療ソーシャルワーカー業務指針を読む ⑤事前訪問で指示された課題を自分の考えにまとめる
職場実習	第一週目	①実習中の行動について遵守する内容を理解する ②特定機能病院の役割を理解する ③病院の組織構成を理解する ④ソーシャルワーク部門の病院内での組織的な位置づけを理解する ⑤患者の権利について理解する	①実習オリエンテーション ②事前学習の成果を報告する ③実習プログラムを確認する ④院内見学 ⑤関係部署へ挨拶回りを行う ⑥病院機能の講義を受ける ⑦組織図を用いた各部署の役割の講義を受ける ⑧部門の歴史や位置づけなどの講義を受け、資料を読む ⑨実習指導者業務に同行して説明を受ける
職種実習	第二週目	①ソーシャルワーカーの業務内容を理解する ②組織やチーム医療におけるソーシャルワーカーの役割を理解する ③業務管理について理解する ④ソーシャルワークの価値・倫理を理解する ⑤院内外とソーシャルワーク部門の連携について理解する	①部門の1日の業務の流れを観察する ②ソーシャルワーカーの業務に同行・観察する ③会議やカンファレンス・回診などに同行・観察する ④部門運営や管理業務について説明を受ける ⑤業務統計や記録の閲覧 ⑥観察した内容について倫理綱領や医療ソーシャルワーカー業務指針に照らし合わせて考える
ソーシャルワーク実習	第三〜四週目	①ソーシャルワークの援助過程について理解する ②コミュニケーションスキル、面接技術を理解する ③アセスメント・援助計画や介入・評価のプロセスを理解する ④クライエントとその環境について理解する ⑤クライエントのニーズを理解する ⑥専門医療・拠点指定など特色ある分野のソーシャルワーカーを理解する ⑦個別援助を体験し、スーパービジョンを受ける ⑧ソーシャルワーカーのマネジメントを学ぶ ⑨ミクロからメゾ・マクロ実践につながるソーシャルワークの展開を理解する ⑩専門家集団とのつながりについて理解する ⑪大学で学んだ知識と実習機関の実践との関係や違いを考える ⑫実習計画の達成度の確認と、実習後の課題を検討する	①事例面接に同席・観察する ②会議やカンファレンス・回診などに同行・観察する ③ジェノグラムやエコマップを作成する ④ケース記録・日報を作成する ⑤ロールプレイやソーシャルワーカー同席によるインテーク面接を体験する ⑥組織内の連携や院内システム構築について、担当者から説明を受け観察する ⑦カンファレンスや会議に同席し、運営を観察する ⑧地域関係機関との連携場面を観察し、解説を受ける ⑨地域連携会議への同行 ⑩ソーシャル・アクションについて説明を受ける ⑪専門家集団の活動や必要性について説明を受ける ⑫医療機関にソーシャルワーカーがいることの意味を考える ⑬実習計画の達成度と今後の課題について実習指導者に発表する

必要な価値・知識・技術	指導方法・指導上の留意点	教材	チェック欄
①価値：守秘義務 ②知識：医療・福祉関連諸法・制度／社会保障関連法 ③技術：ソーシャルワーカーの規範・態度／一般常識・ビジネスマナー	①事前訪問時に必要事項を説明し、質疑応答を行う ②実習計画書の内容を検討する ③実習目的・目標の確認 ④実習の心構えと、実習に必要な最低限のマナーについて説明する ⑤事前学習の課題の提示	①大学テキスト ②病院パンフレット ③病院ホームページ ④参考図書（事例集や公刊された統計資料など）	
①価値：利用者に対する倫理責任／実践現場における倫理責任／社会に対する倫理責任／専門職としての倫理責任 ②知識：個人情報保護法／医療・福祉関連諸法・制度 ③技術：ソーシャルワーカーの規範・態度／一般常識・ビジネスマナー	①実習初日に部門長より実習生にスーパービジョンを行う ②実習指導者より実習オリエンテーションにて、実習中の行動やリスクマネジメントについても説明する ③前日の実習記録を毎朝提出する ④退出までに実習指導者による振り返り・質疑応答の時間を設ける	①大学テキスト ②病院パンフレット ③業務マニュアル ④補助資料（プリント） ⑤実習記録 ⑥実習生評価ツール（FKグリッドなど）	
①価値：専門的力量／利用者に対する倫理責任／実践現場における倫理責任／社会に対する倫理責任／専門職としての倫理責任 ②知識：医療・福祉関連諸法・制度／社会資源 ③技術：ケースマネジメント／ネットワーキング／ソーシャルワーカーの規範・態度	①前日の実習記録を毎朝提出する ②退出までに実習指導者による振り返り・質疑応答の時間を設ける ③実習指導者より観察の視点を提示し、解説する ④観察・理解した項目について、大学で学んだ知識との関連付けを行う	①大学テキスト ②業務マニュアル ③倫理綱領 ④医療ソーシャルワーカー業務指針 ⑤文献 ⑥諸法関連図書 ⑦業務統計 ⑧ケース記録 ⑨実習記録 ⑩実習生評価ツール（FKグリッドなど）	
①価値：人間の尊厳／社会正義／利用者に対する倫理責任／実践現場における倫理責任／社会に対する倫理責任／専門職としての倫理責任 ②知識：医療・福祉関連諸法・制度／社会資源／ICFモデル ③技術：コミュニケーションスキル／面接技術／アセスメント／ケースマネジメント／ケースワーク／ソーシャルワーク・リサーチ／ケアマネジメント／スーパービジョン／コンサルテーション／ネットワーキング／ソーシャル・アクション／心理社会的アプローチ／危機介入アプローチ／システム理論／生態学的アプローチ／エンパワメントアプローチ／ストレングス視点／ソーシャルワーカーの規範・態度	①前日の実習記録を毎朝提出する ②退出までに実習指導者による振り返り・質疑応答の時間を設ける ③ソーシャルワーカーとの同行・観察時に解説する ④クライエントの了解を得て、面接に同席する ⑤毎日観察後に実習指導者によるスーパービジョンを行う ⑥担当ソーシャルワーカーから講義を受け、同行・観察し、記録を閲覧する ⑦インテーク体験には必ず現任者が同席する ⑧実習中期と実習最終日には、部門長より実習生にスーパービジョンを行う ⑨部門長のスーパービジョン後に、実習指導者も実習生にスーパービジョンを行う	①大学テキスト ②業務マニュアル ③倫理綱領 ④医療ソーシャルワーカー業務指針 ⑤文献 ⑥諸法関連図書 ⑦補助資料（プリント） ⑧ケース記録 ⑨カンファレンス記録 ⑩実習記録 ⑪実習生評価ツール（FKグリッドなど）	

第16節　病院②リハビリテーション病院

1．実習先の概要

　リハビリテーションとは、障害があっても再びその人らしく生き生きとした生活を送れる権利を回復する「全人間的復権」を意味し、多面的なリハビリテーションサービスの提供が必要となる。全人間的復権を可能にするための医療部門を担うのがリハビリテーション病院である。現在、リハビリテーションは医療提供体制における機能分化に即した形で、発症からの時期やその目標によって急性期・回復期・維持期リハビリテーションに分けられる。

　急性期リハビリテーションは主に急性期病院で発症後早期から開始され、廃用症候群の予防と早期離床、機能回復、基本動作の獲得に向けたリハビリテーションを中心に行う。発症直後のリハビリテーションの開始時期や内容が、回復期リハビリテーションや維持期リハビリテーションに大きく影響を及ぼすこともあるため、急性期リハビリテーションはきわめて重要な意味を持つ。

　回復期リハビリテーションはリハビリテーション病院で行われ、多くの病院が「回復期リハビリテーション病棟」（以下、回復期リハ病棟）を有している。回復期リハ病棟は、急性期病院から回復期リハビリテーション適応患者を発症から2か月以内に受け入れ、集中的にリハビリテーションを行うことによって残存する障害の改善、ADLの自立、社会（在宅）復帰を目指す。回復期リハ病棟は平成12年度に制度が発足され、「一般社団法人回復期リハビリテーション病棟協会」によると2015（平成27）年現在、全国に1,174病院、1,670病棟、74,460床が設置されている。対象となる疾病は脳卒中、脊髄損傷、骨折などで、入院期間は疾患によって日数が決められている。急性期病院の在院日数短縮化が推進されているため、今後も回復期リハビリテーション病床数の増床と整備が望まれている。

　維持期リハビリテーションは身体機能の回復というより、獲得した機能や生活能力を維持していくために行われる社会リハビリテーションである。医療機関では療養型病院、介護保険施設では老人保健施設、自立支援法では障害者支援施設においてその役割を担うことが多い。

　リハビリテーション病院では医師、看護師、理学療法士、作業療法士、言語聴覚士、臨床心理士、ソーシャルワーカー、ケアワーカー、管理栄養士など多職種が1つのチームを構成し、チームとして患者の社会復帰を支援している。とりわけソーシャルワーカーは生活者の視点に立ち、患者・家族が抱える様々な問題や課題を調整し、ともに解決していく姿勢で業務を行っている。患者の多くは重度の障害を余儀なくされ生活・経済・職業の再構築が必要となるため、リハビリテーション医療においては、特に回復期の時

期にソーシャルワーカーの介入が患者・家族の今後の生活に大きな影響を及ぼすといっても過言ではない。

2．実習プログラム作成の意図
（1）事前学習
①実習機関のホームページやパンフレット、業務年報から機関の役割や機能を理解する。
②リハビリテーション病院対象患者の疾患に関する医療知識や障害の特性、医療保険制度、介護保険法、自立支援法について学習する。

（2）職場実習
①講義や資料説明、病院および併設施設の見学から、リハビリテーション病院の特性（運営理念・経営目標・病床の制度的理解など）や各専門職の役割を理解する。
②ソーシャルワーカー部門の成り立ちや、組織的位置づけ、運営管理について理解する。

（3）職種実習
①ソーシャルワーカー業務に同行・観察してリハビリテーション病院におけるソーシャルワーカーの全般的な業務内容を理解する。
②病院内各部署とソーシャルワーク部門の連携のあり方や、地域におけるリハビリテーション病院の役割、関係機関との連携の実際について理解する。
③多職種で構成するリハビリテーションチームにおけるソーシャルワーカーの役割と連携の実際を理解する。

（4）ソーシャルワーク実習
①援助場面に同席し援助過程や面接技術を観察し、アセスメント・援助計画の立案・実践・フォローアップについて理解する。
②ジェノグラムやエコマップの作成、事例検討により個別援助を体験する。
③院内および地域関係職種が参加するカンファレンスの運営や調整業務を観察し、ソーシャルワーカーのマネジメントを学ぶ。
④実習記録のフィードバックや振り返りによるスーパービジョン、実習目標の達成確認を行う。

3．実習先理解のための基本文献
①日本医療社会事業協会編『新訂 保健医療ソーシャルワーク原論』相川書房、2006
②兵庫県立総合リハビリテーションセンター編『チームアプローチによる総合的リハビリテーション』三輪書店、2000
③澤村誠志・奥野英子編『リハビリテーション連携論』三輪書店、2009
④福山和女編『保健医療ソーシャルワーク実習』川島書店、2002

4．実習プログラム例＊リハビリテーション病院

段階	月日	実習課題（ねらい）	具体的実習内容
事前学習	実習前	①実習への姿勢・実習課題の明確化 ②実習目的の確認と共有 ③事前学習の確認	①実習課題、実習計画書の確認と合意 ②社会人としての基本的なマナーの習得 ③教材や文献による事前学習
職場実習	第一週	リハビリテーション病院の役割と機能について理解する ①法的位置づけの理解：病床の制度的理解（特に回復期リハビリテーション病棟の理解を中心に）／医療保険、介護保険、自立支援法などの理解 ②実習機関の理解：リハビリテーション（医学リハ→社会リハ→職業リハ）の流れについて理解／障害の特性について理解／院内および他部門の理解／リハビリテーションチームについての理解／病院所在地の地理と地域特性の理解	①病院や経営母体の運営理念、経営目標について理解する ②病院や併設施設のホームページ・紹介ビデオによる学習 ③実習指導者によるソーシャルワーカー部門について講義 ④病院および併設施設の見学と説明 ⑤看護師、PT、OT、ST、臨床心理士などの所属部署の見学と各部署からの講義 ⑤ソーシャルワーカー業務マニュアル、業務日誌、事業報告書、ケース記録の通読 ⑥スーパービジョン
職種実習	第二週	リハビリテーション病院における相談援助業務の実際と院内外関係機関との連携のあり方について観察をとおして理解する ①ソーシャルワーク業務を知る：ソーシャルワークの価値・倫理・業務上の視点／業務や院内における位置づけ、役割、院内外の連携について理解を深める ②ソーシャルワーク業務の実際を知る：入院相談（電話・面接）に関する流れ／支援対象者のスクリーニング方法（スクリーニングシートの利用）／インテーク面接、ニーズ把握、アセスメント、援助計画立案、実践、フォローアップの実際／リハビリテーション病院におけるチームアプローチの意義と実際／カンファレンスの実際／ネットワーキングの方法／地域連携のあり方／記録作成／社会資源の活用方法 ③援助関係・面接技術を知る：ソーシャルワークとクライエントの関係の形成／面接技術／報告の仕方	①ソーシャルワーク業務の同行と観察：インテーク面接、各種面接の同席、スタッフとの協議場面の同席、電話相談・電話連絡の観察、カンファレンスやリハビリ場面の同席、住宅訪問、入院判定会議、来訪者対応の観察、各種ミーティング、スーパービジョン場面、地域の勉強会参加など ②ケース記録の通読 ③マッピング（エコマップ、ジェノグラム）による学習 ④関連施設や関係機関の訪問 ⑤ケアマネジャー連絡会への参加 ⑥観察中に登場した社会資源を調べる ⑦観察中に登場したソーシャルワーク理論などを調べる ⑧資料の整理 ⑨スーパービジョン

必要な価値・知識・技術	指導方法・指導上の留意点	教材	チェック欄
①価値：守秘義務 ②知識：一般的な社会保障制度／業務規則	①教材や文献を提示 ②実習に向けて特に事前学習が必要な医療保険制度、介護保険、自立支援法や脳卒中、脊髄損傷、骨折など基礎的な医療知識の学習 ③出退勤時間の厳守、服装、挨拶、言葉遣い、個人情報保護、実習生の健康管理についての説明と確認	①病院や併設施設のパンフレット、ホームページ、事業報告書、業務年報 ②業務規則集 ③社会保障制度や基本的な医療知識が学べる文献	
①価値：基本的人権 ②知識：医療保険、介護保険、自立支援法を中心に理解／診療報酬（特に社会福祉士と診療報酬に関する項目）のしくみ／脳卒中や脊髄損傷、骨折など特徴的な疾病と障害の理解／PT、OT、ST、臨床心理士などリハビリテーション専門職の理解	①院内や併設施設の各部署に実習生の受け入れに関して協力を依頼する ②実習生は様々な場面の観察力や気付き、問題意識を持つ感受性が要求されることを指導する ③実習記録の書き方を指導する。観察した事実、説明を受けた事実、自分の感想を分けて記載するように指導する ④リハビリテーション医療におけるチームアプローチの重要性、各専門職の特色や連携の必要を説明 ⑤退院前に患者宅訪問に同行させて、住宅環境や生活状況の調査、活用する社会資源などを説明する	①組織図 ②ソーシャルワーカー業務マニュアル ③業務日誌・年報 ④事業報告書 ⑤ケース記録 ⑥社会資源に関する資料 ⑦病院機能評価受審に関する資料	
①価値：基本的人権／自己決定の尊重／プライバシーの保護／秘密保持／個別性 ②知識：実習先病院のソーシャルワーク業務の歴史や概要／ICF／バイステックの7原則の知識／ソーシャルワーク技術の知識／ソーシャルワーク理論、関連理論／各種社会資源 ③技術：観察力、観察による情報収集と理解／かかわり行動（職員との関係形成）／感受性の技術／情報収集力、情報収集の方法とまとめ／自己覚知	①ソーシャルワーカーの日常業務全般に同行・観察し、リハビリテーション病院におけるソーシャルワーカーの役割や機能について指導する ②事実（実際に起きたことや現象）、ソーシャルワーカーが考えていたこと、実習生に説明したこと、実習生が感じたことを分けて観察・報告・記録・理解するよう指導する ③観察はソーシャルワーカーの視点に立つよう指導する ④事象はプラスの側面・マイナスの側面があることを理解し、例えばマイナス面に着目できたときに、同時にプラス面に意識を向けるよう指導する ⑤疾病や障害がもたらす生活障害について事例をとおして具体的に指導する ⑦連携を円滑にするために地域関係機関とのシームレスな関係作りが必要であることを指導する	①ケース記録 ②カルテ、他職種の記録 ③カンファレンス資料・記録 ④カルテ、他職種の記録 ⑤診療情報提供書 ⑥各種リーフレット ⑦業務マニュアル ⑧地域連携パス資料	

第7章：実習の実際と実習プログラム

ソーシャルワーク実習	第三〜四週目	ソーシャルワーカーとしての資質・技能・倫理・自己に求められる課題を把握し、総合的に対応できる能力を確認し習得する ①対象者理解を学ぶ：身体的、心理的、社会的理解／疾病や障害の理解／疾病や障害をもつ心理の理解／疾病や障害をもつことによって生じる社会的状況の変化の理解／心理、社会的背景を知るための項目の理解（インテークシート） ②アセスメントを学ぶ：情報の解析とアセスメント／患者の心理、社会的課題の理解／患者の病院内の状況の理解 ③援助計画立案を学び理解する：援助計画および退院計画立案の理解／リハビリテーション病院におけるチームアプローチの理解／社会資源および社会資源活用の理解／地域関係機関との連携やネットワークの理解 ④面接を学ぶ：インテーク面接の理解／援助関係の形成／面接技術の活用／自己覚知 ⑤その他：スーパービジョンの必要性の理解／職能団体の必要性と活動の理解 ⑥実習目標達成の確認と今後の課題	①アセスメント、援助プランを作成し実施する。事例を選定し実習指導者とともに、ニーズ把握、基礎情報の整理、アセスメント、プランニング、援助実施を行う ②実習指導者が許可できる対象者を選定し、実際に患者と目的をもった面接を行う→面接内容を実習指導者にフィードバックする ③ビデオによる面接技術を学習し、活用する ④医療ソーシャルワーカー団体研修会への参加 ⑤院内研修会への参加 ⑥患者会・当事者会の情報収集 ⑦電話対応を観察する ⑧報告、連絡、相談を実践する ⑨事例をまとめプレゼンテーションを行う ⑩実習記録のフィードバックとスーパービジョン ⑪実習全体の振り返り、目標達成と今後の課題の確認

①価値：基本的人権／クライエントの利益の優先／自己決定の尊重／プライバシーの保護／秘密保持／個別性／受容／非審判的態度 ②知識：スーパービジョン／コンサルテーション／情報収集、情報解析、アセスメント／他職種理解／ソーシャルワーク理論／疾病や障害の理解／生活障害の理解／チームアプローチの理解 ③技術：コミュニケーション技法／かかわり行動、傾聴法、質問法、明確化、事実の反射、感情の反射、要約／事例のまとめ方／記録の技術／自己覚知	①ニーズ把握の方法、インテーク面接から援助実施までの一連の過程について説明する ②カンファレンスや退院前サービス調整会議に積極的に同席させる。会議の調整や運営、進行などソーシャルワーカーが行うマネジメントについて説明する ③連携の中心となる地域関係職種（ケアマネジャーや障害者支援コーディネーター）を紹介する。連携のためのネットワーキングの実際を紹介する ④面接場面においてどの技法を使っていたのかを指導する ⑤ソーシャルワークの定義について具体的な実践例を、事例をとおして説明する ⑥リハビリテーションにおけるチームアプローチの重要性と実際について事例をとおして説明する	①基礎情報シート（フェースシート） ②記録シート ③ケース記録 ④カルテ・他職種の記録 ⑤カンファレンス資料 ⑥診療情報提供書 ⑦福祉の手引き ⑧各種リーフレット ⑨業務マニュアル	

第16節　病院③療養型病院

1．実習先の概要

　療養型病院は急性期、回復期病院の治療後の患者、または在宅療養中の患者が長期に療養を必要とする際に利用する医療機関で医療保険適用病院と介護保険適用病院の2種類がある。異なる点は医療の必要度であり、療養機能に大差はない。医療技術の進歩による高齢化、生活習慣病とその合併症の増加により慢性期医療と療養に必要な患者は増えているが、その医療費・介護費の抑制をめざし、厚生労働省は医療療養型病院の削減や介護療養型病院の廃止などを推し進めているため全体的には減少傾向にある。また同じく抑制策として医療療養型病院の診療報酬（保険点数）は医療必要度で細分され、医療必要度の低い患者ほど診療報酬は低く設定されている。よって医療必要度の低い患者や社会的入院患者の受け入れに消極的な病院が増加している。一方、急性期病院ではDPC（診断群分類包括評価）導入が進められ、平均在院日数の短縮を図るため急性期治療が終了すれば早期に患者を転院させなければならず、合併症などで医療必要度が高いまま転院してくるケースも多い。このような背景で療養型病院に入院する患者の医療必要度は従来に比べ高くなり人工呼吸器、気管切開、吸引、経管栄養、酸素などの医療処置や神経難病の患者も増えているのが現状である。

　療養型病院は一般障害者病棟、回復期病棟、在宅事業などの機能を併設している病院も多く、これらの機能や病院の方針により入院期間が異なるが年単位で長期化している病院は多い。急性期の治療という機能とは異なり、長期の療養生活であるため、機能維持やQOLの向上が急性期の病院より多く求められている。在宅療養が可能な患者には地域医療・介護との連携を図り、できる限り在宅療養に向けての支援を行う反面で高齢者が長期に入院されることから延命希望をされない高齢者の終末期療養としての機能もある。

　療養型病床を有する病院数は3,855施設（厚生労働省医療動態調査　2015（平成27）年3月末概数）で1日の平均患者数は351,306名（厚生労働省病院報告　2015（平成27）年2月分概数）。

　従事している職員は医師、看護師、介護職員、リハビリテーション訓練士、薬剤師、放射線技師、臨床検査技師、管理栄養士、診療情報管理士、社会福祉士、事務員などで多職種によるチーム医療が行われている。急性期の病院に比べ、看護師数は少ないが反対に介護職員数は多く配置されており、療養用型病院では生活における日々のケアが重視されている。

2．実習プログラム作成の意図

(1) 事前学習

実習をよりよいものにするため社会マナーを身に付けることと周辺の医療・福祉環境を調べ、機関の役割を理解し、実習目標を明確にしておく。

(2) 職場実習

1人の患者の療養生活は、機能分化したそれぞれの機関で完結するものではなく、それらを繋ぐ「地域連携」は医療ソーシャルワーカーにとって今や欠かせない業務となっている。医療機関内では福祉・介護の視点から療養生活を支援する専門家であり、他の専門職と同様にチーム医療の一員である。医療ソーシャルワーカー単独で一患者の諸問題を解決するのではなく、必要な多職種と適切な協働をするために職場実習は単に病院の概要を知るだけではなく、より深く相手の機能、役割、考え方を理解する必要がある。

(3) 職種実習

ここでは広い範囲での観察実習を設定しており、実習生にとっては短期間にこの繋がりを理解することは難しいと考える。しかし多様な医療ソーシャルワーカー業務の中に社会福祉士に求められる価値・知識・技術が活かされていることに気付けるよう観察力を高める指導を行う。

(4) ソーシャルワーク実習

実際にソーシャルワーク業務を行うが、実習が単に実習生の学びを満たすだけのものではなく社会的責任行為である以上、直接的な援助、特に面接は困難な場合がほとんどで、前後の情報収集を行い観察による実習になることが多い。そのため、実習指導者は事例からロールプレイを行い、面接も含めたソーシャルワーカー業務を通してソーシャルワーク実習ができるように配慮する。また療養型病院におけるソーシャルワーク業務は入院相談から始まるため、入院前から信頼関係を築き、早期に情報収集やアセスメント、援助計画立案が可能である。また入院期間が長いことから支援の幅が広い、問題に変化が生ずる、時間に余裕があることなど支援の特徴も学びとなる。

実際に療養型病院は概要で述べたように併せ持つ機能や病院の方針が異なると支援の方法も異なってくる部分があり、また院内の実習に対する協力度によっても内容は変わる。

3．実習先理解のための基本文献

①木村憲洋・川越満『病院のしくみ』日本実業出版社、2005

②大本和子ほか編著『新版 ソーシャルワークの業務マニュアル』川島書店、2004

③NPO法人日本医療ソーシャルワーク研究会編『医療福祉総合ガイドブック2011年度版』医学書院、2011

④菊地かほる『病院で困った時、何でも相談してください。－医療ソーシャルワーカーというお仕事』作品社、2001

4. 実習プログラム例＊療養型病院

段階	月日	実習課題（ねらい）	具体的実習内容（実習経験）
事前学習	実習前	①実習目的の確認と共有 ②職員に準ずる院内諸規則の確認 ③事前学習の確認	①実習目的・実習計画書の確認・合意 ②ユニフォームコード、出退勤時間の確認 ③社会的マナーの確認 ④事前学習の提案 ⑤文献学習の提案
職場実習	第一週目	療養型病院の機能と役割を院内外から理解する ①療養型病院の法的位置づけ：医療機関の機能・役割（急性期・回復期・維持期）／療養病床とは／医療保険・介護保険／地域の医療・介護環境 ②実習機関の理解：各種部門／各種委員会／病床コントロール／地域における役割／患者実態／高齢者・障害者の特性／QOL向上の取り組み／第三者評価事業	①講義「病院の機能分化と役割」 ②医療保険、介護保険のしくみについて自己学習にてまとめる ③機関のある市区町村のホームページを通読 ④講義「機関が対象とする医療圏域」 ⑤講義「病院紹介」「部門紹介」「委員会紹介」 ⑥病院内見学 ⑦他部門見学（病棟・PT・OT・ST・事務所、その他協力が可能な部門すべて） ⑧委員会会議見学 ⑨講義「病床コントロールの実際」 ⑩病院行事やボランティアによるイベント、レクリエーションの見学、参加 ⑪療養入院患者の生活の質について考え、QOL向上の取り組みを検討する ⑫講義「終末期医療について」 ⑬第三者評価事業を受審している場合は講義「第三者評価事業の意義・仕組み・審査結果」
職種実習	第二週目	療養型病院におけるソーシャルワーカー業務を観察を通して理解する ①ソーシャルワーカーの役割：ソーシャルワーカーの院内における位置づけ、他職種の中での役割、専門性／院内外関係者との連携 ②ソーシャルワーカー業務の実際を知る：入院相談に関する流れ／入院直後の面接・情報収集／療養生活の中で発生する問題／課題抽出・分析方法／援助計画立案、実践、フォローアップ／カンファレンス／チームアプローチ／退院支援に関する流れ／外来相談に関する流れ／地域連携／記録作成／社会資源活用／苦情解決 ③援助関係・面接技術を知る：クライエントとの信頼関係形成／面接技術／報告の仕方	①講義「療養型病院ソーシャルワーカーの役割」「ソーシャルワーカー業務の１日の流れ」、ソーシャルワーカー業務の同行、ソーシャルワーカーミーティング、ケース申し送り、各種面接の同席、スタッフとの協議、電話対応、来訪者対応、カンファレンス、医師の病状説明同席、各種ミーティング、サービス担当者会議、家庭訪問、院内学習会、地域の勉強会、入院相談、電話相談、判定会議など ②関連施設、関係機関の訪問、急性期病院訪問、回復期病院訪問、役所訪問、ケアマネジャー連絡会参加、地区医療ソーシャルワーカーの会参加、地域連携会議（疾患別パス会議を含む）、参加 ③ケース記録の通読 ④観察中に登場した社会資源を列挙し調べる ⑤部門内の資料整理 ⑥退院支援看護師との役割の違いを説明しソーシャルワーカーの独自性を伝達 ⑦講義「地域連携会議」 ⑧地域連携会議資料閲覧 ⑨地域のボランティアグループについて調べ、まとめる ⑩講義「苦情の種類・その背景」 ⑪苦情記録の通読 ⑫講義「面接技術」

第16節：病院③療養型病院

必要な価値・知識・技術	指導方法・指導上の留意点（指導担当者）	教材	チェック欄
①価値：ソーシャルワーカーの守秘義務 ②知識：社会人としてのマナー／感染対策	①実習生としての心構えを確認 ②社会的責任を指導 ③教材を提示 ④実習中の健康管理や相談先について指導	①病院パンフレット ②ホームページ ③年報 ④業務規定 ⑤院内感染防止マニュアル	
①価値：基本的人権／ノーマライゼーション／秘密保持 ②知識：医療法、介護保険法、自立支援法／厚生労働省の医療・介護政策／高齢者、障害者の特徴／病院で働く専門職の役割 ③技術：礼儀作法／コミュニケーション技術／実習記録作成技術	①実習生の受け入れを各部門に協力要請する、またその協力があってこそ実習が成り立つことを実習生が理解するよう指導 ②医療・福祉・介護における機能分化、役割が理解できるよう一患者の流れをイメージするよう指導 ③法人内の他機関との関係を理解する ④機能分化の中での療養型病院の役割、また地域での役割を医療機関・患者双方の立場で考えるよう指導 ⑤各部門、委員会を学び、そのチームワークの重要性を指導 ⑥特にかかわりが深い部門へは見学だけではなく担当者から説明を受ける時間を配慮 ⑦実習記録は実習生が客観的に自己を振り返るように指導、また実習指導者とのコミュニケーションツールとすること ⑧病院行事やレクリエーションに参加させ、交流事業の意義と方法について説明 ⑨第三者評価事業がもたらす効果について指導	①ホームページ ②部署組織図 ③委員会組織図 ④スタッフマニュアル ⑤機関のある市区町村のホームページ ⑥各種社会資源資料 ⑦病院年報 ⑧入院のしおり（入院案内） ⑨地図 ⑩第三者評価事業資料	
①価値：基本的人権／秘密保持／クライエントの利益／非審判的態度／個別化／公平性 ②知識：ソーシャルワーク理論／バイステックの7原則／ジェノグラム、エコマップ／障害老人・認知症の日常生活自立度、機能的自立度／社会資源の種類／介護保険サービスの種類／ケアマネジャーの役割／苦情問題に関する理論 ③技術：観察力、観察による情報収集、情報収集力、情報収集方法／質問として言語化できる能力／コミュニケーション技術／礼儀作法	①チームにおける情報共有の重要性が理解できるように指導 ②院内外における関係調整の役割を説明 ③院内のルールの中で患者の利益を最優先に考える必要性が理解できるよう指導 ④社会資源を把握することの意義を理解できるよう指導 ⑤ソーシャルワーク業務におけるコミュニケーションスキルの必要性を説明 ⑥相談記録体系を理解し記録の目的、意義、重要性について説明 ⑦ソーシャルワーカー業務の流れを理解できるよう説明 ⑧他職種との連携を通してソーシャルワーカーの役割や独自の視点が理解できるよう指導 ⑨退院支援看護師と業務が重複しないよう役割を確認 ⑩地域連携の種類について一方向型、双方向型、在宅支援型にわけて説明 ⑪業務で用いられる文書の種類や用途を説明できるよう指導 ⑫苦情の原因や解決方法を考えるよう指導 ⑬実際の面談同席で観察し、使用された面談技術について説明できるよう指導	①業務マニュアル ②医療ソーシャルワーカー業務指針（厚生労働省通知） ③ケース記録 ④カンファレンス資料、記録 ⑤カルテ、多職種の記録 ⑥各種リーフレット ⑦退院支援フローチャート ⑧地域の福祉手引書 ⑨インターネット ⑩地域連携会議資料 ⑪地域連携パス資料 ⑫苦情解決規定	

ソーシャルワーク実習	第三〜四週目	ソーシャルワーカーとして求められる資質・技能・倫理・自己に求められる課題を把握し、総合的に対応できる能力を確認、習得する ①対象者を理解する：身体、心理、社会的背景／疾病・障害／疾病・障害を持つことによって生じる社会的状況の変化／心理・社会的背景を知るための項目 ②アセスメントを理解する：情報の解析とアセスメント／クライエントの心理的、社会的課題／患者の病院内の状況、今後の問題点 ③援助計画を理解する：援助計画立案／退院計画立案／社会資源活用／院内外ネットワーク活用／地域関係機関との連携 ④面接を学ぶ：入院相談面接／インテーク面接／援助関係の形成／面接技術／自己覚知	①実習指導者に一事例に対するソーシャルワーク業務全般について説明を受ける：該当ケース記録の通読／該当カルテ閲覧 ②ロールプレイにて実際のソーシャルワークを体験する：入院相談／入院案内説明／入院判定書作成／インテーク面接／アセスメント／援助計画／社会資源の活用／カンファレンスでの意見／退院支援計画／外部との調整／退院調整／報告、連絡、相談 ③実際の面談を体験する：スーパーバイザー同席のもと、介護保険申請、障害者手帳など制度に関する申請方法を説明する ④各種研修会への参加：当事者会への参加／地域ソーシャルワーカーの勉強会に参加
		目標達成の確認と反省	①週ごとに振り返り、目標達成度を確認 ②達成できていない場合の問題点を検討 ③新たな目標の検討

第16節：病院③療養型病院

①価値：基本的人権／クライエントの利益優先／自己決定の尊重／プライバシーの保護／秘密保持／個別性／受容／非審判的態度／生存権／対象者の自己決定 ②知識：組織の理解／医療法、介護保険法、自立支援法／厚生労働省の医療、介護政策／高齢者、障害者の特徴／病院で働く専門職の役割／社会資源の種類／介護保険サービスの種類／チームアプローチ ③技術：面接技法／コミュニケーション技術／実習記録作成技術／自己覚知／事例のまとめ方／適切な連絡調整	①ケース記録はカルテと同じく病院内の共有物であることを指導 ②一事例として説明する際は閲覧利用の観点から退院事例が好ましいが、リアルタイムの事例では面談前に本人・家族の同意を得る ③援助過程において用いるツールや社会資源を考え、利用する社会資源について説明をさせる ④問題解決能力を高める意識が育つように指導 ⑤勉強会の企画、実施について説明 ⑥職場実習、職種実習の習得度合に合わせて説明、指導 ⑦問題が社会的背景によって変化することを説明、事例から確認 ⑧チームアプローチの実際を事例から確認 ⑨面談で自分が利用した面談技術について理由や効果を説明させる ⑩介護保険の申請から要介護度認定までの仕組みを説明させる ⑪障害者手帳の申請から発行までの仕組みを説明させる ⑫ソーシャルワーカー同士のネットワークの重要性を説明 ⑬当事者会へ参加できた場合は組織の構成員や機能、役割を説明させる	①入院申込書 ②入院案内 ③入院判定書 ④インテークシート ⑤カンファレンス報告書 ⑥カルテ ⑦ケース記録 ⑧診療情報提供書 ⑨看護サマリー ⑩リハビリテーションサマリー ⑪福祉の手引き ⑫介護保険の手引き ⑬各種リーフレット ⑭医療ソーシャルワーカー業務指針（厚生労働省通知） ⑮院内業務マニュアル ⑯地域の施設情報、パンフレット ⑰当事者会の会報や資料 ⑱地域ボランティア資料	
	①目標達成度をともに確認し、場合により新たな目標を立てるよう指導 ②反省点を次に活かせるための助言		

資 料

1. 社団法人日本社会福祉士会の倫理綱領

1995年1月20日に本会の倫理綱領として採択した「ソーシャルワーカーの倫理綱領」を改訂し、2005年6月3日に開催した第10回通常総会にて採択したものである。

社会福祉士の倫理綱領

前文

　われわれ社会福祉士は、すべての人が人間としての尊厳を有し、価値ある存在であり、平等であることを深く認識する。われわれは平和を擁護し、人権と社会正義の原則に則り、サービス利用者本位の質の高い福祉サービスの開発と提供に努めることによって、社会福祉の推進とサービス利用者の自己実現をめざす専門職であることを言明する。

　われわれは、社会の進展に伴う社会変動が、ともすれば環境破壊及び人間疎外をもたらすことに着目する時、この専門職がこれからの福祉社会にとって不可欠の制度であることを自覚するとともに、専門職社会福祉士の職責についての一般社会及び市民の理解を深め、その啓発に努める。

　われわれは、われわれの加盟する国際ソーシャルワーカー連盟が採択した、次の「ソーシャルワークの定義」(2000年7月)を実践に適用され得るものとして認識し、その実践の拠り所とする。

ソーシャルワークの定義

　ソーシャルワーク専門職は、人間の福利(ウェルビーイング)の推進を目指して、社会の変革を進め、人間関係における問題解決を図り、人々のエンパワーメントと解放を促していく。ソーシャルワークは人間の行動と社会システムに関する理論を利用して、人びとがその環境と相互に影響し合う接点に介入する。人権と社会正義の原理は、ソーシャルワークの拠り所とする基盤である。
　　　　　　　　　　　　　　　　　　　　　　　　　　　　　　(IFSW；2000.7.)

　われわれは、ソーシャルワークの知識、技術の専門性と倫理性の維持、向上が専門職の職責であるだけでなく、サービス利用者は勿論、社会全体の利益に密接に関連していることを認識し、本綱領を制定してこれを遵守することを誓約する者により、専門職団体を組織する。

価値と原則

1 (人間の尊厳)

　社会福祉士は、すべての人間を、出自、人種、性別、年齢、身体的精神的状況、宗教的文化的背景、社会的地位、経済状況等の違いにかかわらず、かけがえのない存在

として尊重する。
2 （社会正義）
　差別、貧困、抑圧、排除、暴力、環境破壊などの無い、自由、平等、共生に基づく社会正義の実現を目指す。
3 （貢献）
　社会福祉士は、人間の尊厳の尊重と社会正義の実現に貢献する。
4 （誠実）
　社会福祉士は、本倫理綱領に対して常に誠実である。
5 （専門的力量）
　社会福祉士は、専門的力量を発揮し、その専門性を高める。

倫理基準
1）利用者に対する倫理責任
1 （利用者との関係）社会福祉士は、利用者との専門的援助関係を最も大切にし、それを自己の利益のために利用しない。
2 （利用者の利益の最優先）社会福祉士は、業務の遂行に際して、利用者の利益を最優先に考える。
3 （受容）社会福祉士は、自らの先入観や偏見を排し、利用者をあるがままに受容する。
4 （説明責任）社会福祉士は、利用者に必要な情報を適切な方法・わかりやすい表現を用いて提供し、利用者の意思を確認する。
5 （利用者の自己決定の尊重）社会福祉士は、利用者の自己決定を尊重し、利用者がその権利を十分に理解し、活用していけるように援助する。
6 （利用者の意思決定能力への対応）社会福祉士は、意思決定能力の不十分な利用者に対して、常に最善の方法を用いて利益と権利を擁護する。
7 （プライバシーの尊重）社会福祉士は、利用者のプライバシーを最大限に尊重し、関係者から情報を得る場合、その利用者から同意を得る。
8 （秘密の保持）社会福祉士は、利用者や関係者から情報を得る場合、業務上必要な範囲にとどめ、その秘密を保持する。秘密の保持は、業務を退いた後も同様とする。
9 （記録の開示）社会福祉士は、利用者から記録の開示の要求があった場合、本人に記録を開示する。
10 （情報の共有）社会福祉士は、利用者の援助のために利用者に関する情報を関係機関・関係職員と共有する場合、その秘密を保持するよう最善の方策を用いる。
11 （性的差別、虐待の禁止）社会福祉士は、利用者に対して、性別、性的指向等の違

いから派生する差別やセクシュアル・ハラスメント、虐待をしない。

12（権利侵害の防止）社会福祉士は、利用者を擁護し、あらゆる権利侵害の発生を防止する。

2）実践現場における倫理責任

1（最良の実践を行う責務）社会福祉士は、実践現場において、最良の業務を遂行するために、自らの専門的知識・技術を惜しみなく発揮する。

2（他の専門職等との連携・協働）社会福祉士は、相互の専門性を尊重し、他の専門職等と連携・協働する。

3（実践現場と綱領の遵守）社会福祉士は、実践現場との間で倫理上のジレンマが生じるような場合、実践現場が本綱領の原則を尊重し、その基本精神を遵守するよう働きかける。

4（業務改善の推進）社会福祉士は、常に業務を点検し評価を行い、業務改善を推進する。

3）社会に対する倫理責任

1（ソーシャル・インクルージョン）社会福祉士は、人々をあらゆる差別、貧困、抑圧、排除、暴力、環境破壊などから守り、包含的な社会を目指すよう努める。

2（社会への働きかけ）社会福祉士は、社会に見られる不正義の改善と利用者の問題解決のため、利用者や他の専門職等と連帯し、効果的な方法により社会に働きかける。

3（国際社会への働きかけ）社会福祉士は、人権と社会正義に関する国際的問題を解決するため、全世界のソーシャルワーカーと連帯し、国際社会に働きかける。

4）専門職としての倫理責任

1（専門職の啓発）社会福祉士は、利用者・他の専門職・市民に専門職としての実践を伝え社会的信用を高める。

2（信用失墜行為の禁止）社会福祉士は、その立場を利用した信用失墜行為を行わない。

3（社会的信用の保持）社会福祉士は、他の社会福祉士が専門職業の社会的信用を損なうような場合、本人にその事実を知らせ、必要な対応を促す。

4（専門職の擁護）社会福祉士は、不当な批判を受けることがあれば、専門職として連帯し、その立場を擁護する。

5（専門性の向上）社会福祉士は、最良の実践を行うために、スーパービジョン、教育・研修に参加し、援助方法の改善と専門性の向上を図る。

6（教育・訓練・管理における責務）社会福祉士は教育・訓練・管理に携わる場合、相手の人権を尊重し、専門職としてのよりよい成長を促す。

7（調査・研究）社会福祉士は、すべての調査・研究過程で利用者の人権を尊重し、倫理性を確保する。

2．社会福祉士の行動規範

　この「社会福祉士の行動規範」は、「社会福祉士の倫理綱領」に基づき、社会福祉士が社会福祉実践において従うべき行動を示したものである。
　1）利用者に対する倫理責任
　1　利用者との関係
　　1－1　社会福祉士は、利用者との専門的援助関係についてあらかじめ利用者に説明しなければならない。
　　1－2　社会福祉士は、利用者と私的な関係になってはならない。
　　1－3　社会福祉士は、いかなる理由があっても利用者およびその関係者との性的接触・行動をしてはならない。
　　1－4　社会福祉士は、自分の個人的・宗教的・政治的理由のため、または個人の利益のために、不当に専門的援助関係を利用してはならない。
　　1－5　社会福祉士は、過去または現在の利用者に対して利益の相反する関係になることが避けられないときは、利用者を守る手段を講じ、それを利用者に明らかにしなければならない。
　　1－6　社会福祉士は、利用者との専門的援助関係とともにパートナーシップを尊重しなければならない。
　2　利用者の利益の最優先
　　2－1　社会福祉士は、専門職の立場を私的なことに使用してはならない。
　　2－2　社会福祉士は、利用者から専門職サービスの代償として、正規の報酬以外に物品や金銭を受けとってはならない。
　　2－3　社会福祉士は、援助を継続できない何らかの理由がある場合、援助を継続できるように最大限の努力をしなければならない。
　3　受容
　　3－1　社会福祉士は、利用者に暖かい関心を寄せ、利用者の立場を認め、利用者の情緒の安定を図らなければならない。
　　3－2　社会福祉士は、利用者を非難し、審判することがあってはならない。
　　3－3　社会福祉士は、利用者の意思表出をはげまし支えなければならない。
　4　説明責任
　　4－1　社会福祉士は、利用者の側に立ったサービスを行う立場にあることを伝えなければならない。
　　4－2　社会福祉士は、専門職上の義務と利用者の権利を説明し明らかにした上で援助をしなければならない。

4-3　社会福祉士は、利用者が必要な情報を十分に理解し、納得していることを確認しなければならない。

5　利用者の自己決定の尊重

　5-1　社会福祉士は、利用者が自分の目標を定めることを支援しなければならない。

　5-2　社会福祉士は、利用者が選択の幅を広げるために、十分な情報を提供しなければならない。

　5-3　社会福祉士は、利用者の自己決定が重大な危険を伴う場合、あらかじめその行動を制限することがあることを伝え、そのような制限をした場合には、その理由を説明しなければならない。

6　利用者の意思決定能力への対応

　6-1　社会福祉士は、利用者の意思決定能力の状態に応じ、利用者のアドボカシーに努め、エンパワメントを支援しなければならない。

　6-2　社会福祉士は、自分の価値観や援助観を利用者に押しつけてはならない。

　6-3　社会福祉士は、常に自らの業務がパターナリズムに陥らないように、自己の点検に努めなければならない。

　6-4　社会福祉士は、利用者のエンパワメントに必要な社会資源を適切に活用しなければならない。

7　プライバシーの尊重

　7-1　社会福祉士は、利用者が自らのプライバシー権を自覚するように働きかけなければならない。

　7-2　社会福祉士は、利用者の個人情報を収集する場合、その都度利用者の了解を得なければならない。

　7-3　社会福祉士は、問題解決を支援する目的であっても、利用者が了解しない場合は、個人情報を使用してはならない。

8　秘密の保持

　8-1　社会福祉士は、業務の遂行にあたり、必要以上の情報収集をしてはならない。

　8-2　社会福祉士は、利用者の秘密に関して、敏感かつ慎重でなければならない。

　8-3　社会福祉士は、業務を離れた日常生活においても、利用者の秘密を保持しなければならない。

　8-4　社会福祉士は、記録の保持と廃棄について、利用者の秘密が漏れないように慎重に対応しなければならない。

9　記録の開示

　9-1　社会福祉士は、利用者の記録を開示する場合、かならず本人の了解を得な

ければならない。

9-2 社会福祉士は、利用者の支援の目的のためにのみ、個人情報を使用しなければならない。

9-3 社会福祉士は、利用者が記録の閲覧を希望した場合、特別な理由なくそれを拒んではならない。

10 情報の共有

10-1 社会福祉士は、利用者の情報を電子媒体等により取り扱う場合、厳重な管理体制と最新のセキュリティに配慮しなければならない。

10-2 社会福祉士は、利用者の個人情報の乱用・紛失その他あらゆる危険に対し、安全保護に関する措置を講じなければならない。

10-3 社会福祉士は、電子情報通信等に関する原則やリスクなどの最新情報について学ばなければならない。

11 性的差別、虐待の禁止

11-1 社会福祉士は、利用者に対して性的差別やセクシュアル・ハラスメント、虐待を行ってはならない。

11-2 社会福祉士は、利用者に対して肉体的・精神的損害または苦痛を与えてはならない。

11-3 社会福祉士は、利用者が暴力や性的搾取・虐待の対象となっている場合、すみやかに発見できるよう心掛けなければならない。

11-4 社会福祉士は、性的差別やセクシュアル・ハラスメント、虐待に対する正しい知識を得るよう学ばなければならない。

12 権利侵害の防止

12-1 社会福祉士は、利用者の権利について十分に認識し、敏感かつ積極的に対応しなければならない。

12-2 社会福祉士は、利用者の権利侵害を防止する環境を整え、そのシステムの構築に努めなければならない。

12-3 社会福祉士は、利用者の権利侵害の防止についての啓発活動を積極的に行わなければならない。

2）実践現場における倫理責任

1 最良の実践を行う責務

1-1 社会福祉士は、専門職としての使命と職責の重要性を自覚し、常に専門知識を深め、理論と実務に精通するように努めなければならない。

1-2 社会福祉士は、専門職としての自律性と責任性が完遂できるよう、自らの専門的力量の向上をはからなければならない。

1-3 社会福祉士は、福祉を取り巻く分野の法律や制度等関連知識の集積に努め、

その力量を発揮しなければならない。

2 他の専門職等との連携・協働

2-1 社会福祉士は、所属する機関内部での意思疎通が円滑になされるように積極的に働きかけなければならない。

2-2 社会福祉士は、他の専門職と連携し、所属する機関の機構やサービス提供の変更や開発について提案しなければならない。

2-3 社会福祉士は、他機関の専門職と連携し協働するために、連絡・調整の役割を果たさなければならない。

3 実践現場と綱領の遵守

3-1 社会福祉士は、社会福祉士の倫理綱領を実践現場が熟知するように働きかけなければならない。

3-2 社会福祉士は、実践現場で倫理上のジレンマが生じた場合、倫理綱領に照らして公正性と一貫性をもってサービス提供を行うように努めなければならない。

3-3 社会福祉士は、実践現場の方針・規則・手続き等、倫理綱領に反する実践を許してはならない。

4 業務改善の推進

4-1 社会福祉士は、利用者の声に耳を傾け苦情の対応にあたり、業務の改善を通して再発防止に努めなければならない。

4-2 社会福祉士は、実践現場が常に自己点検と評価を行い、他者からの評価を受けるように働きかけなければならない。

3）社会に対する倫理責任

1 ソーシャル・インクルージョン

1-1 社会福祉士は、特に不利益な立場にあり、抑圧されている利用者が、選択と決定の機会を行使できるように働きかけなければならない。

1-2 社会福祉士は、利用者や住民が社会の政策・制度の形成に参加することを積極的に支援しなければならない。

1-3 社会福祉士は、専門的な視点と方法により、利用者のニーズを社会全体と地域社会に伝達しなければならない。

2 社会への働きかけ

2-1 社会福祉士は、利用者が望む福祉サービスを適切に受けられるように権利を擁護し、代弁活動を行わなければならない。

2-2 社会福祉士は、社会福祉実践に及ぼす社会政策や福祉計画の影響を認識し、地域福祉の増進に積極的に参加しなければならない。

2-3 社会福祉士は、社会における意思決定に際して、利用者の意思と参加が促

進されるよう支えなければならない。
- 2-4 社会福祉士は、公共の緊急事態に対して可能な限り専門職のサービスを提供できるよう、臨機応変な活動への貢献ができなければならない。

3 国際社会への働きかけ
- 3-1 社会福祉士は、国際社会において、文化的社会的差異を尊重しなければならない。
- 3-2 社会福祉士は、民族、人種、国籍、宗教、性別、障害等による差別と支配をなくすための国際的な活動をささえなければならない。
- 3-3 社会福祉士は、国際社会情勢に関心をもち、精通するよう努めなければならない。

4）専門職としての倫理責任

1 専門職の啓発
- 1-1 社会福祉士は、対外的に社会福祉士であることを名乗り、専門職としての自覚を高めなければならない。
- 1-2 社会福祉士は、自己が獲得し保持している専門的力量を利用者・市民・他の専門職に知らせるように努めなければならない。
- 1-3 社会福祉士は、個人としてだけでなく専門職集団としても、責任ある行動をとり、その専門職の啓発を高めなければならない。

2 信用失墜行為の禁止
- 2-1 社会福祉士は、社会福祉士としての自覚と誇りを持ち、社会的信用を高めるよう行動しなければならない。
- 2-2 社会福祉士は、あらゆる社会的不正行為に関わってはならない。

3 社会的信用の保持
- 3-1 社会福祉士は、専門職業の社会的信用をそこなうような行為があった場合、行為の内容やその原因を明らかにし、その対策を講じるように努めなければならない。
- 3-2 社会福祉士は、他の社会福祉士が非倫理的な行動をとった場合、必要に応じて関係機関や日本社会福祉士会に対し適切な行動を取るよう働きかけなければならない。
- 3-3 社会福祉士は、信用失墜行為がないように互いに協力し、チェック機能を果たせるよう連携を進めなければならない。

4 専門職の擁護
- 4-1 社会福祉士は、社会福祉士に対する不当な批判や扱いに対し、その不当性を明らかにし、社会にアピールするなど、仲間を支えなければならない。
- 4-2 社会福祉士は、不当な扱いや批判を受けている他の社会福祉士を発見した

ときは、一致してその立場を擁護しなければならない。
  4－3　社会福祉士は、社会福祉士として不当な批判や扱いを受けぬよう日頃から自律性と倫理性を高めるために密に連携しなければならない。
5　専門性の向上
  5－1　社会福祉士は、研修・情報交換・自主勉強会等の機会を活かして、常に自己研鑽に努めなければならない。
  5－2　社会福祉士は、常に自己の専門分野や関連する領域に関する情報を収集するよう努めなければならない。
  5－3　社会福祉士は、社会的に有用な情報を共有し合い、互いの専門性向上に努めなければならない。
6　教育・訓練・管理における責務
  6－1　スーパービジョンを担う社会福祉士は、その機能を積極的に活用し、公正で誠実な態度で後進の育成に努め社会的要請に応えなければならない。
  6－2　コンサルテーションを担う社会福祉士は、研修会や事例検討会等を企画し、効果的に実施するように努めなければならない。
  6－3　職場のマネジメントを担う社会福祉士は、サービスの質・利用者の満足・職員の働きがいの向上に努めなければならない。
  6－4　業務アセスメントや評価を担う社会福祉士は、明確な基準に基づき評価の判断をいつでも説明できるようにしなければならない。
  6－5　社会福祉教育を担う社会福祉士は、次世代を担う人材養成のために、知識と情熱を惜しみなく注がなければならない。
7　調査・研究
  7－1　社会福祉士は、社会福祉に関する調査研究を行い、結果を公表する場合、その目的を明らかにし、利用者等の不利益にならないよう最大限の配慮をしなければならない。
  7－2　社会福祉士は、事例研究にケースを提供する場合、人物を特定できないように配慮し、その関係者に対し事前に承認を得なければならない。

3. 社団法人日本社会福祉士養成校協会「相談援助実習ガイドライン」(案)

厚労省「相談援助実習の目標と内容」		社養協ガイドライン		
ねらい	内容	中項目	小項目	ガイドラインに基づく実習プロセスの考え方について (実習先機関・施設指導者)
①相談援助実習を通して、相談援助に係る知識と技術について具体的かつ実際的に理解し実践的な技術等を体得する。	ア 利用者やその関係者、施設・事業者、関係機関、地域住民等との基本的なコミュニケーションやチームアプローチの実際、及びその具体的内容を理解し人間関係の形成について実際に学ぶ	対象(利用者・グループ・地域等)との関わり方を学ぶ	①利用者と関わることができる ②グループ・メンバーと関わることができる ③地域住民と関わることができる	職場実習 入所利用者等の日常生活場面に寄り添い、また、在宅利用者の複数回同行して、利用者の生活・思い・ニーズを理解する。通所者等の送迎や日中活動場面に寄り添い、利用者の生活・思い・ニーズ等を理解する。人所、通所施設等においては、利用者(メンバー)全体への配慮の必要性を説明する。レクリエーション・行事等の実施においては、利用者全体の進行を促す。地域住民の懇談会や活動場面に参加させる。
	イ 利用者理解とその需要の把握及び支援計画の作成	利用者の実態を統計的に学ぶ	①入退所の動向、利用動向等の年間統計について把握し説明できる	
		対象(利用者等)のアセスメントの様々な方法を学ぶ	①対象を客観的に把握することができる ②担当する利用者(特定ケース)のニーズを説明できる ③担当する利用者(特定ケース)の課題を設定できる	ソーシャルワーク実習 ニーズキャッチ・インテークから サービス利用までの一連のソーシャルワーク過程について説明する。その際、過去の苦情解決事例について も説明する。
		個別支援計画の策定方法を学ぶ(プランニングを主として)	①実習場面におけるインテークのポイント、手順、ツールについて説明できる ②アセスメント場面におけるプランニングができる ③実習場面におけるモニタリングについて説明できる	特定の利用者のアセスメントを行わせ、援助計画を作成する。その際、実習先機関・施設における諸ツールを用いる。ニーズ本位に関係調整や必要な資源開発を合めてのぞむことは勿論、既存制度を適用しても可能であれば助言指導する。
		計画評価ができる	①計画評価ができる	
②社会福祉士として求められる資質、技能、倫理、自己に求められる課題把握等、総合的に対応できる能力を習得する。	ウ 利用者やその関係者(家族、親族、友人等)との援助関係の形成	対象(利用者・グループ・地域等)との関わり方を学ぶ(アの再掲)	①利用者と関わることができる ②グループ・メンバーと関わることができる	サービスの調整を行うよう助言指導する。
	エ 利用者やその関係者(家族、親族、友人等)への権利擁護及び支援(エンパワメントを含む)とその評価	利用者と家族との関係を学ぶ	①担当する利用者(特定ケース)について、利用者と家族が抱える問題を説明できる ②担当する利用者(特定ケース)について、利用者と家族の関係を説明できる	利用者等への満足度調査・インタビューを行わせる。サービスのモニタリング(評価)を行わせる。利用者等への説明や指導場面を観察させる。状況・指導場面を観察させ、指導者が説明する。
		対象(利用者・家族等)の支援プロセスを具体的事例をとらえて学ぶ	①対象支援プロセスを具体的事例をとらえて説明できる ②実習先機関・施設における利用者権利擁護実践の取り組みを説明できる ③実習先機関・施設における利用者エンパワメント実践を抽出して説明できる	利用者への援助計画について検討する家族会・自治会・家族会議等の場面には、専門職の関わりについて報告する。施設においては、ケアスタッフへのスーパービジョン場面、機関においては、地域担当者へのスーパービジョン場面に立ち会わせる。
		本人、家族等との面接の進め方を学ぶ	①コミュニケーション・スキルを理解している ②利用者と適切なコンタクト・要約・解釈・直接技法を活用 できる ③共感・受け止め・傾聴・明確化・促し・沈黙等による面接技法を活用できる	内容・専門職種の関わりについて説明させる。
③関連分野の専門職との連携のあり方及びその具体的内容を実践的に理解する。	オ 多職種連携をはじめとする支援におけるチームアプローチの実際	職場における他職種、職員の役割と業務を学ぶ	①実習先機関・施設にいる他職種、他の業務について説明できる	職場実習 実習先機関、施設内の全職種、施設内の実務体験・観察をさせる
		職場におけるチームアプローチの実際を学ぶ	①チームアプローチの必要性・方法について具体例をあげて説明できる	
		各職種間の会議の運営方法を学ぶ	①実習先機関・施設内で開催される会議の目的について説明できる ②会議の運営方法を説明できる ③会議を進行に関与できる	ソーシャルワーク実習 カンファレンス・地域ケア会議等に同席させる、多職種で可能であれば取り上げ、ケア案例をもとにネットワークや地域ケアシステムの必要性について話し合う
		関連機関・施設との連携状況を学ぶ	①関連機関・施設および連携等の業務内容・業務を説明できる ②ケース事例をもとに、地域ケア会議等を進行し役割、連携の必要性を理由を添えて挙げられる	カンファレンス・地域ケア実践等に参加させる。施設内の運営、進行に関与させる。

資料

4．実習前実習スーパービジョンのミニマム・スタンダード（兵庫県社会福祉士会版）

相談援助実習の意義を学ぶ
1　実習へのモチベーションを高めるための一連の教育プログラムを設定する
1）実習現場に勤務する卒業生から実習体験や実習内容についての話を聞くことにより、実習のイメージ化を図る
2）実習指導者から実習の意義やポイントについての話を聞くことにより実習のイメージ化を図る
3）実習の手引き等によって、実習に関する一連の流れを理解させる
4）コンピテンシー自己診断シートにより自己の課題の明確化を図り、その解決に向けた助言・指導を行う
5）見学実習や体験実習を通して現場実習のイメージ化を図る
6）実習報告会への参加や先輩の実習報告書を読むことにより、実習のイメージ化を図る
2　オリエンテーションを実施する
1）実習現場の法的根拠や対象者について理解させる
2）社会福祉士の職域（フィールドソーシャルワーク・レジデンシャルソーシャルワーク）について認識させながら、社会福祉士の意義・役割について理解させる
3）実習前から実習終了までの流れを説明し、学生の取るべき行動、実習に取り組む姿勢について確認する
4）健康管理および感染症に対する対応について確認する
5）健康診断書の必要性について説明する
6）実習先で行われるスーパービジョンや現場スタッフとの関係について理解させる
7）相談援助実習担当教員が行うスーパービジョンについて理解させる
8）実習の意義と目的について理解させる
3　必要書類を適切に記述させ提出させる
1）履歴書や個人票を適切に記入させる
①自分の履歴をきちんと整理させる（ボランティア体験や学習を含む）
②自分のアピール点は何かをまとめさせる
③自己分析を深めさせる（性格・思考・行動・健康状態）
4　学生の権利保障の内容と手段を明確化する
1）実習中の事故に対する教員への連絡と対処方法について確認する
2）実習に関連する保険加入について説明する
3）実習が可能な範囲（指定施設と時間数180時間）について明らかにし、学生に理解させる
5　学生の希望を聞きながら関心と実習先が適切に結びつくように支援する
1）実習希望調査（アンケート）を実施し、学生の希望する領域等について把握する
2）学生との個別面談による希望と適性確認を行う
3）学生の希望実習先と実習受け入れ施設・機関のコーディネートを図る
6　社会的マナーを確認する
1）事前訪問・実習中および施設への通勤（通所）時等の服装、言葉づかい、態度について確認する
①正しい敬語の使い方
②電話のかけ方
要件を整理してかける、時間帯をチェック、メモをきちんと取る
③訪問の際のマナー
時間厳守、携帯は電源を切るかマナーモード、あいさつの仕方、実習生らしい身だしなみ
（指輪やイヤリング等のアクセサリー類は不可）
④遅刻や欠席の際の実習現場や教員への連絡方法の確認
2）訪問時や退出時の挨拶、助言・指導に対する姿勢について確認する
3）提出物の期日厳守や実習スケジュールにおける時間厳守について確認する
4）貴重品の自己管理について確認する
5）携帯電話の使用・喫煙のあり方について確認する
6）実習終了後の礼状の送付について説明する
7）宿泊を伴う実習に対する施設利用のあり方について確認する
実習前に実習現場について具体的に学ぶ
7　効果的な事前学習の方法と内容を理解させる
1）コンピテンシー自己診断シートにより自己の課題の明確化を図らせる
2）実習分野・実習現場に関する基礎知識を持つ
①実習現場の沿革、設置目的や理念、事業内容、職員体制、援助形態、日常の援助内容
②法的基盤、設置基準
③地域の特性、構造的な社会問題など
④利用者の状況（利用者の特徴、サービス利用に至る背景等）
⑤実習分野にかかわる制度・施策（介護保険法、生活保護法、児童虐待防止法等）

相談援助実習の実習計画の作成方法を学ぶ
8　実習計画書を作成させる
1）実習計画書の作成方法について指導する
①三者協議による実習計画の作成についてイメージ化を図る
（養成校教員－実習生－実習指導者の三者による実習計画づくり）
②実習計画書の内容
実習生の研究課題・希望
a．実習先施設・機関選択の動機・理由
b．自己の実習テーマ・課題
c．実習テーマ・課題に対する準備・事前学習の状況
d．実習テーマ・課題を達成するために実習中に体験したい内容
2）実習計画書の作成状況について確認する
3）実習目標の設定について指導する
4）実習目標の決まらない学生への支援・指導を行う
相談援助に係る知識と技術について具体的に学ぶ
9　実習で用いられる援助技術について実習生に再確認させる
1）コミュニケーション技法について再確認させる
2）面接技法について再確認させる
3）実習先で活用されるソーシャルワークについてグループで考えさせる
①ソーシャルワークの価値
②社会福祉士の価値と原則・倫理綱領
③倫理的ディレンマ
④守秘義務と個人情報保護
10　学生の不安などを受け止める場などを保障する
1）学生との個人面談・グループスーパービジョンの場を設定し、学生の期待や不安を受け止める
2）実習を終えた先輩との交流を通じて、グループスーパービジョン（ピアカウンセリング）の機会を持つ
11　事前訪問等により実習先との適切な情報交換、調整を行う
1）実習現場に関する必要な情報を収集しておくように指導する
2）実習現場の連絡窓口となる人物と連絡方法について確認する
3）実習現場の実習指導者に事前連絡させる
4）実習先への事前訪問
①個人票の提示
②実習計画書（案）の提示・実習指導者からの指導
③実習に関わる権利義務関係や諸約束事の確認・実習誓約書の提出
④確認事項
a．実習現場の概要（運営理念、職員構成、1日・月間・年間プログラム、施設内の構造、サービス等の説明）
b．実習プログラム（具体的な出勤日・休日、施設・機関から示される実習プログラム、実習計画書とのすり合わせ、配属実習までの必要な事前学習）
c．実習生としての心構えや基本的態度（服装、出退勤時間、更衣場所、勤務時間前後及び休憩時間等の待機方法、出勤簿の取り扱い、実習日誌の提出方法、感染症・清潔保持に関する注意事項等）
d．必要経費（食費、宿泊費等、実習中にかかる費用とこれらの費用の支払い方法）
e．通勤方法（使用する交通機関、所要時間、自家用車通勤の場合の実習先の承認）
⑤事前学習のため、実習現場のパンフレットや資料をもらってくる
12　実習評価についての意義・内容について理解させる
1）実習評価表の様式を提示し、その項目の意味するところについて説明する
2）評価表の活用方法について説明する
3）評価の意味と内容、その必要性について説明する
4）実習現場における評価が不合格となった場合の対処について説明する
13　教員による実習巡回・スーパービジョンの意義と内容を理解させる
1）実習巡回・スーパービジョンの方法・帰校日について説明する
2）実習開始前に実習巡回教員との面談や連絡調整を行う
（実習担当教員と巡回教員が異なる場合は、事前に学生と巡回教員との顔合わせ）

出所：社団法人日本社会福祉士養成校協会編『相談援助実習指導・現場実習教員テキスト』中央法規出版、
　　　pp.171-174、2009

5．実習生のコンピテンシー自己診断シート（兵庫県社会福祉士会版）

評価の視点

1. 実習生（自分）は、項目の内容をまったく理解していない。
2. 実習生（自分）は、項目の内容をほとんど理解していないし、それを実践することも難しい。
3. 実習生（自分）は、項目の内容を理解しているが、それを実践することは難しい。
4. 実習生（自分）は、内容を理解しており、それを適切に実践する努力をしているが、もっと訓練が必要である。
5. 実習生（自分）は、項目の内容を理解し、意識すればそれなりに実践することができる。
N. 今回の実習では項目の内容を行わなかった、現在実習継続中であるがまだ行っていない。

分類	分類名	No		評価
A	基本的・社会的能力	1	実習生としての適切な礼儀・マナー	
		1-a	挨拶を、感謝や礼儀に留意して実行できる	1 2 3 4 5 N
		1-b	自己紹介を的確にできる	1 2 3 4 5 N
		1-c	他者に報告、発表、説明ができる	1 2 3 4 5 N
		1-d	他者に物事を的確に相談・依頼できる	1 2 3 4 5 N
		1-e	電話でのやり取りを的確にできる	1 2 3 4 5 N
		1-f	文書（履歴書・礼状などのフォーマルな文書）のやり取りを的確にできる	1 2 3 4 5 N
		1-g	相手や場所に応じた適切な話し方（態度、身振り、声、視線等）で伝達することができる	1 2 3 4 5 N
		1-h	相手や場所、時間、目的や、対象者の快適性に応じた身なり・服装等をする	1 2 3 4 5 N
		2	心身ともに安定した状態を維持できるように取り組んでいる	1 2 3 4 5 N
		3	レポート等の提出物を期日までに提出するよう行動している	1 2 3 4 5 N
		4	約束または指示された課題を、遅れないように書類や報告で対応できる	1 2 3 4 5 N
		5	誰とでも協調性を持ち、反省点は改善し接するよう努力している	1 2 3 4 5 N
		6	周囲環境の安全に気を配り、危険予知と予防に配慮できる	1 2 3 4 5 N
		7	私的感情や習慣に左右されず、場に応じた公的な責任を感じ、行動できる	1 2 3 4 5 N
		8	規律をよく認識して自律的な態度で接することができる	1 2 3 4 5 N
		9	最後まであきらめずに集中・持続しようとする強い意思がある	1 2 3 4 5 N
B	実習準備態勢	10	実習準備段階における自己覚知	
		10-a	自分の認識、思考、感情が自分本位になっていないか客観化できる	1 2 3 4 5 N
		10-b	自分の身体的姿勢・態度について知っている	1 2 3 4 5 N
		10-c	自分の精神的傾向について知っている	1 2 3 4 5 N
		10-d	自分の音声の質について知っている	1 2 3 4 5 N
		10-e	自分の服装や髪型の傾向を知っている	1 2 3 4 5 N
		11	ボランティア活動や体験授業の経験を活かし、自らの行動につなげている	1 2 3 4 5 N
		12	レポート等の作成において同じ失敗を何度も繰り返さないように取り組む姿勢がある	1 2 3 4 5 N
		13	ソーシャルワーク実践とケアワークや保育実践等との相違について理解している	1 2 3 4 5 N
		14	社会問題について認識し、利用者が抱える問題との関係性を理解しようと努めることができる	1 2 3 4 5 N
		15	利用者の抱える問題解決のために、個人のみならず家族や地域社会への関わりが必要であることを認識している	1 2 3 4 5 N
		16	自分なりの問題意識を持ち、実習についてのモチベーションを持っている	1 2 3 4 5 N
		17	社会福祉士に必要な基本的知識を、実習前に修得しようとする意欲と学習成果が見られる	1 2 3 4 5 N
C	実習計画	18	実習先施設・機関等についての情報収集と概要把握	
		18-a	実習現場の法令根拠、設置基準等の知識を持っている	1 2 3 4 5 N
		18-b	実習現場の性格・特徴・現状等に関する知識を持っている	1 2 3 4 5 N
		18-c	実習現場の利用者に関する知識を持っている	1 2 3 4 5 N
		18-d	実習現場の職員構成に関する知識を持っている	1 2 3 4 5 N
		18-e	実習現場の組織・機関に関する知識を持っている	1 2 3 4 5 N
		19	実習先施設・機関等の関連する制度や支援内容についての情報収集と概要把握	
		19-a	実習する職種に要求される知識を持っている	1 2 3 4 5 N
		19-b	実習現場で、どのような援助理念を掲げているか知っている	1 2 3 4 5 N
		19-c	実習現場で、どのような援助方法が採られているか知っている	1 2 3 4 5 N
		19-d	実習現場が立地する地域の特性・歴史的背景などを知っている	1 2 3 4 5 N
		19-e	実習現場の現状と課題について知っている	1 2 3 4 5 N
		20	実習でどんなことを学びたいかが明確である	1 2 3 4 5 N
		21	実習計画の作成方法について把握している	1 2 3 4 5 N

D	実習計画の実行	22	実習指導者と実習内容について相談し、その内容を的確に実習目標・計画に反映できる	1 2 3 4 5 N
		23	実習計画を意識した行動をとる	1 2 3 4 5 N
		24	自分の日々の実習目標に関する成果を的確に評価できる	1 2 3 4 5 N
		25	その日の実習体験内容の他に一日の実習の反省点、感想、指導を受けたこと、疑問点等についてまとめることができる	1 2 3 4 5 N
		26	実習中の不安やトラブルに的確に対応できる	1 2 3 4 5 N
		27	実習終了時に、自分の全体の実習目標に関する成果を的確に評価できる	1 2 3 4 5 N
E	ソーシャルワークコンピテンシー	28	ソーシャルワーク実践に関する知識、具体的な実践理論、技術の理解とその実践	
		28 - a	利用者に対する援助過程(段階)を理解している	1 2 3 4 5 N
		28 - b	利用者と面接することができる(傾聴・うなずき・質問技法等)	1 2 3 4 5 N
		28 - c	利用者の家族について理解することができる	1 2 3 4 5 N
		28 - d	利用者のグループを運営(グループワーク)することができる	1 2 3 4 5 N
		28 - e	地域の視点から理解できる(住民のエンパワメント・組織化支援など)	1 2 3 4 5 N
		28 - f	地域における在宅福祉サービス提供・地域ケアシステム構築の意義について理解できる	1 2 3 4 5 N
		28 - g	地域における社会資源開発の方法とその意義について理解できる	1 2 3 4 5 N
		28 - h	地域との関係作りや小地域ネットワーク活動の推進の方法とその意義について理解できる	1 2 3 4 5 N
		28 - i	実習現場と他の施設・機関との連携とその意義について理解できる	1 2 3 4 5 N
		28 - j	事例を理解できる(読み解き・エコマップ・ジェノグラム等)	1 2 3 4 5 N
		29	社会全体のニーズと社会問題について理解し、実習において実践できる	1 2 3 4 5 N
		30	ソーシャルワークの専門性について理解し、実習において実践できる	1 2 3 4 5 N
		31	学校や実習の場で受けたスーパービジョンの結果を実習における専門性の向上に役立てることができる	1 2 3 4 5 N
		32	実習において行う実践や様々な行動に責任が伴うことを自覚している	1 2 3 4 5 N
		33	ソーシャルワーカーの価値と倫理に基づいた関わりができる	1 2 3 4 5 N
		34	人権、権利擁護の視点で利用者と関わることができる	1 2 3 4 5 N
F	ソーシャルワーク実践プロセス	35	ケースに関する事実を客観・主観の両側面から捉えようとしている	1 2 3 4 5 N
		36	基礎的なアセスメントスキルの修得	
		36 - a	利用者の基本的な情報と現在の状況(家族関係・背景等)について把握している	1 2 3 4 5 N
		36 - b	心理社会的状況を把握し、分析できる	1 2 3 4 5 N
		36 - c	利用者のニーズやストレングスを理解し、必要な資源について検討することができる	1 2 3 4 5 N
		37	多様な職種の専門性について理解し、チームアプローチの重要性を認識している	1 2 3 4 5 N
		38	個々の利用者に応じた援助ができる	1 2 3 4 5 N
		39	守秘義務を理解し、実習において実践できる	1 2 3 4 5 N
		40	利用者の個別性を尊重できる	1 2 3 4 5 N
		41	自分自身が行ったソーシャルワーク実践の結果を適切に評価できる	1 2 3 4 5 N
		42	問題解決結果に対して客観的に評価できる	1 2 3 4 5 N
		43	記録や情報を適切に管理できる	1 2 3 4 5 N
G	書く・聴く・話す・観察する技能	44	実習記録を書く	1 2 3 4 5 N
		45	観察・実践を踏まえた記録を書く	1 2 3 4 5 N
		46	適切に事実状況を把握し、必要に応じてメモをとる	1 2 3 4 5 N
		47	効果的な言語的コミュニケーションを実習で活かすことができる	1 2 3 4 5 N
		48	効果的な非言語的コミュニケーションを実習で活かすことができる	1 2 3 4 5 N
		49	適切な面接技術(スタイル)を習得し、それを実習で活かすことができる	1 2 3 4 5 N
		50	傾聴スキルを実習で活かすことができる	1 2 3 4 5 N
		51	利用者等を観察し、個々の特徴やその関係性を捉えることができる	1 2 3 4 5 N
		52	相手の言葉の背後にある気持ちやニーズ等に気づこうとしている	1 2 3 4 5 N

出所:社団法人日本社会福祉士養成校協会編『相談援助実習指導・現場実習教員テキスト』中央法規出版、pp.201-203、2009

参考文献
・社団法人日本社会福祉士養成校協会編『相談援助実習・現場実習教員テキスト』中央法規出版、2009
・日本社会福祉士会編『社会福祉士実習指導者テキスト』中央法規出版、2008
・社団法人日本社会福祉士養成校協会監修『社会福祉士相談援助実習』中央法規出版、2009年
・宮田和明・加藤幸雄・野口定久・柿本誠・小椋喜一郎・丹羽典彦編『五訂社会福祉実習』中央法規出版、2007

索 引

あ

アセスメント ……………… 96, 183
アドボカシー ……………… 167

い

インシデント ……………… 91
インターベンション ……………… 97
インターンシップ ……………… 65
インテーク ……………… 97

え

エンパワメント ……………… 190

か

介護予防ケアマネジメント ……………… 208
介護老人保健施設 ……………… 164
回復期リハビリテーション ……………… 226
価値前提 ……………… 53
価値、知識、技術 ……………… 188
価値と原則 ……………… 55
管理的機能 ……………… 102, 103
管理的・規範的機能 ……………… 101

き

帰校日指導 ……………… 36, 96
救護施設 ……………… 186
急性期リハビリテーション ……………… 226
教育的機能 ……………… 102, 104
教育的・発達的機能 ……………… 101

く

グループスーパーバイズ ……………… 96
グループ・スーパービジョン ……………… 104

け

ケアハウス ……………… 156
計画担当介護支援専門員 ……………… 150
経験学習モデル ……………… 67
軽費老人ホーム ……………… 156
健康増進法 ……………… 103
現場実習 ……………… 80
権利擁護事業 ……………… 208

こ

行動規範 ……………… 56, 188
個人情報 ……………… 59
個人情報保護 ……………… 183
個人情報保護法 ……………… 59
個人のプライバシー ……………… 60
個人のプライバシー保護 ……………… 59
子どもの権利ノート ……………… 169
個別（個人）スーパービジョン ……………… 104
個別支援計画 ……………… 97, 182, 186
コルブ（Kolb, D.） ……………… 67
コンピテンシー ……………… 23

さ

サービス管理責任者 ……………… 182
サービス担当者会議 ……………… 182
サービス・ラーニング ……………… 65

索引

し

項目	ページ
自己覚知	37, 48
支持的・回復的機能	101
支持的機能	102, 103
事前準備、事後学習	35
実習ガイドライン	35
実習機関・施設	41
実習記録	4
実習計画書	86
実習形態	40
実習施設・機関	37, 40
実習指導教員	80
実習指導者	36, 40, 41, 80
実習出席簿	87
実習巡回指導	96
実習生	80
実習生スケジュール表	87
実習日誌	87
実習報告書	96
実習を終えて	96
実践力	80, 81
指定実習施設	65
児童養護施設	168
社会福祉協議会	216
社会福祉士及び介護福祉士法	156
社会福祉士の行動規範	56
社会福祉士養成校	80
社会福祉専門職	80
社会リハビリテーション	226
守秘義務	41, 183
巡回指導	36, 37
障害者支援施設	182
障害者自立支援法	183
障害程度区分	183
障害福祉サービス	182
情報スーパービジョン	105
職種実習	36, 86, 107
自律	44, 45
自立助長	186
自立生活	182

す

項目	ページ
スーパーバイザー	66, 101
スーパーバイジー	101
スーパーバイズ	46, 49, 91, 110, 115
スーパービジョン	36, 91, 113, 115

せ

項目	ページ
生活支援	156
生活指導員	186
生活相談員	156
生活保護法	186
生存権の保障	186
セルフ・スーパービジョン	105
セルフマネジメント	66
全国救護施設協議会	187
全人間的復権	226
全米ソーシャルワーカー協会	50

そ

項目	ページ
総合相談・支援事業	208
相談援助実習個人票	86
ソーシャルワーク	50
ソーシャルワーク実習	36, 86, 107
ソーシャルワークの教育・養成に関する世界基準	23

ソーシャルワークのグローバル定義 …… 22

た

誰もが支え合う地域の構築に向けた福祉サービスの実現―新たな時代に対応した福祉の提供ビジョン ……………………… 26

ち

地域小規模児童養護施設 …………… 168
地域踏査 ………………………………… 72
地域包括ケアシステム ……………… 164
地域包括支援センター ……………… 208
地域密着型介護老人福祉施設 ……… 150
地域理解 ………………………………… 72

て

DV 被害者 ……………………………… 174

と

特定施設入居者生活介護 …………… 156
特定疾患 ……………………………… 150
特別養護老人ホーム ………………… 150

に

ニーズ ………………………………… 183
二重の指導体制 ………………………… 81
人間の尊厳 ……………………………… 56
認定社会福祉士 ………………………… 26
認定社会福祉士制度 …………………… 25
認定社会福祉士認証・認定機構 ……… 25
認定上級社会福祉士 …………………… 26

は

バートレット …………………………… 52
配属実習 …………………………… 80, 83

ひ

ピア・スーパービジョン …………… 104
秘密保持 ………………………………… 59
ピュアスーパーバイズ ……………… 96

ふ

ファシリテーション ………………… 167
ファミリーソーシャルワーカー …… 168
フィールド・ソーシャルワーク ……… 37
福祉事務所 …………………………… 194
福祉六法 ……………………………… 194
服装 ……………………………………… 46
ブトゥリム ……………………………… 52
プライバシー保護 ……………………… 59
プランニング …………………………… 96
プレゼーテーション ………………… 167
文献スーパービジョン ……………… 105

ほ

包括的・継続的ケアマネジメント支援事業 ……………………………… 208

も

モニタリング …………………………… 97

ゆ

ユニット・スーパービジョン ……… 105

よ

養護老人ホーム …………………… 146
要保護者 ……………………………… 186

ら

ライブ・スーパービジョン ………… 105
ラポール（信頼関係） ……………… 101

り

リスクマネジメント ………………… 192
利用者理解 …………………………… 73
倫理基準 ……………………………… 56
倫理綱領 ……………… 54, 56, 183, 188
倫理綱領と行動規範 ………………… 186
倫理的ジレンマ ………………… 57, 122

れ

礼儀・マナー ………………………… 47
レジデンシャル・ソーシャルワーク …… 37

ろ

老人福祉施設 ………………………… 156

執筆者一覧

編著者
相澤　譲治　　神戸学院大学
九十九　綾子　神戸学院大学

著　者

森合　真一	近畿大学豊岡短期大学	第1章第1節
相澤　譲治	神戸学院大学	第1章第2節
宮崎　清恵	神戸学院大学	第2章第1節
笠原　千絵	関西国際大学	第2章第2節
井土　睦雄	神戸医療福祉大学	第3章第1節
阪田　憲二郎	神戸学院大学	第3章第2節
九十九　綾子	神戸学院大学	第3章第3節
山本　秀樹	関西国際大学	第4章第1節
石田　賀奈子	神戸学院大学	第4章第2節
髙橋　昌子	神戸親和女子大学	第5章第1節
水上　然	神戸学院大学	第5章第2節
萬代　由希子	関西福祉大学	第5章第3節
谷川　和昭	関西福祉大学	第5章第4節
井土　睦雄	神戸医療福祉大学	第6章第1節
畠中　耕	神戸医療福祉大学	第6章第2節／第6章第3節
西野　佳名子	一般社団法人兵庫県社会福祉士会事務局	第7章第1節
乾　なち子	いぬい社会福祉士事務所	第7章第2節
山内　賢治	特別養護老人ホーム長田ケアホーム	第7章第3節
山北　治彦	社会福祉法人やすらぎ福祉会 在宅サービス複合施設さくらホーム	第7章第4節
葛西　三輪	社会福祉法人海光園 兵庫在宅福祉センター	第7章第5節
増山　陽子	加古川女子刑務所	第7章第6節
宮本　由紀	社会福祉法人神戸少年の町	第7章第7節
永井　友基	神戸市立もとやま園	第7章第7節
榎本　一三	社会福祉法人神戸光有会夢野母子ホーム	第7章第8節
住谷　裕弘	社会福祉法人あおぞら 障害者支援施設ライフセンター神戸	第7章第9節
松森　俊二	社会福祉法人博由社生活介護事業所アシストこうなん	第7章第10節
前嶋　弘	社会福祉法人ヨハネ会	第7章第11節
後藤　伸嘉	加西市役所	第7章第12節
岡本　和久	神戸市中央区保護課	第7章第13節
吉川　隆仁	社会福祉法人丸 垂水在宅福祉センター	第7章第14節
唐津　史朗	社会福祉法人神戸市社会福祉協議会	第7章第15節
鳥巣　佳子	天理大学人間学部	第7章第16節①
田中　真弓	(前)兵庫県立リハビリテーション中央病院	第7章第16節②
濱田　晴江	医療法人協和会 第二協立病院	第7章第16節③

ⒸJoji Aizawa・Ayako Tsukumo 2016

相談援助実習
－養成校と実習先との連携のために－

2016年12月28日 第1版第1刷発行

編著	相澤 譲治（あいざわ じょうじ）
	九十九 綾子（つくも あやこ）
発行者	田中 久喜

発行所
株式会社 電気書院
ホームページ www.denkishoin.co.jp
（振替口座 00190-5-18837）
〒101-0051 東京都千代田区神田神保町1-3 ミヤタビル2F
電話(03)5259-9160／FAX(03)5259-9162

印刷 創栄図書印刷株式会社
Printed in Japan／ISBN978-4-485-30400-6

・落丁・乱丁の際は，送料弊社負担にてお取り替えいたします．
・正誤のお問合せにつきましては，書名・版刷を明記の上，編集部宛に郵送・FAX (03-5259-9162) いただくか，当社ホームページの「お問い合わせ」をご利用ください．電話での質問はお受けできません．また，正誤以外の詳細な解説・受験指導は行っておりません．

JCOPY 〈(社)出版者著作権管理機構 委託出版物〉
本書の無断複写（電子化含む）は著作権法上での例外を除き禁じられています．複写される場合は，そのつど事前に，(社)出版者著作権管理機構（電話: 03-3513-6969, FAX: 03-3513-6979, e-mail: info@jcopy.or.jp）の許諾を得てください．また本書を代行業者等の第三者に依頼してスキャンやデジタル化することは，たとえ個人や家庭内での利用であっても一切認められません．